기독교문서선교회 (Christian Literature Center: 약칭 CLC)는 1941년 영국 콜체스터에서 켄 아담스에 의해 시작되었으며 국제 본부는 미국 필라델피아에 있습니다. 국제 CLC는 59개 나라에서 180개의 본부를 두고, 약 650여 명의 선교사들이 이동도서차량 40대를 이용하여 문서 보급에 힘쓰고 있으며 이메일 주문을 통해 130여 국으로 책을 공급하고 있습니다. 한국 CLC는 청교도적 복음주의 신학과 신앙 서적을 출판하는 문서선교기관으로서, 한 영혼이라도 구원되길 소망하면서 주님이 오시는 그날까지 최선을 다할 것입니다.

추천사 1

김 성 욱 박사
(전) 총신대학교 통합대학원장
총신대학교 선교대학원 교수
리폼드신학교 신학대학원 Ph.D.

임동현 박사님의 저서 출간을 축하합니다!
『성령으로 걸어가라』는 저자가 목회자로 선교학자로 교회 개척과 목회 사역에 헌신하면서 받은 사도행전의 핵심적인 메시지를 개혁주의 성령론에 근거하여 성경 중심으로 증거하는 책입니다. 추천자로서 본서의 특징을 몇 가지로 제시할 수 있습니다.

첫째, 『성령으로 걸어가라』는 사도행전에 근거한 설교 메시지로서 사도행전에 나타난 교회 성장과 선교 사역에 대해 성경적 성령론에 근거한 해석을 제시해 줍니다. 사도들의 행적이 아니라 사도들을 통한 성령 하나님의 역사를 생생하게 증언하는 메시지입니다. 오늘 한국 교회와 한국 선교에 힘있는 성령론을 제공함으로 교회 회복과 선교 부흥에 이바지할 귀한 저서라고 봅니다.

둘째, 본서의 저자 임동현 박사님은 젊은 한국 교회 목회자입니다. 본서의 단어 하나하나에서 한국의 다음 세대에게 다가가는 강한 외침을 들을 수 있습니다. 임동현 박사님은 신학 수업과 목회 훈련 과정의 모든 시간에서 탁월한 준비를 감당한 목회자입니다. 한국의 코로나 상황 속에서도 아델포이교회를 개척하고 부흥하는 교회로 신실하게 섬기는 젊은 목회자입니다.

본서는 사도행전과 교회개척, 그리고 성령의 일하심과 역사하심에 대한 성경적 메시지를 전하는 설교집으로 모든 한국 교회 목회자와 신학생들 그리고 모든 성도에게 적극적으로 일독을 권합니다. 할렐루야!

추천사 2

고 광 석 박사
총신대학교 목회신학전문대학원 교수
광주서광교회 담임목사
(전) 필리핀 선교사

목회자요 신학자인 임동현 박사님의 사도행전 시리즈 『성령으로 걸어가라』는 성령께서 어디에, 누구를 통해서 그리고 어떻게 복음을 확장하셨는지를 알기 쉽게 연구한 책입니다. 흔히 사도행전을 성령행전이라고도 할 정도로, 성령의 역사가 없이는 사도행전 자체가 일어나지 않았을 것이고 또한 기록으로 남겨지지도 않았을 것입니다.

특히, 임 박사님은 이 책에서 선교의 주권이 삼위 하나님께 있음을 전제하고, 성부 하나님의 창세 전 예정에 따라, 복음의 핵심인 성자 예수 그리스도의 십자가와 부활이 증거 되는 과정 그리고 성령님이 이 복음이 확장되도록 여러 방편으로 역사하셨던 내용을 강조하고 있습니다.

또한, 저자가 목회자로서 모든 그리스도인이 쉽게 읽을 수 있도록 설교문 형식으로 기록했으며, 내용은 선교신학을 전공한 선교신학자로서 독자들에게 선교에 대한 인식과 사명감을 깨닫게 하고, 나아가 성령과 함께 "사도행전 스물아홉 번째 행군"을 시작하도록 독려하고 있습니다. 많은 그리스도인이 이 책을 읽고 복음의 전달자들로 세움 받기를 바라며 적극 추천합니다.

추천사 3

성 남 용 박사
총신대학교 목회신학전문대학원 교수
KMQ 편집인
삼광교회 담임목사

　임동현 목사님은 꿈꾸는 사람입니다. 꿈의 사람들은 광야를 만나면 길을 내려하고 사막을 만나면 강을 만들려 하기 때문에 어디든 꿈꾸는 사람이 있으면 주변 사람들은 그 꿈의 혜택을 받습니다.

　『성령으로 걸어가라』는 사도행전을 성령행전으로 해석한 그의 꿈 이야기입니다. 성령께서 시작하신 사역을 성령께서 맺게 하신 열매들이 이 책에 고스란히 담겨 있습니다. 성령께서 주신 꿈을 따라 새로운 사역을 시작한 이야기가 아델포이교회의 역사로 자리잡고 있습니다. 임동현 목사님이 꾼 꿈에 함께하기를 원하는 성도들과 지금도 아델포이교회를 한 땀 한 땀 세워 가고 있습니다.

　이 세상에는 꿈꾸는 사람들이 필요합니다. 척박한 사막, 메마른 광야 같은 세상에서 절망하는 사람들은 꿈꾸는 자를 만나 새로운 길을 만들고 소망을 이뤄갑니다. 선지자 요엘은 하나님의 영이 부어지면 사람들이 장래 일을 말하고 꿈을 꾼다고 했습니다. 이런 점에서 임동현 목사님은 꿈꾸는 사람, 성령의 사람입니다. 그래서 남들이 보지 못하는 세계를 보고, 남들이 길이 없다며 멈춰 설 때 그 길을 찾으려 했습니다. 그 새로운 길을 성령과 함께 걸었고 지금도 걷고 있습니다. 오늘날 많은 이가 성령과 함께 걸어가기를 꿈꾸고 원합니다. 그러한 성령의 역사를 체험하기를 원하는 이들에게 일독을 권합니다.

추천사 4

홍 종 호 박사
석관중앙교회 담임목사
미드웨스턴(MBTS)신학교 D.Min.

『성령으로 걸어가라』는 사도행전에 나타난 성령의 일하심을 아주 탁월하게 풀어가는 책입니다. 사도행전 1장부터 28장까지 성령의 역사를 각 장별로 세밀하게 보여 주며 크리스천이 어떻게 성령으로 살아가야 하는지 구체적인 적용점까지 연결해 주고 있습니다. 잘못된 성령론으로 혼란을 겪을 수 있는 이 시대에 개혁주의적 입장에서 성령의 역사를 잘 풀어쓴 책입니다.

저자 임동현 목사님은 제가 아주 존경하는 목회자입니다. 언제나 복음에 대한 열정과 성령 충만함이 삶으로 묻어나는 분입니다. 목사님은 아델포이교회를 개척하셔서 그 열정으로 교회를 섬기셨고 사도행전적 교회, 성령으로 일하는 교회를 세워오셨습니다. 그러한 목회 현장에서 쓰신 책이기에 이 시대를 살아가는 크리스천들에게 큰 도전과 감동이 되는 책이라고 확신합니다.

특별히, 이 책의 강점은 모든 장마다 탁월한 적용점이 있다는 것입니다. 독자들이 책을 읽고 끝나는 것이 아니라 기도하며 적용할 수 있는 내용들을 친절하게 소개하고 있습니다. 이를 통해 누구나 삶의 변화를 체험할 수 있으며, 사도행전의 각 장을 연구하며 적용하는 성경공부 교재로도 손색이 없습니다.

이 책을 읽는 모든 분들이 성령으로 걸어가는 삶이 무엇인지 생생하게 체험하며 하나님께서 주시는 은혜와 복을 누리시기를 바랍니다.

성령으로 걸어가라

사도행전 스물여덟 번의 행군!

Walking with the Holy Spirit
Written by Lim dong hyun
All rights reserved.
Korean Edition Copyright ⓒ 2024 by Christian Literature Center, Seoul, Korea.

성령으로 걸어가라
사도행전 스물여덟 번의 행군!

2024년 8월 16일 초판 발행

지 은 이 | 임동현

편　　집 | 이신영
디 자 인 | 서민정, 소신애
펴 낸 곳 | (사)기독교문서선교회
등　　록 | 제16-25호(1980. 1. 18.)
주　　소 | 서울특별시 동대문구 천호대로71길 39
전　　화 | 02-586-8761~3(본사) 031-942-8761(영업부)
팩　　스 | 02-523-0131(본사) 031-942-8763(영업부)
이 메 일 | clckor@gmail.com
홈페이지 | www.clcbook.com
송금계좌 | 기업은행 073-000308-04-020 (사)기독교문서선교회
일련번호 | 2024-84

ISBN 978-89-341-2716-1 (03230)

이 책의 출판권은 (사)기독교문서선교회가 소유합니다.
신저작권법에 의하여 한국 내에서 보호를 받는 저작물이므로 무단 전재와 무단 복제를 금합니다.

사·도·행·전·스·물·여·덟·번·의·행·군

성령으로 걸어가라

임동현 지음

CLC

목차

추천사 1 **김성욱 박사** | (전) 총신대학교 통합대학원장   1
추천사 2 **고광석 박사** | 총신대학교 목회신학전문대학원 교수   2
추천사 3 **성남용 박사** | 총신대학교 목회신학전문대학원 교수   3
추천사 4 **홍종호 박사** | 석관중앙교회 담임목사   4

프롤로그   10

제1장 예루살렘에서의 복음 확장   12

1. 성령으로 명하심 (사도행전 1장 1-2절)   13
2. 성령이 임하심 (사도행전 2장 3-4절)   23
3. 성령의 행하심 (사도행전 3장 19절)   33
4. 성령의 말하심 (사도행전 4장 8-12절)   44
5. 성령의 증거하심 (사도행전 5장 32절)   54
6. 성령의 택하심 (사도행전 6장 3절)   63
7. 성령의 충만하심 (사도행전 7장 55절)   73

제2장 유대와 사마리아, 안디옥까지 복음 확장   83

8. 성령을 내리심 (사도행전 8장 16절)   84
9. 성령의 위로하심 (사도행전 9장 31절)   94
10. 성령의 기름 부으심 (사도행전 10장 38절)   105
11. 성령으로 세례 받음 (사도행전 11장 16절)   117
12. 성령으로 보호하심 (사도행전 12장 7절)   127

제3장 안디옥에서 로마까지의 복음 확장　　　　　　　　137

13. 성령의 보내심 (사도행전 13장 4절)　　　　　　　　　138
14. 성령의 담대하심 (사도행전 14장 3절)　　　　　　　　148
15. 성령의 인도하심 (사도행전 15장 28절)　　　　　　　159
16. 성령의 허락하심 (사도행전 16장 6-7절)　　　　　　170
17. 성령의 운행하심 (사도행전 17장 24-25절)　　　　　181
18. 성령께 붙들리심 (사도행전 18장 5절)　　　　　　　191
19. 성령의 능력 (사도행전 19장 11절)　　　　　　　　　202
20. 성령의 주장하심 (사도행전 20장 22절)　　　　　　　211

제4장 땅 끝까지 복음 전파　　　　　　　　　　　　　　222

21. 성령의 감동 (사도행전 21장 4절)　　　　　　　　　　223
22. 성령의 사람 (사도행전 22장 15절)　　　　　　　　　234
23. 성령의 개입하심 (사도행전 23장 11절)　　　　　　　245
24. 성령의 소망 (사도행전 24장 15절)　　　　　　　　　255
25. 성령의 법 (사도행전 25장 10-11절)　　　　　　　　268
26. 성령의 약속 (사도행전 26장 18절)　　　　　　　　　279
27. 성령의 동행하심 (사도행전 27장 23-25절)　　　　　291
28. 성령의 전파하심 (사도행전 28장 31절)　　　　　　　305

프롤로그

『성령으로 걸어가라』는 사도행전적 선교 비전을 꿈꾸고 있는 교회들을 향한 주님의 사랑의 마음과 거룩한 외침이 담긴 책입니다.

"모든 민족을 제자로 삼으라"는 예수님의 지상명령에 따라 한국 교회가 선교사 파송 세계 2위국의 자리를 지키고 있다는 것은 특별한 하나님의 은혜입니다.

한국 교회에 모든 성도님이 '한 성도가 한 선교사가 되자!'는 구호 앞으로 모여 각자의 일터와 가정에서, 교회에서 주님의 지상명령을 실천할 때 복음은 이 땅에 편만하게 확장되고 견고하게 자리매김할 수 있을 것입니다.

지난해 설립된 저희 아델포이교회 역시 주님의 명령을 붙들고 질적·양적 부흥을 경험하고 있으며, 온 성도가 한 마음 한 뜻으로 선교적 교회의 사명을 온전히 감당하고 있습니다.

강단에서 선포된 메시지를 듣고 말씀과 기도로 28주간 강한 행군을 진행하였던 성도들의 열망과 발걸음을 독자들도 같이 경험하기를 바라는 마음으로 설교집을 발간하게 되었습니다.

저희 교회가 『성령으로 걸어가라』 사도행전 시리즈를 통해 하나님의 역사하심 속에서 역동적 성장과 부흥을 이뤄낸 은혜의 감동을 독자들과 나누고 싶습니다.

부디 『성령으로 걸어가라』를 통해 아델포이교회가 하나님의 말씀을 붙들고 성령으로 걸어가는 여정에서 이뤄낸 성령의 역사하심과 놀라운 성취의 감동을 공감하시고 은혜 받기를 바랍니다. 복음의 확장과 부흥이 오롯이 여러분의 것이 될 것입니다.

성령으로 걸어가는 스물아홉 번째 발걸음이 모든 독자 여러분의 행군이 되길 기도합니다.

아델포이교회
임동현 담임목사

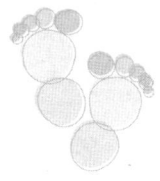

제1장

예루살렘에서의 복음 확장

1

성령으로 명하심
(사도행전 1장 1-2절)

> ¹ 데오빌로여 내가 먼저 쓴 글에는 무릇 예수께서 행하시며 가르치시기를 시작하심부터
> ² 택하신 사도들에게 **성령으로 명하시고** 승천하신 날까지의 일을 기록하였노라

어떤 영화가 너무 재미있어 그 영화의 속편을 기다린 적이 있습니까? 본편보다 속편이 더 재미있고 흥미를 끄는 경우가 있습니다.

앞으로 우리가 살펴볼 사도행전은 누가복음의 속편격입니다. 전편이 누가복음이요, 후편이 사도행전입니다. 누가복음이 "복음이란 무엇인가?"에 관해 말했다면, 사도행전은 "그 복음이 어떻게 확장되었는가?"에 관해 이야기합니다.

사실, 우리가 잘 알고 있는 복음, 그 복음이 무엇인지 설명하는 것보다 그 복음이 역동적으로 확장되는 과정이 더 재미있고 흥미로울 수 밖에 없습니다.

우리에게는 복음을 계속적으로 확장해야 하는 비전, '성령의 명하심'을 듣고 그분께 받은 사명을 감당해야 하는 책임이 있습니다.

앞으로 28주간 '복음의 확장을 위한 비전'을 향해 '강한 행군'을 하게 될 것입니다.

1. 사도행전의 기록 목적

먼저 사도행전 1장 1절 말씀을 읽겠습니다.

> [1] 데오빌로여 내가 먼저 쓴 글에는 무릇 예수께서 행하시며 가르치시기를 시작하심부터

'데오빌로여!'

누가복음의 수신자이기도 한 데오빌로는 로마의 고위 관리 정도로 추정됩니다. 사도행전의 저자인 누가가 누가복음을 기록했을 당시, 곧 그가 처음 이방인으로서 복음을 전해 들었을 때와 비교하여 데오빌로의 신앙은 성장하였고, 이제 그는 예수 안에서 공동체의 일원이 되었습니다. 그의 이름의 뜻은 '하나님을 사랑하는 자, 하나님의 사랑을 받는 자'입니다.

그렇다면 누가는 데오빌로 한 사람을 위해 사도행전을 쓴 것입니까?

아닙니다. 성경은 하나님의 감동으로 된 것으로 하나님이 쓰신 주체가 되지만 대략 1,500년에 걸쳐 수십 명의 작가의 손을 빌려서 기록되었습니다. 즉, 성경은 하나님 자신의 살아 있는 말씀으로 신적 위엄과 권위를 지닌 동시에, 우리의 읽고 듣고 이해하는 능력에 맞춰 '인간적이고 역사적인 형태'를 지니고 있는 것입니다.

성경의 주체는 하나님이시지만, 인간이 이해하기 쉬운 활자 형식을 통해 우리들에게 전달되기 때문에 '저자'와 '수신 대상'이 있습니다. 사도행전의 수신대상이 바로 '데오빌로'입니다. 그리고 그의 이름이 뜻하는 바, **하나님을 사랑하고 하나님의 사랑을 받는 자들**, "복음을 듣고 구원 받을 잠재적인 그리스도인들인 이방인들"을 포함하고 있는 것입니다.

그리하여 오늘날 저와 여러분과 같이 하나님을 알기 원하고 만나기를 소원하는 그리스도인들이 사도행전을 통해 "말씀하시는 하나님"을 만날 수 있는 것입니다.

사도행전 1장 1절과 2절을 같이 읽으면 사도행전이 기록된 목적을 짐작할 수 있습니다.

> ¹ 데오빌로여 내가 먼저 쓴 글에는 무릇 **예수께서 행하시며 가르치시기를 시작하심부터**
> ² **택하신 사도들에게 성령으로 명하시고 승천하신 날까지의 일을 기록하였노라**

'내가 먼저 쓴 글에는,' 이것은 '누가가 사도행전의 전편으로 기록하였던 누가복음에는' 이라는 뜻입니다. 누가는 사도행전을 쓰기 전에 누가복음을 먼저 기록하였습니다.

누가복음에는 무엇 무엇이 기록되어 있다고 나와 있습니까?

사도행전 1장 1절과 2절에 굵은 글씨 부분이 누가복음에서 기록한 내용인 동시에, 복음이 무엇인지를 알려주는 메시지인 것입니다.

누가복음에는 예수님의 출생, 공생애 과정에서 열두 제자를 선발하고 그들에게 성령으로 사명을 명하신 일, 십자가에 못박혀 죽으시고 다시 살아나 부활하여 열두 제자에게 나타나신 일, 증인된 그의 제자들에게 예루살렘을 떠나지 말 것을 명하신 뒤 하늘로 승천하신 일들이 기록되어 있습니다.

이 내용을 기록한 목적은 누가복음1장 3절과 4절에 나와 있습니다.

> ³ 그 모든 일을 근원부터 자세히 미루어 살핀 나도 데오빌로 각하에게 차례대로 써 보내는 것이 좋은 줄 알았노니
> ⁴ 이는 각하가 알고 있는 바를 더 확실하게 하려 함이로라

"알고 있는 바를 확실하게 알도록, 믿음에 굳건해지도록 하는 것"이 누가복음과 사도행전의 기록 목적입니다.

우리는 이미 복음에 대해 알고 있습니다. 그리고 이제 사도행전을 통해 복음이 어떻게 전파되고 확장되었는지에 관하여 더욱 확실하게 아는 여러분이 되길 바랍니다.

2. 복음 전파의 사명

특별히 우리 주님은 사도행전을 통해 복음을 확실하게 알아가는 데 있어 놓치지 말아야 할 것이 있음을 알게 하십니다. 사도행전 1장 2절 말씀을 보시면, "성령으로 명하시고"가 나옵니다. 이 말은 예수님이 그의 제자들에게 명하신 것들이 모두 다 "성령을 통하여" 이뤄졌음을 의미합니다.
예수님은 "성령을 통해" 제자들에게 복음 전파의 사명을 주셨습니다.
사도행전을 '성령행전'이라고 부르지 않습니까?
사도행전은 성령을 통하여 이루어진 예수 그리스도의 구속사의 연장이기 때문에 '성령행전'으로 불리는 것입니다. 예수님이 공생애 동안에 제자를 선발하여 훈련시키시고 그들에게 복음의 증인으로서의 사명을 부여하신 다음, 그 사명 감당을 위한 조력자, 곧 곁에서 그들을 도우시는 성령을 선물로 주셨습니다. 그리하여 제자들은 성령의 권능을 힘입어 복음을 증거할 수 있게 되었습니다.

누가는 예수님이 승천하신 다음 본격적으로 '성령의 시대'가 도래할 것이며 성령 충만을 받아야만 예수님께서 명하신 복음 전파 사역을 감당할 수 있음을 강조하고 있습니다.

그렇습니다.

"성령께서는 성자 그리스도의 사역의 연장선상에서 사역"하시는 것입니다. 예수님은 자신이 승천하신 후에 이 땅에 남겨질 그의 제자들에게 '성령 강림'을 약속해 주셨습니다.

성령이 임하시면, 우리는 권능을 받고 예루살렘과 온 유대와 땅 끝까지 복음을 전할 능력을 부여 받게 되는 것입니다. 사도행전 1장 8절의 말씀입니다.

> **8** 오직 성령이 너희에게 임하시면 너희가 권능을 받고 예루살렘과 온 유대와 사마리아와 땅 끝까지 이르러 내 증인이 되리라 하시니라

예수님은 왜 승천하시어 하나님 보좌 우편에 앉으셨습니까?

예수님께서 계속해서 제자들 곁에 남아 계시지 않고 하늘로 올라가 하나님 보좌 우편에 앉아 계시는 이유는 무엇일까요?

예수님이 부활하신 다음에 다시 살아났으니까 죽지 않고 만대의 그리스도인들이 오고 가는 동안 이 땅에서 계속 살면 안 될까요?

성령을 우리들에게 보내지 마시고 예수님이 이 땅에서 불사조처럼 영원히 거주하시면 안 될까요?

안 됩니다. 그것은 하나님의 뜻과 계획이 아닙니다.

예수 그리스도는 완전한 신이자 사람입니다. 그분은 하나님의 아들로서 하나님과 동등된 분이시지만, 낮고 천한 몸을 입고 완전한 사람으로 이 땅에 오셨습니다.

예수님은 결코 불사조가 아닙니다. 완전한 신이신 예수님은 불쌍한 죄인들을 구원하시기 위해 말씀이 육신이 되어 완전한 사람으로 이 땅에 오신 하나님의 아들이십니다. 예수님은 **하나님이 "계획"하신 구속 사역**을 **십자가에서 죽으심으로 "성취"**하신 뒤, 부활하여 하늘로 올라가셨습니다. 그리고 성령님은 예수님의 **구속 사역을 이어받아 우리들에게 "적용"**해 주시는 것입니다.

구속 사역은 삼위 하나님의 협력 사역입니다. 하나님이 계획하시고 예수님이 성취하시며 성령님이 적용하십니다. 그렇기 때문에 예수님께서 십자가에서 이루신 구속 사역이 성도들의 삶에 실재가 되도록 적용하시는 역할은 예수님이 아니라, 성령님이 감당해 나가시는 것입니다.

구속사의 전개 과정에서 볼 때, 그리스도께서 승천하신 후, 그리스도의 구원 사역을 성령께서 이어서 계속하신다는 것은 온 인류를 위한 더 큰 축복이 아닐 수 없습니다. 왜냐하면, 예수께서 승천하지 않으시고 이 땅에 계속 남아 계셨다면 육체적 제한성으로 인해 복음 전파 역시 제약되었을 것이기 때문입니다.

하지만, 그리스도께서 승천하시고 성령이 오심으로 인하여 영적 은혜가 온 세상에 편재하게 되었고, 성도를 위로하며 진리 가운데로 인도하시는 성령으로 인하여 성도들은 더 큰 영적 은혜를 체험하고 복음을 널리 전하는 자들이 된 것입니다.

할렐루야! 성령이 오셨습니다.

오늘날 그리스도를 믿는 모든 성도는 성령의 강림 이후 가능하게 된 성령의 내주하심의 은혜로 말미암아 힘과 권능이 충만한 복음 전파의 사명자가 되었습니다. 우리가 나아가는 길 가운데 선포되는 그리스도의 말씀과 가르침은 오직 '성령을 통하여,' '성령으로 명하심'으로만 '이해'할 수 있고 '확신'할 수 있습니다.

3. 예수 부활에 대한 증인

예수님께서 열두 제자를 부르시고 '성령을 통하여,' '성령으로 명하심'으로, 복음 전파 사명을 주신 것처럼 성령의 능력이 아니고서는, '바른 제자의 선발'과 '선발된 제자들의 사역에 성공적인 임무 완수'가 불가능합니다.

예수님이 승천하신 후, 이 땅에 남겨진 제자들과 120여 명의 무리는 오로지 기도에 힘쓰며 성령 강림을 고대하였습니다. 그리고 예수님을 배신한 가룟 유다를 대신할 새로운 사도로 맛디아를 얻는 데 성공하였습니다. 사도행전 1장 25절과 26절의 말씀입니다.

> **25 봉사와 및 사도의 직무를 대신할 자인지를 보이시옵소서 유다는 이 직무를 버리고 제 곳으로 갔나이다 하고**
> **26 제비 뽑아 맛디아를 얻으니 그가 열한 사도의 수에 들어가니라**

맛디아는 봉사와 사도의 직무를 대신할 자로 선발되었습니다. 봉사의 직무와 사도의 직무를 감당할 자로 맛디아를 뽑은 것입니다. 후에 봉사의 직무는 나중에 집사들에게 위임되었고(행 6:3, 4), 맛디아는 사도의 직무를 감당하게 되는데, '사도의 중요한 직무'는 다름 아닌 '예수께서 부활하심을 증언하는 일'입니다. 사도행전 1장 22절의 말씀입니다.

> **22 항상 우리와 함께 다니던 사람 중에 하나를 세워 우리와 더불어 예수께서 부활하심을 증언할 사람이 되게 하여야 하리라 하거늘**

가룟 유다를 대신해 새롭게 사도가 된 맛디아의 사명은 예수께서 부활하심을 증언할 사람이 되는 것입니다. 이것은 사도행전 1장 8절에 기록된, 성령이 임하면 권능을 받고 증인이 되리라고 하신 예수님의 말씀에 부합합니다. 사도행전 1장 8절과 22절의 말씀입니다.

> **8 오직 성령이 너희에게 임하시면 너희가 권능을 받고 예루살렘과 온 유대와 사마리아와 땅 끝까지 이르러 내 증인이 되리라 하시니라**

22 항상 우리와 함께 다니던 사람 중에 하나를 세워 우리와 더불어 **예수께서 부활하심을 증언할 사람이 되게 하여야** 하리라 하거늘

새로운 사도로 선발된 맛디아의 사명은 예수께서 부활하심을 증언할 사람이 되는 것입니다. 그런데 증언할 사람이 되고 증인이 되는 일은, 성령이 임하지 않는다면, 성령의 권능을 받지 않는다면 불가능합니다.

오늘날 예수 그리스도께서는 '성령을 통하여,' '성령의 명하심'으로 저와 여러분에게 증인이 되라고 하고 계십니다.

무엇에 대한 증인입니까?

예수께서 부활하심을 증언하기 위한 증인입니다. 진실로, '**예수 부활에 대한 증거**'는 '**사도행전의 주요 주제**'이며, '**복음의 핵심**'이기도 합니다.

사랑하는 성도 여러분! 여러분은 증인이십니까?

성령의 권능을 받은 자입니까?

예수께서 우리를 위해 죽으셨고 또한 부활하셨다는 것이 우리가 증거해야 할 복음의 참된 내용입니다.

어떤 분은 자신의 증인된 사명을 잘 깨닫지 못할 수 있습니다. 그러다 보니 "저는 예수님이 증인으로 불러 주셨다는 것을 모르겠습니다. 증인으로 언제 불러 주셨는지 모르겠고, 저는 그러한 음성을 들어본 적이 없습니다. 그래서 설교 시간에 복음 증거, 전도 이야기만 들으면 남 이야기 같아요"라고 이야기합니다. 그러나 깨닫지 못할 뿐이지, 주님께서 우리를 증인 삼아 주신 일에는 틀림이 없습니다.

사랑하는 성도 여러분, 주님은 세상에 당신을 증언하도록 하기 위해 여러분을 따로 구별하여 불러 세우셨습니다. 베드로전서 2장 9절의 말씀이 이를 증거합니다.

⁹ 그러나 너희는 택하신 족속이요 왕 같은 제사장들이요 거룩한 나라요 그의 소유가 된 백성이니 이는 너희를 어두운 데서 불러 내어 그의 기이한 빛에 들어가게 하신 이의 아름다운 덕을 선포하게 하려 하심이라

참으로 깊은 좌절과 낙망, 저주와 죄악으로 물들어 있던 우리를 비참한 처지에서 불러 주신 분이 우리 하나님 아버지요, 살아 계신 주 예수 그리스도이십니다. 그분의 빛 가운데 들어가, 진리와 생명을 보고 듣고 알게 된 우리는, 그리스도께서 왜 우리를 불러 주셨는지를 반드시 깨달아야 합니다.

'아름다운 덕을 선포하게 하려고 우리를 어두운 데서 불러 내셨습니다.'
그러므로 우리는 먼저 성령의 권능을 받은 자답게 성령 안에서, 그분의 인도하심을 따라가야 합니다. 그리고 성령이 기뻐하는 일을 하며, 성령의 음성에 귀기울여야 합니다. 성령의 권능을 받은 자답게, 성령에 순종함으로, 성령의 열매를 삶 속에서 맺을 수 있어야 합니다.

우리는 '주님에 대해' 증거하는 자들이 아니라, 성령이 증언한 그리스도를 직접 알고, '주님 한 분만을' 증거하는 자들이 되어야 합니다.

사도행전은 누가복음의 후속편으로, 하나님을 사랑하고 하나님의 사랑을 받는 자들이 복음을 알되 더욱 확실하게 알게 하기 위해 기록되었다고 말씀드렸습니다.

오늘날 그리스도를 믿는 모든 자는 '성령을 통하여,' '성령의 명하심'으로 주님으로부터 복음 전파 사명을 받았습니다. 성령의 권능을 힘입은 우리는 예수님의 부활의 증인, 그분을 증언할 자로 부르심을 받은 것입니다.

때로는 전하는 일이 '어렵다, 힘들다'고 생각하실 수도 있을 것입니다. 이것은 나의 일이 아니라고 생각하는 분도 있을지 모릅니다.

하지만, 그러할 때 걱정하지 마시길 바랍니다. 성령께서 여러분을 도우실 것입니다. 요한복음 16장 13절의 말씀입니다.

13 그러나 진리의 성령이 오시면 그가 너희를 모든 진리 가운데로 인도하시리니 그가 스스로 말하지 않고 오직 들은 것을 말하며 장래 일을 너희에게 알리시리라

진실로 성령님이 우리를 진리 가운데로 인도하실 것입니다. 그러므로 우리는 더이상 '예수님에 관한' 지식에 모호한 채, 복음의 언저리에서 헤매는 자들이 아닙니다. 성령의 지혜와 감동으로, 하나님의 말씀 가운데, 예수 그리스도를 만나고 확실하게 아는 자들이 우리입니다.

저와 여러분이 바라기는 예수 그리스도의 복음을 힘있게 전하는 자들이 된다는 사실을 믿고, 받은 사명을 충성되게 감당하시길 주님의 이름으로 축원합니다.

기도 제목

1. 주님이 성령의 명하심으로 복음 증거 사명을 주셨음을 깨달을 수 있도록
2. 예수님의 부활의 증인이 되어 성령이 주신 권능과 담대함으로 복음을 증거할 수 있도록
3. 주의 일을 감당하는 데 있어 성령 충만을 간절히 구하는 우리가 되도록

2

성령이 임하심
(사도행전 2장 3-4절)

> ³ 마치 불의 혀처럼 갈라지는 것들이 그들에게 보여 각 사람 위에 하나씩 임하여 있더니
> ⁴ 그들이 다 성령의 충만함을 받고 성령이 말하게 하심을 따라 다른 언어들로 말하기를 시작하니라

사도행전 시리즈 『성령으로 걸어가라』 첫 번째 시간을 통해 우리에게는 '성령의 명하심'을 따라 '복음의 확장을 위한 비전'을 붙들고 책임을 다하는 사명이 있음을 알게 되었습니다.

여러분은 성령이 주시는 은혜 속에 승리하는 시간을 보내고 있습니까?
성령의 권능을 힘입어 그리스도의 복음을 힘있게 전하는 자들이 되고 있습니까?
성령의 지혜와 감동으로 하나님의 말씀 가운데 예수 그리스도를 만나고 아는 자들이 되고 있습니까?

성령은 참으로 우리의 신앙 여정을 도우십니다. 우리는 '성령 시대'를 살고 있습니다.

위대한 성령은 언제 우리들 곁으로 오셨습니까?

언제 성령은 우리 성도들에게 임하셨습니까?

사도행전 2장을 통해 성령이 어떻게 임하셨는지와 성령이 임하신 이유 그리고 성령이 임하신 결과에 대해 알아보고자 합니다.

1. 성령 강림의 현장

사도행전 2장 3절과 4절은 성령 강림의 역사를 생생하게 기록하고 있습니다.

> ³ 마치 불의 혀처럼 갈라지는 것들이 그들에게 보여 각 사람 위에 하나씩 임하여 있더니
> ⁴ 그들이 다 성령의 충만함을 받고 성령이 말하게 하심을 따라 다른 언어들로 말하기를 시작하니라

우리는 오순절 성령 강림의 현장에 있지 않았습니다. 그럼에도 불구하고 우리는 성령 강림 역사의 연속성 안에서 예수 그리스도를 믿음으로 말미암아 성령의 내주하심의 은혜를 입고 견인의 은혜를 받고 있습니다.

이천 년 전 예루살렘 초대교회에 임한 성령의 임하심이 어떻게 오늘날의 성도들에게 적용되고 확장될 수 있을까요?

그것은 바로 **하나님의 구속사가 "연속성"**을 지니기 때문입니다. 구약과 신약은 따로 떨어진 성경이 아닙니다. 구약에 예수님이 계셨고, 신약에 예수님이 계십니다. 알파요 오메가이신 예수 그리스도는 이 땅의 형질이 생기기 전부터 계셨고 우리가 창조되기 전에도 계셨으며, 이스라엘의 역사에도 오늘날 우리가 살아가는 대한민국 한복판에도 살아 계십니다. 주님은 다가올 미래에도 우리와 함께하실 것이며 우리의 다음 세대와 아

직 세상의 빛을 보지 않았지만 태어날 것이 예정된 자들과도 함께하실 것입니다.

하나님의 구속사는 주님이 다시 오실 그날까지 계속됨을 기억하시길 바랍니다. 그렇습니다. 하나님의 구속사는 시대의 변화 속에서도 전혀 끊김이 없이 연속적으로 이어집니다. 연속적인 **하나님의 구속사**에서, 오늘 본문의 '성령 강림,' '성령이 임하신 것'은 일대기적 전환을 가져온 중요한 사건으로 기록되어 있습니다.

오순절 성령 강림 이후 신약 교회가 생겨났습니다. 예수 그리스도를 믿는 모든 자에게 성령이 임하시면, 그 영혼은 권능을 받아 교회의 일원으로, 복음 전파의 사명자로 거듭나게 되는 것입니다.

그러면 성령이 어떻게 임하였습니까?

예수님의 제자들과 120명의 무리는 '오순절 날' 다락방에 모여 기도에 전념하며 예수님이 가르치신 대로 성령 받기를 간구하고 있었습니다.

'오순절'은 유월절 후 첫 안식일 다음 날로부터 7주 후가 되는 날입니다. 오순에서 '오'는 숫자 '5'를, '순'은 숫자 '열'을 가리킵니다. '오'와 '십'을 결합하여, 유월절 후 안식일 다음날로부터 50일째 되는 날이라는 뜻에서 오순절이라고 합니다.

유월절이 출애굽한 이스라엘 백성들이 그 감사함을 기억하는 날이라면, 오순절은 가나안 땅에 정착한 이스라엘의 '새로운 시작'과 '첫 열매'에 대한 감사함을 기억하는 날입니다.

'새로운 시작,' '첫 열매.' 듣기만 해도 가슴 떨리는 설렘과 기대가 있지 않습니까?

제자들에게 오순절 날은 새로운 시작과 함께 첫 열매 추수의 기대함이 가득한 날입니다.

바로 이때, 성령이 임하셨습니다. 주님이 유월절 후 첫 안식일에 부활하시고 40일간 제자들에게 보이신 다음 하늘로 승천하셨기 때문에, 오순절은 예수님이 부활하신 지 50일째 되는 날인 동시에, 승천하신 지 10일째 되는 날입니다.

그러므로 예수님께서 하늘로 올라가시면서 제자들에게 성령을 보내 주시겠다는 약속이 10일밖에 걸리지 않았음을 알 수가 있습니다.

예수님이 말씀하신 약속이 성취되는 역사적인 현장에는 어떤 일이 있었습니까?

바람이 제자들이 거하던 온 집에 가득하였고, 불의 혀처럼 갈라지는 것들이 그들 머리 위에 하나씩 임하였습니다.

그리고 어떠한 일이 일어났습니까?

오늘 본문 사도행전 2장 4절의 말씀입니다.

> ⁴ 그들이 다 성령의 충만함을 받고 성령이 말하게 하심을 따라 다른 언어들로 말하기 시작하니라

성령 충만함을 받았습니다. 그리고 "성령이 말하게 하심을 따라 다른 언어들로 말하기 시작"했습니다. 주의 제자들이 전혀 배우지 못한 외국어로 말하기 시작하였습니다. 이전에 배운 적 없는 언어를 통해 오순절을 지키기 위해 예루살렘으로 모여든 디아스포라 유대인, 유대교로 개종한 이방인들과 소통하며 복음을 전할 수 있게 된 것입니다.

할렐루야!

이러한 놀라운 광경을 보고 사람들의 반응은 어떠했을까요?

어떤 자들은 놀라며 당황스러움에 넋을 잃었습니다. 놀라고 기이한 일로 여겼습니다. 그리고 어떤 자들은 조롱하고 술 취한 것이 아니냐면서 비난하기도 했습니다. 사도행전 2장 13절의 말씀입니다.

> ¹³ 또 어떤 이들은 조롱하여 이르되 그들이 새 술에 취하였다 하더라

성령이 임하심을 보고, 복음을 배척하듯, 성령 강림에 대해 부정적인 반응을 보였다는 사실입니다.

누군가는 성령이 임하심을 보고 반기는 반면에, 누군가는 배척하는 일이 일어나는 이유는 무엇일까요?

그것은 하나님의 작정하심 때문입니다. 하나님은 당신의 뜻과 계획에 따라, 누군가는 구원하시기로 작정하시고 누군가는 유기하도록 작정하십니다.

'저를 왜 버리셨나요?'

이렇게 따지면서 물어도, 하나님께 그 책임을 돌리기 어렵습니다. 왜냐하면, 하나님은 구원하실 권리도 유기하실 권리도 가지고 계신 분이시기 때문입니다.

어떤 영혼에게 성령이 임하신다는 것은 그들에게 구원의 길이 열렸음을 의미합니다. 그렇기 때문에 만약 누군가가 성령이 임하신 것을 보고 비난한다면, 그에게는 복음이 미련한 것으로 여겨졌기 때문입니다.

그렇습니다. 성령의 임재에 대한 상반된 반응은 이상한 일이 아닙니다. 사실 당연한 결과인 것입니다.

성령 충만한 제자들을 향한 사람들의 놀람과 당혹스러움, 조롱과 비난 등의 혼란스런 상황 속에서 **베드로는 설교하기 시작했습니다.**

베드로는 제자들이 방언을 하는 일의 의미를 설명합니다. 성령을 받은 시간이 오전 9시경이 되었기 때문에, 술 취한 것은 전혀 아니라고 말하면서, 지금 자신들이 성령을 받은 것은 요엘 2장 28-32절에 나온 예언이 성취된 것이라고 말하였습니다. 사도행전 2장 17절의 말씀입니다.

[17] 하나님이 말씀하시기를 말세에 내가 내 **영**을 모든 **육체**에 부어 주리니 너희의 자녀들은 예언할 것이요 너희의 젊은이들은 환상을 보고 너희의 늙은이들은 꿈을 꾸리라

"내가 내 영을 모든 육체에 부어 주리니."

하나님은 '예수를 그리스도로 인정하는 모든 사람들'에게 성령을 선물로 내려 주십니다. 성령이 임하면 영적인 일을 깨닫고 담대히 그 일을 전할 수 있게 됩니다. 즉, 그리스도의 복음을 깨닫고 선포하게 되는 역사가 일어나는 것입니다.

성령이 임하신 이유가 바로 여기에 있습니다. 성령이 임하시면, 하나님의 능력을 부여 받습니다. 성령이 충만히 임하는 곳에 부흥이 일어납니다. 성령이 아니면, 주를 그리스도라 시인할 수 없고 죄인들이 거듭나는 일도 없으며, 자신의 잘못에 대한 회개는 더욱 일어날 수 없습니다.

베드로가 말하고자 한 것이 바로 이것입니다. 성령의 역사가 임했으니, 누구든지 주의 이름을 믿고 구원을 얻으라는 것입니다. 사도행전 2장 21절의 말씀입니다.

> [21] 누구든지 주의 이름을 부르는 자는 구원을 받으리라 하였느니라

계속해서 베드로는 구약에서 다윗이 말한 메시아가 바로 예수 그리스도이시며, 이에 대해 사도들이 증인이 되었음을 선포합니다. 그리고 성령이 어디로부터 왔는지에 대해 설명하기 시작합니다. 사도행전 2장 33절의 말씀입니다.

> [33] 하나님이 오른손으로 예수를 높이시매 그가 약속하신 성령을 아버지께 받아서 너희가 보고 듣는 이것을 부어 주셨느니라

베드로는 예수께서 하늘로 승천하신 다음 오순절 성령을 받기를 사모하는 제자들에게 친히 성령을 보내 주셨음을 밝혔습니다.

"성령을 아버지께 받아서 너희가 보고 듣는 이것을 부어 주셨느니라."

2. 성령이 임하신 이유

예수 그리스도는 하나님 아버지께 성령을 받아 제자들에게 내려 주셨습니다. 이렇게 예수님께서 그의 제자들로 하여금 성령을 받게 하신 이유가 있습니다. **하나님의 구속사의 완성을 위한 것입니다.** 하나님께서 인류 구원을 계획하시고, 예수 그리스도께서 십자가에 죽으시고 부활하심으로 인류 구원의 역사가 성취되었습니다.

그러므로 예수 그리스도의 죽으심과 부활하심을 믿는 성도들은 '**이미**' 구원을 받았습니다. 그러나 우리 육신은 여전히 세상 속에 머물고 있기 때문에 구원의 완성은 '**아직**' 이뤄지지 않았습니다. 구원의 완성은 주님이 다시 오실 그날, 재림의 때에 성취될 것입니다.

그러므로 주님 초림 이후, 그분의 가르침을 받았던 제자들에게 주어진 사명, 곧 복음이 세상 끝까지 전해지도록 하는 일, 복음이 확장되고 증거되는 일은 하나님의 구속사의 완성을 위해 우리의 사명으로 남아있습니다. 따라서, 주님이 다시 오실 때까지, 지속적이고 보다 확장된 복음 전파를 이루기 위해서 성도들은 성령의 능력으로 무장되어야 합니다.

성령은 예수 그리스도께서 십자가에서 이루신 구원을 성도 개개인에게 적용하심으로, 하나님의 구속사를 이뤄 가고 계십니다. 성령을 받은 주의 제자들은 이 땅에서 예수님의 고난을 채우며 어떠한 핍박과 환난을 당할지라도, 하늘 위 상급과 예비된 면류관을 바라보며 힘있게 전진해야 하는 것입니다.

3. 성령이 임한 결과

성령의 충만함을 입은 제자들은 신약 교회의 주역이 되었습니다. 그들이 덧입은 성령의 권능과 힘으로 말미암아 복음이 빠르게 확장되었고 그리스도의 열매들이 여기 저기서 맺어지게 되는 놀라운 믿음의 역사가 일어났습니다. 사도행전 2장 41절의 말씀입니다.

> [41] 그 말을 받은 사람들은 세례를 받으매 이 날에 신도의 수가 삼천이나 더하더라

이러한 성령은 오늘날에도 동일하게 역사하심을 믿으시길 바랍니다. 그분의 권능은 조금도 변함이 없으며, 줄어들거나 축소되는 일도 없습니다. 그러나 안타깝게도 성령의 능력, 복음의 능력, 성령을 통한 부흥이 마치 이제는 수명을 다해버린 구시대 유물처럼 여겨지기도 합니다.

베드로의 말씀 선포와 복음 증거로 인해 회개의 역사가 일어나고 예수를 믿는 일이 일어난 것은 역사적 사실입니다. 진실입니다.

성령의 임재로 **죄인들이 세례를 받고 죄사함을 받아 성도가 되면** 그들 **내면과 삶에 변화가** 일어나게 됩니다.

초대교회 성도들의 삶의 모습과 인격이 어떻게 변했습니까?

초대교회 성도들은 사도들이 전한 복음에 기초하여 모이기에 힘쓰며 기도에 전념했습니다.

사도행전 2장 42절의 말씀입니다.

> [42] 그들이 사도의 가르침을 받아 서로 교제하고 떡을 떼며 오로지 기도하기를 힘쓰니라

사도들이 무엇을 가르쳤습니까?

자신의 의견입니까?

개인적인 경험입니까?
자기 자랑입니까?

오직 예수 그리스도께서 가르치신 말씀과 그가 행하신 일입니다. 복음입니다. 교회를 교회되게 하는 가장 중요한 요소는 사도들이 전한 예수님의 말씀과 그분이 행하신 일입니다. 복음의 선포와 구원의 진리에 대한 가르침과 배움이 초대교회를 지탱하는 힘과 능력이 되었던 것처럼, 복음과 구원 진리만이 교회의 전부가 된다는 사실을 기억하시길 바랍니다.

복음을 기초로 하여 세워진 교회의 성도는 모이기를 폐하지 말고 서로 교제하며 기도에 전념해야 하는 것입니다.

오늘날 교회를 향한 하나님의 소원이 바로 이것입니다. 말씀을 듣는 예배의 자리에 나와 모이기에 힘쓰시기 바랍니다. 그리스도의 사랑을 나누고 교제하며, 서로를 위해 기도하는 성도님들이 되시길 바랍니다.

그리하면 우리의 삶의 모습과 인격이 이웃들과 세상의 칭송을 받게 될 것입니다. 사도행전 2장 47절의 말씀입니다.

> **47** 하나님을 찬미하며 또 온 백성에게 칭송을 받으니 주께서 구원 받는 사람을 날마다 더하게 하시니라

성령이 임하면 누구나 자발적으로 하나님을 경배하며 찬양하는 자리에 나아옵니다. 말씀과 기도의 뜨거운 경건 생활을 당연하게 여기며 이를 기쁨과 감사로, 순종의 제사로 하나님께 드리는 것입니다. 여기에 교회의 정체성이 있습니다.

하나님을 찬양하고 그분께만 영광 돌려야 합니다. 교회의 부흥의 주체는 하나님이심을 분명히 기억해야 합니다.

더불어 성령의 역사로 변화받은 성도들은 세상 속으로 나가 이웃들을 사랑하고 본이 되는 삶, 도덕적으로도 매우 뛰어난 행실을 실천합니다.

그때 세상은 성도들의 모습에서 하나님을 발견하며 예수 그리스도를 간접적으로 만나게 될 것입니다.

초대교회의 폭발적인 성장을 부러워만 하면 안됩니다. 우리는 이미 성령을 통해 주시는 영적인 삶의 '새로운 시작'을 경험하였고, 그리스도의 죽으심으로 주어진 '생명의 열매'를 증거하며 살아가는 사람들입니다.

우리 안에 내주하시는 성령은 하나님 자체시며 그리스도와 동등된 분이심을 믿으시길 바랍니다. 그 성령께서 오늘 저와 여러분에게 세상이 알 수 없고 경험할 수 없는 '영적인 풍성함과 충만한 능력'을 매일 공급해 주고 계십니다.

능력의 주요, 온전케 하시는 우리 주님께서 성령의 힘을 덧입고 살아가는 자들에게 '영적인 부흥'을 '뜨거운 불길같이' 내려 주심을 믿으시길 바랍니다.

저와 여러분에게 이미 성령이 임하셨습니다. 성령이 임하면 권능을 받고 땅 끝까지 증인이 된다는 말씀 붙잡고 '부활의 증인, 말씀의 증인, 영생의 증인'으로 살아가시길 바랍니다.

기도 제목

1. 성령을 받은 자에 합당하게 복음 전파의 사명을 잘 감당하도록
2. 말씀을 기초로 하여 모이기에 힘쓰며 기도에 전념하도록
3. 하나님께 찬양하며 이웃에게 그리스도의 사랑을 전할 수 있도록

3

성령의 행하심
(사도행전 3장 19절)

> **19** 그러므로 너희가 회개하고 돌이켜 너희 죄 없이 함을 받으라 이같이 하면 새롭게 되는 날이 주 앞으로부터 이를 것이요

『성령으로 걸어가라』 28주 행군의 세 번째 시간입니다. 첫 번째 행군에서 우리 주님은 우리들에게 '성령의 명하심'을 듣고 말씀과 기도로써 받은 사명을 감당해야 할 책임이 있다는 사실을 알게 하셨습니다.

진정 성령으로 걸어가고 계십니까?

성령은 우리의 발걸음을 인도하시고 그분과의 친밀한 동행하심 속에서 세상이 알 수 없는 평안과 기쁨을 주십니다. 성령은 지금 우리의 삶과 신앙에 뜨거운 복음의 불길을 일으켜 주고 계심을 믿으시길 바랍니다. 구령의 열정이 사그라드는 이때, 우리 모두는 남은 자가 되어 영혼 구원의 사명과 복음 전파의 책임을 잘 감당해야 할 것입니다.

진실로 성령이 임하시면, 우리가 권능을 받고 땅 끝까지 증인이 되어 복음을 전하는 사명을 감당할 힘과 능력을 얻게 됩니다.

이에 더해, 성령은 우리 모든 그리스도인을, 주 예수를 믿음으로 새롭게 태어난 성도를 거룩하게 하십니다.

1. 거룩하게 하는 사역

사도행전 3장 19절의 말씀입니다.

> **19** 그러므로 너희가 회개하고 돌이켜 너희 죄 없이 함을 받으라 이같이 하면 새롭게 되는 날이 주 앞으로부터 이를 것이요

회개의 역사는 성령의 뜨거운 불길로 죄악된 심령 위에 임하는 것을 믿으시길 바랍니다. 성령은 부패하고 타락한 심령을 깨끗하게 불태워 거룩하게 구별하시고, 주 앞에 새로운 날이 이르도록 도우시는 것입니다.

저와 여러분은 거듭난 자들입니다. 성령으로 거듭난 심령을 소유한 자들이 된 것입니다.

오늘 본문에 등장하는 솔로몬 행각에서의 베드로의 설교는 유대인들을 향한 외침이었습니다. 베드로는 유대인들을 향해 **"회개하여 죄사함을 받으라"** 선포했습니다.

만일, 누군가가 우리에게 "회개하세요. 회개하세요"라고 한다면 '무엇을, 어떻게, 왜, 어디서, 누구와, 언제' 회개해야 하는지 반문하게 되지 않을까요?

또 누군가가 강한 권면으로 "회개하세요"라고 단호히 전한다고 해서, 스스로 회개의 필요성을 느끼는 사람이 많이 있을까요?

그렇지 않을 겁니다. "회개하라"는 말을 듣고 "음, 그래 회개해야지" 하며 순적하게 반응하는 영혼은 많지 않습니다.

하지만, 회개의 결과가 무엇인지를 알게 된다면, '정말? 회개를 하면 그렇게 좋다는 말이야?' 라며 일말의 호기심과 관심을 보이게 될 것입니다.

회개하기만 하면, "죄사함"을 받을 수 있다는 하나님의 신실한 약속이 있습니다.

죄사함을 약속하는 회개를 거부할 이유가 없습니다. 인류의 끊임없는 고민, 곧 죄악의 굴레, 사망의 덫에서 벗어날 수 없는 처지에서 빠져나와 죄사함을 받고 자유함을 얻을 수만 있다면, 그 어떤 죄인도 회개하지 않을 이유는 없는 것입니다. 한번 잘 생각해 보시길 바랍니다.

설교 중에 주님의 명령을 듣고도 쉽게 순종하지 못하는 경우가 있지 않습니까?

왜 단번에 말씀에 순복하지 못할까요?

우리의 마음밭이 잘 기경되어 있지 않기 때문입니다. 때로 우리는 말씀에 순종하는 자에게 주어지는 축복이 얼마나 큰지 잘 알면서도, 막상 그 말씀대로 살았을 때 겪게 될 어려움과 난관, 고난을 염려하여 순종하지 못할 때가 있습니다. 자신에게 주어진 축복의 말씀에 지레 겁먹고, '말씀대로 사는 것은 힘들어!' 하면서 넘겨짚는 우를 범하게 됩니다.

사랑하는 성도 여러분, 순종은 형편 따라, 기분 따라 하는 것이 아닙니다. 순종하기 어려울 때도 순종할 뿐 아니라, 순종이 불가능하다고 여겨질 때 오히려 더 순종해야 합니다.

초대교회 성도들이 삶의 형편이 좋았기 때문에 복음을 향한 열정을 키워왔던 것이 아닙니다. 그들은 듣기에도 거북할 정도로 큰 억측과 수모와 박해를 겪고 있었습니다. 그럼에도 불구하고 말씀과 복음을 향한 그들의 열정은 사그라들지 않았습니다. 그들은 고난과 갖은 핍박을 견디며 더욱 하나님을 사랑하고 성령을 따라 살기를 멈추지 않았습니다.

오순절 날 성령의 능력으로 충만하게 된 베드로의 설교로 삼천 명이 회개하는 역사가 일어났습니다.

베드로가 무엇을 설교하였습니까?

사도행전 2장 38절의 말씀입니다.

38 베드로가 이르되 너희가 회개하여 각각 예수 그리스도의 이름으로 세례를 받고 죄 사함을 받으라 그리하면 성령의 선물을 받으리니

베드로는 설교를 들은 청중들을 향하여 권면하였습니다.
이 패역한 세대에서 구원을 받으라!
너희는 이 패역한 세대로부터 빠져나와 구원을 받으라!
이 말에 순종한 삼천 명의 사람은, 세례를 받고 구원을 받았습니다. 사도행전 2장 41절의 말씀입니다.

41 그 말을 받은 사람들은 세례를 받으매 이 날에 신도의 수가 삼천이나 더하더라

베드로의 설교 말씀을 그대로 믿고 순종한 자들, 말씀을 받은 자들은 구원을 받았습니다.
하지만, 베드로의 설교를 듣고도, 여전히 예수를 불신하는 무리는 '회개하고 죄사함을 받으라'는 외침을 무시하고 불순종하였습니다.
이렇게 누군가는 구원을 받고, 누군가는 여전히 복음을 거부하는 일이 일어나는 이유는 무엇입니까?
하나님은 구원하시기로 미리 정하신 자들의 심령에 성령의 능력과 권능으로써 회개하고 돌이키는 역사가 일어나게 하십니다.
그러나 어떤 사람은 성령이 가까이 계심에도 더럽고 추악한 죄악을 버리지 못하고, 여전히 패역한 세대 가운데 머무는 것입니다.
진실로 저와 여러분이, 성령의 권능과 능력에 힘입어 회개함으로 거룩한 심령으로 거듭나게 된 사실이 얼마나 감사한 일인지 모릅니다.
성령을 받으면 내적 변화와 함께 외적 변화 즉, 전인격적인 변화가 수반됩니다. 성령을 받으면 하나님의 일을 하게 되고 그분의 명령에 순종하는 것을 기쁘게 여깁니다. 성령을 받으면 예수 그리스도를 전하고 알리는

일에 사활을 걸게 됩니다. 꿀처럼 달콤한 하나님의 말씀을 읽고 듣는 것을 사랑하며 기도하기를 게을리하지 않게 되며, 고난 중에도 기뻐하며 감사하게 됩니다.

2. 능력의 복음 그리스도

오늘 본문의 베드로와 요한은 오후 3시 기도 시간에 하나님께 기도하기 위해, 성전으로 올라갔습니다. 그때 성전 미문에 나면서 못 걷게 된 이가 성전에 들어가려던 베드로와 요한에게 구걸하였습니다.
그때 베드로는 어떻게 반응하였습니까?
사도행전 3장 6절입니다.

> ⁶ 베드로가 이르되 은과 금은 내게 없거니와 내게 있는 이것을 네게 주노니 나사렛 예수 그리스도의 이름으로 일어나 걸으라 하고

베드로는 자신에게 있는 것은 '은과 금'이 아니라고 했습니다. 여기서 '은과 금'은 '능력을 상실한 형식적인 유대교'를 상징합니다. 베드로는 형식적인 종교가 아니라, '회개하는 자에게 죄사함을 주는 능력의 복음이신, 예수 그리스도'를 소유하고 있었습니다. 그래서 베드로는 성령께서 주시는 가장 가치 있고 능력이 풍성한 복음, 구원자 예수 그리스도를 전했습니다.
베드로를 통해 임하신 예수 그리스도, 그분의 이름은 40년간 못 걷게 된 이의 초라한 다리에 새로운 힘을 불어넣어 주었을 뿐만 아니라, 영구적이며 완전한 치유를 선사해 주었습니다.

'나면서 못 걷게 된 자'가 걷게 된 것을 보고 무리가 솔로몬 행각에 모였습니다. 베드로는 그들을 향해 설교하기 시작하였습니다. 베드로의 첫 말은 바로 이것이었습니다.

"너희는 왜 우리를 주목하느냐?"

"너희는, 왜, 우리를, 주목하느냐." 바로, 사도행전 3장 12절의 말씀입니다.

> 12 베드로가 이것을 보고 백성에게 말하되 이스라엘 사람들아 이 일을 왜 놀랍게 여기느냐 우리 개인의 권능과 경건으로 이 사람을 걷게 한 것처럼 왜 우리를 주목하느냐

베드로는 성전 미문에 있던 사람에게 일어난 치유의 사건은 인간의 능력으로 인한 것이 아니기 때문에, 자신들을 주목할 필요가 없다고 이야기합니다. 그는 지금 사람들을 주목하게 하고, 놀라게 만든 **영구적이며 완전한 치유**가 '자신들의 개인적인 능력에 의한 것이 아님'을 분명히 밝히고 있습니다.

대신에, '나면서 못 걷게 된 자'를 낫게 한 것은 **예수 그리스도에 대한 믿음**이라고 증언합니다. 사도행전 3장 16절의 말씀입니다.

> 16 그 이름을 믿으므로 그 이름이 너희가 보고 아는 이 사람을 성하게 하였나니 예수로 말미암아 난 **믿음**이 너희 모든 사람 앞에서 이같이 완전히 **낫게 하였느니라**

무엇이 그를 낫게 한 것입니까?

믿음입니다. 예수 그리스도를 믿는 믿음입니다. 베드로는 '나면서 못 걷게 된 자'의 치유 사건을 보고 놀란 군중들을 향해, 그들이 죽인 예수의 부활을 선포한 후, 그 이름을 믿는 믿음이 그를 낫게 한 것을 선포하였습니다.

'나면서 못 걷게 된 이'를 완전하게 치유한, 예수님을 믿는 믿음은 오순절 날 임한 성령과 아주 밀접한 관계가 있습니다. 성령은 구속받은 죄인을 하나님의 백성으로 확증하는 일을 하시기 때문입니다. 에베소서 1장 13절 말씀입니다.

> 13 그 안에서 너희도 진리의 말씀 곧 너희의 구원의 복음을 듣고 그 안에서 또한 믿어 약속의 성령으로 인치심을 받았으니

초대교회 공동체는 약속의 성령의 인침을 하나님 자녀의 증표로 삼게 되었습니다. 성령의 확증을 받은 성도는 성부 하나님께 나아갈 수 있게 되고(엡 2:18), 그리스도의 몸 된 성전으로 지어져 갑니다(엡 2:22). 성령은 성도의 속사람을 강건케 하시고(엡 3:16) 그들을 하나 되게 하시기 위해 그들 가운데서 일하십니다(엡 4:3-4).

이런 일들은 이미 오래 전부터 약속된 것입니다.

3. 약속하신 성령의 행하심

성령이 오실 것에 대한 약속은 구약의 선지자를 통해 이뤄졌습니다. 사도행전 3장 22절부터 24절까지의 말씀입니다.

> 22 모세가 말하되 주 하나님이 너희를 위하여 너희 형제 가운데서 나 같은 선지자 하나를 세울 것이니 너희가 무엇이든지 그의 모든 말을 들을 것이라
> 23 누구든지 그 선지자의 말을 듣지 아니하는 자는 백성 중에서 멸망 받으리라 하였고
> 24 또한 사무엘 때부터 이어 말한 모든 선지자도 이때를 가리켜 말하였느니라

하나님께서 구약 시대의 선지자들을 통해 약속하셨을 뿐만 아니라(사 32:15), 예수께서도 제자들에게 성령께서 오실 것을 약속하신 바 있습니다 (요 14:16.17; 행 1:4-5). 예수 그리스도야말로 아브라함과 모세 때부터 구약의 모든 선지자가 바라 마지않던 메시아요, 가장 위대한 선지자요, 마지막 선지자이십니다.

그럼에도 불구하고 유대인들은 자신들이 아브라함에게 주어진 약속의 후손이자 구약의 선지자의 자손임을 망각하고, 아브라함과 선지자들이 예언한 예수 그리스도를 믿지 못하고 오히려 그분을 십자가에 못박아 죽였습니다.

하나님은 아브라함의 후손인 유대인들의 악함을 버리게 하시려고 예수 그리스도를 보내 주셨습니다. 그리고 마침내 **예수님께서 승천하신 후, 오순절 성령 강림 사건으로 성령의 오심에 대한 약속을 실현하셨습니다.**

할렐루야!

그러나 오순절 성령 강림 사건 이전에, 제자들은 예수님이 승천하신 일로 얼마나 낙심하고 슬퍼하였습니까?

'이제 우리 곁에 예수님이 계시지 않는구나, 예수님은 영영 우리 곁을 떠나셨구나!'

하지만, 슬퍼할 이유가 없습니다. 예수님이 승천하신 뒤 성령이 제자들에게 찾아오셨기 때문입니다. 성령이 오셔서 그들 가운데 행하시어 병자가 고침 받는 기적을 일으키셨습니다.

그러므로 성령님의 일하심과 그분의 행하심이 있기만 한다면, 어떠한 죄인이라도 거룩하게 되며 하나님의 백성으로 거듭날 수 있습니다. 궁극적으로 예수 그리스도를 하나님의 아들이자, 모든 인류를 구속할 구원주로 믿게 되는 놀라운 역사가 일어납니다.

믿음의 역사를 보기 원한다면 성령께서 새로운 일을 시작하시고 성령이 그 일을 완성하시도록 우리의 전존재를 그분께 맡겨 드려야 합니다.

삶의 주도권을 성령께 맡겨 드리길 바랍니다. 성령이 여러분 안에서 새 일을 행하실 것입니다.

성령은 악을 소멸하는 불입니다. 하나님의 영이신 성령님은 모든 죄를 태워 소멸하십니다(히 12:29). 그렇기 때문에 오늘 본문의 베드로가 **솔로몬 행각에 모인 유대인들을 향해 회개하라고 외친 것입니다.** 예수 그리스도의 메시아되심을 모르고 십자가에 못박혀 죽게 한 유대인들에게 죄악을 뉘우치고 예수님을 믿는 믿음을 가지라고 선포한 것입니다. 사도행전 3장 19절입니다.

> [19] 그러므로 너희가 회개하고 돌이켜 너희 죄 없이 함을 받으라 이같이 하면 새롭게 되는 날이 주 앞으로부터 이를 것이요

베드로는 강력하게 회개를 촉구하였습니다. 이 설교로 인해 베드로와 요한은 유대 종교 지도자들에 의해 체포되어 옥에 갇히게 되었습니다.

유대인 종교 지도자들은 베드로가 전한 복음을 싫어했습니다. 자신들이 십자가에 못박은 예수가 부활하신 그리스도가 되신다는 사실을 인정하고 싶지 않았습니다. 성령이 임하셨음에도 불구하고 유대 종교 지도자들은 끝내 자신들의 죄악을 뉘우치기보다는 자기 생각의 틀에 갇혀, 천하디 천한 나사렛 출신 예수를 그들의 조상들이 바라 마지않던, 선지자들이 예언한 메시아와 구원주로 받아들이는 것을 거절했습니다.

솔로몬 행각의 설교 후, 유대 종교 지도자들의 복음에 대한 핍박은 더욱 거세졌습니다. 그럼에도 불구하고 성령의 폭발적인 능력으로 인해 복음은 하나님이 구원하시기로 작정한 영혼들에게 뜨거운 구원에 대한 열망을 불러 일으켰고, 많은 유대인이 그리스도의 생명을 선물로 받았습니다.

사도행전 4장 4절은 이 솔로몬 행각 설교로 인해 믿는 자의 수가 얼마나 많았는지를 증거합니다. 사도행전 4장 4절의 말씀입니다.

> ⁴ 말씀을 들은 사람 중에 믿는 자가 많으니 남자의 수가 약 오천이나 되었더라

사랑하는 성도 여러분, 저와 여러분이 예수 그리스도를 믿고 거듭난 것은 기적 중에 기적입니다. 성령님이 지금도 우리 안에서 일하고 계십니다. 성령의 행하심의 역사는 우리 각자의 믿음의 역사입니다.

성령 강림의 방언을 보고 모인 무리들을 대상으로 한, 베드로의 복음 선포 설교 이후 3천 명이 믿게 되었습니다. 그리고 나면서부터 못 걷게 된 이의 치유를 보고 솔로몬 행각에 모인 무리들에게 전한 베드로의 복음 선포로 5천 명이나 믿었습니다.

여러분은 무엇을 보고 예수 그리스도를 믿게 되었습니까?

여러분은 무엇에 의해, 무엇 덕분에 주님을 믿게 되었습니까?

우리의 믿음은 하나님의 선물이며 성령 하나님의 행하심으로 가능하게 되었다는 것을 믿으시길 바랍니다.

성령 안에 있는 자들은 더이상 세상에 속한 자들이 아닙니다.

왜입니까?

성령은 우리들에게 영적인 분별력을 주시기 때문입니다. 고린도전서 2장 14절 말씀은 "육에 속한 사람은 하나님의 성령의 일들을 받지 아니하나니 이는 그것들이 그에게는 어리석게 보임이요, 또 그는 그것들을 알 수도 없나니 그러한 일은 영적으로 분별되기 때문이라"고 증거합니다.

성령을 따라 행하십시오. 그리할 때 죄악을 벗고 육체의 욕심을 이루지 않게 됩니다(갈 5:16). 성령의 행하심 안에서 하나님의 뜻을 발견하시길 바랍니다. 성령의 행하심 안에서 비전을 발견하시길 바랍니다.

그리하여 언제나 여러분 안에서 행하시는 성령님이 도우시고 힘주시고 능력주실 것을 믿고 바라며, 언제나 성령으로 걸어가며 성령을 따라 행하는 성도님이 되시길 주님의 이름으로 축원합니다.

기도 제목

1. 순종하기 어려울 때 순종하고, 순종이 불가능하다고 여겨질 때조차 순종할 수 있도록

2. 성령이 우리 안에 새로운 일을 시작하시도록, 우리의 전 존재를 그분께 맡겨 드릴 수 있도록

3. 성령의 행하심 안에서 비전을 발견하도록

4

성령의 말하심
(사도행전 4장 8-12절)

> ⁸ 이에 베드로가 성령이 충만하여 이르되 백성의 관리들과 장로들아
> ⁹ 만일 병자에게 행한 착한 일에 대하여 이 사람이 어떻게 구원을 받았느냐고 오늘 우리에게 질문한다면
> ¹⁰ 너희와 모든 이스라엘 백성들은 알라 너희가 십자가에 못박고 하나님이 죽은 자 가운데서 살리신 나사렛 예수 그리스도의 이름으로 이 사람이 건강하게 되어 너희 앞에 섰느니라
> ¹¹ 이 예수는 너희 건축자들의 버린 돌로서 집 모퉁이의 머릿돌이 되었느니라
> ¹² 다른 이로써는 구원을 받을 수 없나니 천하 사람 중에 구원을 받을 만한 다른 이름을 우리에게 주신 일이 없음이라 하였더라

『성령으로 걸어가라』 28주 행군을 시작한지 벌써 네 번째 시간입니다. 성령은 우리에게 뜨거운 복음의 불길을 일으켜 주고 계심을 믿으시길 바랍니다. 성령이 우리에게 말씀하고 계시고 그 말씀을 받은 우리가 다른 사람들에게 전파하게 하심을 믿으시길 바랍니다.

1. 성령 충만한 상태

먼저 본문 사도행전 4장 8절의 말씀입니다.

> **⁸ 이에 베드로가 성령이 충만하여 이르되 백성의 관리들과 장로들아**

지금 베드로는 '성령 충만한 상태'에서 말하고 있습니다. 성령의 온전한 지배를 받아 베드로 자신의 뜻이 아닌, 하나님의 뜻에 따라 말하고 있습니다.

누구에게 말하고 있습니까?

산헤드린 법정에 세워진 베드로는 자신을 신문하는 **대제사장의 무리와 관리들**에게 최대한 예의를 갖춰, 그들의 권위를 인정하는 말로 답변을 시작합니다.

베드로는 '너희가 어떻게 해서, **나면서 못 걷게 된 이**를 고칠 수 있었던 것이냐?'라는 법정의 질문에 성심성의껏 답하고자 했습니다.

그 내용은 4가지로 정리하여 볼 수 있습니다.

첫째, '나면서 못 걷게 된 이'를 고친 일은 착한 일입니다.

> **⁹ 만일 병자에게 행한 착한 일에 대하여 이 사람이 어떻게 구원을 받았느냐고 오늘 우리에게 질문한다면**

둘째, '나면서 못 걷게 된 이'는 예수 그리스도의 이름으로 걷게 되었습니다.

> ¹⁰ 너희와 모든 이스라엘 백성들은 알라 너희가 십자가에 못박고 하나님이 죽은 자 가운데서 살리신 나사렛 예수 그리스도의 이름으로 이 사람이 건강하게 되어 너희 앞에 섰느니라

셋째, 유대 종교 지도자들이 죽인 예수 그리스도를 하나님이 살려주셨습니다.

> ¹¹ 이 예수는 너희 건축자들의 버린 돌로서 집 모퉁이의 머릿돌이 되었느니라

넷째, 구원은 오직 예수 그리스도 이름으로만 가능합니다.

> ¹² 다른 이로써는 구원을 받을 수 없나니 천하 사람 중에 구원을 받을 만한 다른 이름을 우리에게 주신 일이 없음이라 하였더라

9절에서 12절까지, 베드로의 답변에 기술된 4가지 사실을 한 문장으로 정리하면, 다음과 같습니다.

"나면서 못 걷게 된 이의 치유는 너희 유대인들이 죽인 예수 그리스도의 이름으로 가능한 것이며, 오직 예수님의 이름을 믿는 자는 치유뿐만 아니라 온전한 구원에 이르게 된다."

베드로는 성령 충만하여 당시 권력의 정점에 있던 무리들, 예수님을 대적하는 자들 앞에서 담대하게 그분에 관해 증언하고 복음 전파를 멈추지 않았습니다. 베드로는 자신을 법정에 세운 자들이, 단순히 병자 한 명을 고친 일로 소란한 것이 아님을 알고 있었습니다.

성령께서 지혜의 영으로 임하여, 하나님의 뜻을 분별할 수 있게 해주셨기 때문에, 베드로는 자신이 당한 일들을 하나님의 역사 가운데 해석하고 그에 따라 옳게 반응할 수 있었던 것입니다.

2. 예수님의 대적자들

베드로는 **예수님의 대적자들**이 자신을 그리고 자신과 같이 복음을 증거한 사도 요한을 압박하고 겁박하여, 예수님을 역사 현장에서 영원히 배제하려는 야욕을 가지고 있음을 알고 있었습니다. 때문에 검은 그림자를 드리우며, 복음 확산을 중단시키고자 하는 **예수님의 대적자들**의 악한 행위를 가만히 두고 볼 수는 없었습니다.

그들이 베드로와 요한을 옥에 가둔 이유가 너무나 명백하지 않습니까?

대제사장의 무리와 관리들은 그들이 이스라엘 백성을 가르치는 것이 싫고, 가르치는 내용도 싫은 것입니다. 사도행전 4장 2절의 말씀입니다.

> ² 예수 안에 죽은 자의 부활이 있다고 백성을 가르치고 전함을 싫어하여

대제사장의 무리와 관리들이 베드로에게 하고 싶었던 말은 무엇일까요?

'성전에서 가르치는 권한은 우리들 제사장과 종교 지도자들에게 있는데 사도들 너희가 왜 가르치느냐?

그리고 예수를 죽이면 복음 전파가 그칠 줄 알았는데, 왜 여전히 예수님이 부활했다고 증거하고 다니느냐?'

하지만, 정작 법정에서 그들은 다른 질문을 던졌습니다.

"너희가 무슨 권리로 병든 자를 고쳤는가?"

사도행전 4장 7절의 말씀입니다.

> ⁷ 사도들을 가운데 세우고 묻되 너희가 무슨 권세와 누구의 이름으로 이 일을 행하였느냐

대제사장의 무리와 관리들은, 자신들의 기득권을 내려놓고 싶지 않았습니다. 그래서 베드로와 요한이 병든 자를 고친 다음 솔로몬 행각에 모인 사람들에게 하나님의 말씀을 전파했을 때, 대제사장과 성전 맡은 자와 사두개인들이 사도들을 찾아온 것입니다. 사도행전 4장 1절의 말씀입니다.

> ¹ 사도들이 백성에게 말할 때에 제사장들과 성전 맡은 자와 사두개인들이 이르러

대제사장이 누구입니까?
유대교 내에서 서열 1위입니다.
그러면 성전 맡은 자는 누구입니까?
제사장 중 하나로, 대제사장 다음 서열 2위에 해당하는 사람입니다.
한편, 사두개인은 유대교의 한 종파로 정치적으로나 경제적으로 막강한 실권을 가진 사람들이며, 그들은 예수님의 부활을 믿지 않았습니다.
결국 사도들의 복음 전파를 막기 위해 찾아온 사람들은 당시 성전에서 행해지는 모든 예배 의식을 주관하는 자들로, 로마인들과 결탁해 수많은 이권과 재물을 챙기는 기득권층이었습니다.
당시 유대 종교지도자들의 특징은 무엇이었을까요?
그들은 자신들이 구축한 사회 질서와 종교적 권위가 무너지는 것을 끔찍하게 싫어했습니다. 유대 사회의 정치력을 빼앗기기 싫었고, 경제적 이권을 놓치기 싫었으며, 종교적인 권위를 누군가에게 나눠주는 일은 상상도 하기 싫었습니다. 그래서 대제사장과 성전 맡은 자와 사두개인들은 눈엣가시인 베드로와 요한을 제거하기 위해 옥에 가두고 사도들을 법정에 세우기까지 한 것입니다.
사랑하는 성도 여러분, 세상을 살면서 누리고 있고 향유하는 것들이 실상은 '하나님의 은혜요, 예수 그리스도의 핏값을 지불하고 얻어낸 결과'라는 사실을 인지하시길 바랍니다. 내 것인양, 으스댈 이유가 없습니다. 지

금 나의 모든 소유 중, 나로부터 비롯된 것은 단 하나도 없다는 것이 팩트입니다.

천지의 주재요, 만물을 지으신 이가 엄연히 살아 역사하고 있는 이때, 하늘을 가린다고 해서 우리 주님의 눈을 가릴 수 있을까요?

모든 것을 감찰하시는 그분 앞에 우리의 죄와 교만을 감출 수 있을까요?

내 것은 내 것이고, 네 것도 내 것이라고 주장하는 어리석고 편협한 사람들에게 주님은 이렇게 말씀하십니다.

"기득권을 내려 놓아라, 네 삶의 기득권을 내려 놓아라!

너는 내 것이다. 너가 가진 모든 것이 나 여호와 하나님의 것이다. 너의 생명도 너의 건강과 재물도, 자랑거리와 너를 둘러싼 인간 관계까지…

호흡도 감정도, 기분도, 모든 것이 스스로 계신 여호와, 온 인류를 구원하신 하나님, 나의 것이다!

너의 모든 기득권을 내려 놓아라!"

대제사장은 기득권을 포기하고 싶지 않았습니다. 성전 맡은 자, 사두개인들도 마찬가지입니다. 기득권은 사전적 의미로는 국가나 법인, 사람들이 정당한 절차를 밟아서 이미 차지한 권리를 말합니다. 기득권을 소유한 사람들은 이렇게 말할 것입니다.

"정당한 절차를 밟았으니 된 거 아니야?"

아닙니다. 이미 차지한 권리를 가지고 무엇을 하느냐의 문제가 남아 있습니다.

하나님은 모든 권세를 예수 그리스도께 주셨습니다. 이 말씀을 믿으시길 바랍니다. 마태복음 28장 18절의 말씀입니다.

18 예수께서 나아와 말씀하여 이르시되 하늘과 땅의 모든 권세를 내게 주셨으니

이 세상의 권세와 권위는 모두 우리 주님께로부터 나옵니다. 예수님은 세상의 권세를 세우기도 하시고, 멸하기도 하시는 분이십니다. 위정자를 비롯한 세상의 모든 권위와 권력의 출발, 그 근원은 오직 주님께 있습니다. 유다서 1장 25절의 말씀입니다.

> ²⁵ 곧 우리 구주 홀로 하나이신 하나님께 우리 주 예수 그리스도로 말미암아 영광과 위엄과 권력과 권세가 영원 전부터 이제와 영원토록 있을지어다 아멘

그렇기 때문에 만일 우리에게 어떤 기득권이 주어졌다면, 그 기저에 누가 계신지를 반드시 알아야 합니다. 대제사장과 성전 맡은 자, 사두개인들은 이것을 알지 못했습니다. 그래서 그들의 입술을 통해 나온 말은 하나님의 뜻과는 반하는 말이 되고, 그들의 행위는 복음 전파를 막고 그리스도의 영광을 훼손하는 데까지 나아가게 된 것입니다.

대제사장과 성전 맡은 자, 사두개인들은 성령 충만을 받지 못했기 때문에, 그리스도의 영광을 가렸던 것입니다.

반면 베드로와 요한, 사도들은 달랐습니다. 나면서 못 걷게 된 이의 치유로 사도들은 유명해질 수 있었고, 종교지도자들보다 더 큰 영적 권위를 자랑하면서 기득권을 차지할 수도 있었을 것입니다. 하지만, 사도들은 병자 치유가 오직 예수 그리스도의 이름으로 가능한 일임을 알고, 이 일을 통해 많은 영혼이 구원 받기만을 간절히 원하며 그들의 입술을 복음을 전파하는 일에만 사용하였던 것입니다.

그렇습니다. 베드로는 성령 충만하였고, 그의 입에서 나온 말은 성령 충만함을 덧입어 거룩하고 정결하게 빚어진 것을 기억하시길 바랍니다.

참으로 베드로는 '성령의 말하심'을 입술로 전하는 자였습니다.

오늘 본문 사도행전 4장 8절의 말씀입니다.

> ⁸ 이에 베드로가 성령이 충만하여 이르되 백성의 관리들과 장로들아

여러분은 성령 충만하여 말하고 있습니까?
'성령의 말하심'을 입술로 전파하고 계십니까?
성령은 지혜의 영이십니다. 모든 성경은 하나님의 영이신 성령의 감동으로 쓰여졌기 때문에, 성령이 깨닫게 해주지 않으시면, 누구도 성경을 올바르게 이해하거나 알 수 없습니다.
진리의 영이신 성령은 우리 모든 성도들을 진리 가운데로 인도하시고, 예수 그리스도께서 하신 일과 가르치신 말씀을 우리에게 전해 주십니다. 요한복음 16장 13절의 말씀입니다.

> ¹³ 그러하나 진리의 성령이 오시면 그가 너희를 모든 진리 가운데로 인도하시리니 그가 자의로 말하지 않고 오직 듣는 것을 말하시며 장래 일을 너희에게 알리시리라

그렇기 때문에, 모든 성도는 성령 충만을 받기를 소망하고 간절히 원해야 합니다. 성령 충만하여 성령의 말하심을 그대로 증거하는 거룩하고 성결한 입술을 사모하는 성도가 되시기를 바랍니다.
성령 충만은 특정한 사람만 받는 것이 아닙니다. 우리 주님은 그분을 믿는 모든 사람에게 성령 충만을 명령하셨습니다. 주의 제자라고 한다면, 무조건 성령 충만해야 하고 성령 충만을 사모해야 하는 것입니다.

3. 성령 충만의 방법

그렇다면 우리가 어떻게 성령 충만을 받을 수 있습니까?
성령 충만의 방법은 모두 네 가지 정도로 간추릴 수 있습니다.

첫째, 회개입니다. 성령은 회개하고 죄사함을 얻는 자에게 선물로 주어지게 됩니다. 사도행전 2장 38절의 말씀입니다.

> ³⁸ 베드로가 이르되 너희가 회개하여 각각 예수 그리스도의 이름으로 세례를 받고 죄 사함을 받으라 그리하면 성령의 선물을 받으리니

둘째, 말씀을 듣고 순종할 때 성령 충만을 받을 수 있습니다. 진리의 말씀을 받을 때, 성령의 역사를 통해 마음이 뜨거워지고 그 배에서 생수가 강같이 흐르게 되는 것입니다. 말씀이 있는 곳에 성령 충만이 있음을 알고 항상 말씀을 사모하시길 바랍니다. 성령 충만은 하나님 마음에 합한 자만이 받을 수 있기 때문에, 하나님 말씀에 철저히 순종해야 합니다.

셋째, 믿음입니다. 성도가 성령 충만함을 받아 하나님의 기쁨과 은혜를 온전히 누리는 것은 율법이 아닌, 예수님의 사랑과 도우심에 대한 믿음이 있을 때 가능합니다. 갈라디아서 3장 2절의 말씀입니다.

> ² 내가 너희에게서 다만 이것을 알려 하노니 너희가 성령을 받은 것이 율법의 행위로냐 혹은 듣고 믿음으로냐

넷째, 기도입니다. 성령 충만을 원하는 성도들은 기도하되 전심전력으로 기도해야 합니다. 로마서 8장 26절의 말씀입니다.

> ²⁶ 이와 같이 성령도 우리의 연약함을 도우시나니 우리는 마땅히 기도할 바를 알지 못하나 오직 성령이 말할 수 없는 탄식으로 우리를 위하여 친히 간구하시느니라

성령은 우리의 기도를 도와주시며 전심전력으로 기도하는 자들에게 충만히 임하십니다.

우리 다같이 성령 충만을 사모하십시다!

사도행전 4장에 나온 예수님의 대적자들은 자신의 기득권을 놓지 못하고 복음 전파의 훼방꾼이 되어 악의적인 말과 성령을 모욕하는 말을 서슴지 않았음을 교훈 삼길 바랍니다.

우리는 성령 충만한 자들이 되어야 할 것입니다. 나에게 해가 되는 일을 당할지라도, 주님을 통해 보고 들은 하나님의 진리를 증언하는 성도가 하나님이 인정하시는 참된 성도라는 사실을 잊지 마시길 바랍니다.

베드로가 '성령의 말하심'에 따라, 복음을 담대히 전파하였듯이 우리 또한 성령의 말하심을 따라 복음을 선포하고 진리의 파수꾼이 될 수 있기를 주님의 이름으로 축원합니다.

기도 제목

1. 세상의 권력과 힘을 탐하지 말고, 오직 성령의 능력을 간구하는 성도가 되도록

2. 성령의 말하심을 따라, 오직 복음을 증거하고 진리에 굳게 설 수 있도록

3. 성령 충만함을 구하며 회개와 기도와 말씀, 순종과 믿음의 사람이 될 수 있도록

5

성령의 증거하심
(사도행전 5장 32절)

> ³² 우리는 이 일에 증인이요 하나님이 자기에게 순종하는 사람들에게 주신 성령도 그러하니라 하더라

사도행전 시리즈 『성령으로 걸어가라』 28주 행군 다섯 번째 시간입니다. 언제나 변함없이 하나님의 성령이 우리들 가운데 임하셔서 뜨거운 복음의 불길을 일으켜 주고 계심을 믿으시길 바랍니다.

1. 증거하시는 성령

먼저 오늘 본문 사도행전 5장 32절의 말씀입니다.

> ³² 우리는 이 일에 증인이요 하나님이 자기에게 순종하는 사람들에게 주신 성령도 그러하니라 하더라

베드로는 자신과 사도들은 "예수 그리스도가 부활하시고 자신들의 구주가 되신다는 사실"에 대한 증인이며, 성령도 그 일에 증인이 되신다고 말

하고 있습니다.

　성령은 예수 그리스도에 대해 증언하는 분이십니다. 성령의 사역 중 하나가 '예수님에 대한 증거하심'입니다.

　성령은 왜 예수님과 그분의 사역에 증인이 되실 수 있을까요?

　성령은 하나님의 영이십니다. 성령은 하나님이 역사하시는 모든 현장에 계시며, 예수님이 이 땅에 오시기 전부터 예수님의 나심과 성장 전 과정에, 공생애의 모든 순간에 함께하셨습니다.

　우리는 입버릇처럼 되뇌고 있지 않습니까?

　예수님은 성령으로 잉태되었다고요. 마태복음 1장 18절의 말씀입니다.

> ¹⁸ 예수 그리스도의 나심은 이러하니라 그의 어머니 마리아가 요셉과 약혼하고 동거하기 전에 성령으로 잉태된 것이 나타났더니

　예수께서 세례를 받으실 때 성령이 비둘기같이 내려 예수 위에 임하셨습니다(마 3:16). 공생애를 시작하시기에 앞서 광야에서 40일간 금식하며 마귀에게 시험을 받으셨을 때도 예수님은 성령의 이끌림을 받으셨습니다. 누가복음 4장 1절의 말씀입니다.

> ¹ 예수께서 성령의 충만함을 입어 요단 강에서 돌아오사 광야에서 사십 일 동안 성령에게 이끌리시며

　사도행전의 전작이기도 한 누가복음은 누가에 의해 기록되었습니다. 누가는 하나님의 구속사에서 성령이 얼마나 중요한 위치에 있는지 설명해 주려고 애썼으며, 특히 예수께서 유대 지방으로부터 갈릴리로 돌아오신 후 성령의 능력으로 힘있게 공생애 사역을 감당하셨음을 강조합니다. 누가복음 4장 14절 말씀입니다.

¹⁴ 예수께서 성령의 능력으로 갈릴리에 돌아가시니 그 소문이 사방에 퍼졌고

예수님은 성령의 권능으로(In the Power of the Holy Spirit) 갈릴리로 가셔서 공생애 사역을 시작하셨고, 나사렛 회당에서 자신에게 임한 성령의 기름 부으심의 목적이 다른 데 있는 것이 아니라, 이사야에서 예언한 메시아로서 자신만이 죄인들에게 구원을 가져다 줄 것이라는 그분의 사명을 위한 것임을 말씀하셨습니다. 누가복음 4장 18절입니다.

¹⁸ 주의 성령이 내게 임하셨으니 이는 가난한 자에게 복음을 전하게 하시려고 내게 기름을 부으시고 나를 보내사 포로 된 자에게 자유를, 눈 먼 자에게 다시 보게 함을 전파하며 눌린 자를 자유롭게 하고

사랑하는 성도 여러분, 예수님은 성령의 기름 부으심을 받아 메시아로서의 구원 사역을 힘있게 감당하신 것을 기억하시길 바랍니다.

예수 그리스도와 함께하신 성령은 진실로 진리의 영이요, 계시의 영으로서 말씀이신 예수 그리스도를 증거하는 영이십니다. 사도행전 5장 32절의 말씀입니다.

³² 우리는 이 일에 증인이요 하나님이 자기에게 순종하는 사람들에게 주신 성령도 그러하니라 하더라

성령은 예수님에 대해서만 증언하시는 것이 아닙니다. 우리가 예수 그리스도의 이름과 하나님의 성령 안에서 씻음과 거룩함과 의롭다 하심을 받은 사실(고전 6:11), 그리하여 우리가 하나님의 자녀인 것을 증언하십니다.

로마서 8장 16절의 말씀입니다.

16 성령이 친히 우리의 영과 더불어 우리가 하나님의 자녀인 것을 증언하시나니

그렇습니다. 전에 우리는 세상에 속한 자였지만, 이제 저와 여러분은 세상에 속한 자가 아니요, 하나님의 사람이자 성령의 사람이 된 것을 성령께서 친히 증언해 주시는 것입니다. 하나님의 영, 곧 양자의 영을 받지 않았다면, 우리는 여전히 세상에 속해 살면서 사망과 멸망의 저주에서 벗어나지 못하고 세상 권세와 사단에 휘둘리어 일평생을 죄의 노예로 살다가 허망하고 헛된 일만 행하다가 먼지와 티끌처럼 흩어지고 말았을 것입니다.

하지만, 성령은 하나님의 자녀들이 받은 사명을 감당하며 살아가야 할 존재임을 알게 해주십니다. 성령은 진실로, 그리스도의 속죄 사역을 통해 우리가 죄와 불법에서 사함을 받은 사실에 대해 증언해 주십니다(히 10:15).

2. 성령의 능력

성령은 사명을 알게 하실 뿐 아니라, 그 사명을 감당할 힘을 주십니다. 성령은 예수 그리스도가 하늘로 승천하시면서, 그의 제자들에게 남기신 대위임명령을 우리들 가슴에도 동일하게 새겨 주셨습니다. 사도행전의 여러 사도들이 감당했던 복음 전파의 사명을 우리들도 실천하며 살도록, 사명을 완수하는 데 필요한 능력을 부여해 주시는 것입니다.

오늘 본문의 베드로와 사도들이 산헤드린 공회에서 "예수 그리스도가 부활하시고 자신들의 구주가 되신다는 사실"을 힘있게 증거할 수 있었던 것은 성령의 능력이 그들과 함께하셨기 때문입니다.

만일, 성령의 능력이 임하지 않으셨다면 베드로와 여러 사도가 예수님의 부활을 힘있게 증거하는 것은 불가능했을 것입니다. 베드로와 사도들은 예수님의 부활을 증거하는 일에 아주 대담했습니다. 담대했습니다. 사

실 그들이 이렇게 용감무쌍하게 예수님의 부활을 이야기할 수 있는 상황은 아니었습니다. 그들은 산헤드린 공의회의 지속적인 방해와 압박을 받고 있었기 때문입니다.

앞서 우리는 베드로와 사도들이 산헤드린 공의회의 심문을 받고 옥에 갇혔다가 풀려난 일을 살펴보지 않았습니까?

오늘 본문인 사도행전 5장 역시 베드로와 사도들이 산헤드린 공의회의 심문을 받고 옥에 갇힌 일에 관해 기록하고 있습니다. 이처럼 예루살렘 교회는 안팎으로 여러 시련을 받고 있습니다. 외적인 시련은 예수님을 못박아 죽이는 데 중요한 역할을 한 산헤드린 공의회가 자신들의 정치적, 종교적 기득권을 빼앗길 것을 두려워하여 사도들과 초대교회 성도들을 핍박한 것과 관련됩니다.

내적인 시련도 있었습니다. 초대교회 성도들이 서로 유무상통하며 사랑으로 서로 돕고 섬겼던 공동체에 균열이 가는 조짐이 보이기 시작했습니다. 아나니아와 삽비라 사건이 있었고, 교회의 성장에 따라 구제 문제로 헬라파 성도와 히브리파 성도가 서로 원망하는 문제도 발생했습니다.

하지만, 외적으로 아무리 박해와 핍박을 받아도, 내적으로 다툼과 분쟁이 일어나도, 성령의 충만함을 받은 성도들이 구원 받고 성장하여 제2, 제3의 그리스도의 제자가 되는 "복음의 확장"은 막을 수 없었습니다.

복음의 확장을 위해 우리는 성령으로 걸어감으로써 쓰임 받아야 합니다. **베드로와 사도들은 성령으로 충만하여 설교하며 복음을 증거함으로써 3천 명, 5천 명이 예수님을 믿는 기적을 경험하였습니다.** 사도들의 표적과 기사로 인해 복음은 빠르고 넓게 확산되었습니다. 사도행전 5장 14절의 말씀입니다.

> ¹⁴ 믿고 주께로 나아오는 자가 더 많으니 남녀의 큰 무리더라

초대교회에 예수님을 믿는 자들이 급증하였습니다. 수많은 표적과 기사가 나타나자 베드로의 그림자만 스쳐 지나가도 치료될 것으로 믿는 자들이 나타났습니다. 그리하여 복음은 예루살렘에 머무르지 않고 예루살렘 주변 성읍까지 널리 퍼져 나갔습니다.

3. 하나님의 대적자들

이를 지켜보고 질투와 시기에 휩싸인 자들이 또다시 베드로와 사도들을 감옥에 가두는 일이 일어납니다. 유대 종교 지도자들의 시기로 인한 사도들의 2차 투옥이 일어난 것입니다. 산헤드린 공의회의 실질적 권력자인 제사장들과 사두개인들이 사도들을 체포하여 감옥에 가두자, 밤에 천사가 나타나 옥에 갇힌 사도들을 구출합니다.

하나님의 개입과 도우심의 손길로 구출된 사도들은 천사의 명에 따라 성전에서 이스라엘 백성들에게 복음을 전합니다(행 5:21). 유대 종교 지도자들의 방해와 핍박은 성령 충만한 사도들의 복음에 대한 열정을 막을 수 없었습니다.

그래서 사도들이 산헤드린 공회에서 2차로 심문을 받을 당시에도 여전히 힘있게 예수 그리스도의 부활을 증거하고 예수님만이 우리 구주가 되심을 분명하게 증언하였습니다. 사도행전 5장 30절에서 32절입니다.

> 30 너희가 나무에 달아 죽인 예수를 우리 조상의 하나님이 살리시고
> 31 이스라엘에게 회개함과 죄 사함을 주시려고 그를 오른손으로 높이사 임금과 구주로 삼으셨느니라
> 32 우리는 이 일에 증인이요 하나님이 자기에게 순종하는 사람들에게 주신 성령도 그러하니라 하더라

이 말을 들은 산헤드린 공의회는 어떤 반응을 보였을까요?

그들은 크게 분노한 나머지, 사도들을 죽이려 했습니다. 그때 한 명의 중재자가 등장합니다. 바리새인 가말리엘은 사도들의 문제를 신중하게 처리할 것을 제안합니다. 가말리엘은 이스라엘 백성들 사이에서 신망이 두터운 사람으로, 사도 바울의 스승이기도 했습니다. 그는 드다와 유다가 한때 백성들의 추종을 받다가 망한 사례를 들어, **하나님의 뜻을 구해야 한다**고 말하였습니다. 사도행전 5장 38과 39절의 말씀입니다.

> ³⁸ 이제 내가 너희에게 말하노니 이 사람들을 상관하지 말고 버려 두라 이 사상과 이 소행이 사람으로부터 났으면 무너질 것이요
> ³⁹ 만일 하나님께로부터 났으면 너희가 그들을 무너뜨릴 수 없겠고 도리어 **하나님을 대적하는 자가 될까 하노라** 하니

가말리엘의 제안은 현명했습니다. 베드로와 사도들의 복음 증거가 하나님의 섭리와 역사에 따른 것이라면, 이들을 핍박하고 옥에 가두는 일은 하나님의 일을 훼방하는 것이 됩니다. 가말리엘은 산헤드린 공의회 회원들에게 하나님의 대적자들이 되지 않도록 경계하라고 주의를 준 것입니다.

유대 종교 지도자들이 베드로와 사도들에게 핍박을 가하는 이유가 무엇입니까?

첫째, 복음이 예루살렘 전역으로 퍼져 나가자, 자신들이 가지고 있는 지도력과 기득권을 상실할 위기를 느끼고 이기심에 사로잡혔기 때문입니다.

둘째, 산헤드린 공의회원들은 예수를 죽인 책임을 모면하고 싶었고, 복음을 받아들인 백성에게 메시아를 무참히 죽였다는 비난을 받을 것이 두려웠기 때문입니다.

이렇게 이기심과 두려움, 책임 회피와 같은 죄악에 사로잡힌 종교 지도자들은 교회를 핍박하는 사단의 하수에 불과했습니다.

성도 여러분, 예수님을 핍박함으로 하나님의 대적자들이 되어서는 안됩니다. 인간이 죄에 사로잡혀 있다는 것은 사단의 도구로 사용되고 있다는 반증입니다. 우리가 아무리 거룩한 모습을 하고 교회에서 중요한 직분을 감당하고 있다고 해도, 죄를 범하는 자는 누구나 예외 없이 죄의 종이요, 사단의 하수가 될 수 밖에 없다는 사실을 기억하시길 바랍니다. 요한복음 8장 34절의 말씀입니다.

> ³⁴ 예수께서 대답하시되 진실로 진실로 너희에게 이르노니 죄를 범하는 자마다 죄의 종이라

사랑하는 성도 여러분, **예수 그리스도는 죄에 대해 말하고**(요 16:8) **죄에 대해 단번에 죽으셨습니다**(롬 6:10). 죄는 하나님의 뜻에 반하고 그분의 뜻대로 살지 않는 것을 말합니다.

그러므로 당시 유대 사회를 이끌던 종교 지도자들이 복음의 확산을 막아 베드로와 사도들을 핍박하는 것은 하나님의 뜻에 반한 행동이며 엄연한 죄악임을 알 수 있습니다.

하지만, 믿지 않는 자들의 입장에서 베드로와 사도들은 내란을 일으키는 문제아에 불과했고 불법을 조장하는 자요, 기만하고 속이는 자들로 여겨졌습니다.

우리는 무엇을 따르고, 무엇을 향해 나아가며, 무엇을 행해야 할까요?

세상의 법칙을 따르지 않기를 바랍니다. 기득권의 말이나, 사회의 주류를 이루고 있는 자들의 음성에 귀기울여서는 안 됩니다. 하나님의 대적자들의 입장을 고려해서는 안 됩니다. 복음 확장을 막는 자들의 말에 현혹되지 마시길 바랍니다.

오직 성령의 증거하심에 따라, 그분의 증언을 듣고 행하는 성도님들이 되길 바랍니다.

성령은 하나님의 뜻대로, 우리 모든 성도를 위해 지금도 간구하고 계십니다. 성령은 우리 모든 성도들이 하나님의 뜻을 알고 그 뜻대로 살 수 있도록 기도로 돕는 분이심을 기억하길 바랍니다.

성령의 증거하심을 따라 힘있게 복음 확장을 위해 나아가는 삶을 살아가는 성도들이 되시길 주님의 이름으로 축원합니다.

기도 제목 _____

1. 성령께서 깨닫게 하신 복음 전파의 사명을 잘 감당할 수 있도록
2. 무슨 일을 행하든지 하나님의 뜻이 무엇인지 구하도록
3. 성령을 거스르는 하나님의 대적자들이 되지 않도록

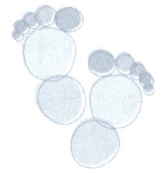

6

성령의 택하심
(사도행전 6장 3절)

> ³ 형제들아 너희 가운데서 성령과 지혜가 충만하여 칭찬 받는 사람 일곱을 택하라 우리가 이 일을 그들에게 맡기고

사도행전 시리즈 『성령으로 걸어가라』 28주 행군의 여섯 번째 시간입니다.

예루살렘 교회는 안팎의 시련과 고난을 통해 성장하였습니다. 그 성장이 수직·수평적으로 폭발적이었던 만큼, 고통과 분쟁, 어려움과 핍박 역시 넘쳐났습니다. 대표적인 두 가지 사건이 있었습니다.

첫째, "예루살렘 교회 밖에 있었던 시련"은 예수님을 십자가에 못박는 데 주도적인 역할을 했던 "산헤드린 공의회로부터 오는 방해와 핍박"입니다.

둘째, "예루살렘 교회 안에서의 시련"은 교회의 순수성을 방해하려 했던 "아나니아와 삽비라 부부 사건"입니다.

1. 예루살렘 교회 안에서의 시련

아나니아와 삽비라 부부의 이야기가 무엇입니까?
아나니아와 삽비라 부부가 자신의 소유를 팔아 일부를 헌납하면서 전액을 하나님께 드린 것처럼 속였고, 이러한 행위가 성령을 기만한 죄로 여겨져 죽임을 당한 초대교회의 대표적인 비극적 사건이 아닙니까?
이런 질문을 던지는 분도 계실 것입니다.
"그 부부가 하나님께 다 드리든 적게 드리든 무슨 상관일까?
헌금 액수를 속인 것이 죽임을 당할 정도야?"
혹은 이렇게 반문할 수도 수도 있습니다.
"땅을 팔아 교회에 헌금을 드리려는 생각조차 안하는 사람들에 비하면 다 드리든 조금 남기든 잘한 것은 맞잖아?"

성도 여러분, 하나님의 생각은 우리의 생각과 다릅니다. 우리가 생각하는 성결의 기준과 하나님께서 예루살렘 교회에 요구하신 성결의 정도가 달랐음을 알아야 합니다. 하나님은 성령의 역사로 예루살렘 교회가 태동하는 시기, 곧 신약 교회가 처음 시작될 때에는 철저할 정도로 성결과 순수성을 원하셨습니다.
첫 단추를 어떻게 끼우느냐가 중요하지 않습니까?
윗물이 맑아야 아랫물이 맑은 법입니다. 천 리 길도 한 걸음부터고, 시작이 반이며, 세 살 버릇 여든까지 가는 것입니다.
시작의 중요성은 아무리 강조해도 지나치지 않습니다. 그래서 하나님께서는 구속사의 새 시대를 여는 예루살렘 교회가 신약 교회의 시작이라는 정체성을 자각할 수 있도록, 아나니아와 삽비라 부부의 부정을 밝히고 그에 따른 심판을 내리신 것입니다.

그렇습니다. 아나니아와 삽비라 부부의 행위는 교회의 근본을 무너뜨릴 수 있는 치명적인 죄악입니다. 예루살렘 교회 안에서 일어난 시련이 맞습니다.

이 일만 있었던 것은 아닙니다. 또 다른 '예루살렘 교회 안에 시련'이 일어났습니다. 히브리파 성도들과 헬라파 성도들 간의 갈등이 표출된 것입니다. '어려운 이웃을 구제하는 데 있어 헬라파 성도들이 히브리파 성도들을 원망하는 문제'가 일어나 폭발적인 확장을 기대했던 예루살렘 교회의 성장을 저해하는 요소가 되었습니다.

사랑하는 성도 여러분, 여러분이 속한 공동체의 성장을 저해하는 갈등이 있습니까?

확장을 꾀하기 전 선결 과제는 갈등을 불식시키고 하나 되는 것임을 잊지 마시길 바랍니다. 하나가 되더라도 성령 안에서 먼저 하나가 되길 바랍니다. 에베소서 4장 2절부터 4절의 말씀입니다.

> ² 모든 겸손과 온유로 하고 오래 참음으로 사랑 가운데서 서로 용납하고
> ³ 평안의 매는 줄로 성령이 하나 되게 하신 것을 힘써 지키라
> ⁴ 몸이 하나요 성령도 한 분이시니 이와 같이 너희가 부르심의 한 소망 안에서 부르심을 받았느니라

우리가 성령 안에서 하나가 되지 못한다면, 하나님을 믿는다고 하면서도 여전히 자기 주장만 하며 갈등을 조장한다면, 우리는 한 소망 안에서 부르심을 받은 사실을 알지 못한 채 소망 없는 공동체로 남게 됩니다. 공동체라는 명맥만 유지될 뿐 확장이나 부흥을 꿈꾸지 못하는 공동체, 허울뿐이고 알맹이가 텅텅 빈 껍데기요 외식이 가득한 교회가 되고 말 것입니다.

사랑하는 여러분, 이러한 문제를 방지하기 위해 예루살렘 교회의 갈등이 속히 **성령 안에서 봉합**되어야 했던 것입니다.

먼저 구제를 둘러싼 헬라파 성도와 히브리파 성도 사이의 갈등이 무엇인지 살펴보길 원합니다.

헬라파 성도들이 히브리파 성도들을 원망하는 문제가 생긴 이유는 무엇입니까?

여러분들도 다 아시다시피 초대교회는 한마음 한뜻이 되어 유무상통하는 공동체로, 경제적 여유가 있는 성도들의 헌금으로 가난한 성도들의 필요를 채워주었습니다. 그런데 헬라파 과부들이 구제에서 지속적으로 제외되었기 때문에, 이에 불만을 품고 히브리파 성도들을 원망했던 것입니다. 사도행전 6장 1절의 말씀입니다.

> [1] 그때에 제자가 더 많아졌는데 헬라파 유대인들이 자기의 과부들이 매일의 구제에 빠지므로 히브리파 사람을 원망하니

사단들이 이 틈을 놓칠 리 없었습니다. 사단들은 원망을 조장하여 교회 내부에 갈등을 일으키고 시련을 줍니다.

2. 틈을 타고 들어오는 사단

사랑하는 성도 여러분, 기억해 보시길 바랍니다.

사단은 이미 하나님 나라의 확장을 막기 위해, 교회 안에 있는 성결하지 못한 모습, 아나니아와 삽비라 부부의 부패를 통해서 교회의 근간을 흔들고 핍박하려 들지 않았습니까?

그런데 그들의 시도는 보기 좋게 좌절되었습니다. 하나님은 싹을 잘라내듯이, 성결하지 못한 부정의 단초가 된 부부를 심판하심으로 거룩한 성령이 계속 예루살렘 교회에 머물게 하셨습니다.

교회 안에 부패를 조장하여 교회를 쥐고 흔들려는 시도가 좌절되자, 사단은 이제 성도의 불평과 원망을 통해 예루살렘 교회를 무너뜨리려 한 것입니다.

"아니! 헬라파 과부들이 단 하루도 아니고 여러 차례, 계속해서 구제에서 빠졌다면 당연히 항의하고 부당성을 제기하는 것이 맞잖아요. 공평하게 배분되지 못한 것이 잘못이지, 불만을 제기하고 원망을 드러내는 것이 도대체 왜 잘못이죠?"라는 말과 생각은 하지 마시길 바랍니다.

저와 여러분은 "불만과 원망을 사단이 이용한다는 사실"을 기억해야 합니다. 사단에게 틈을 주지 말아야 합니다.

초대교회에 일어난 불만과 원망은 사람들의 눈에는 당연해 보이기도 합니다. 하지만, 사단은 당연해 보이는 상황에서 일어난 불만과 원망을 교회를 위기로 몰아넣는 "기회"로 사용할 정도로 악한 데 똑똑하고 죄짓는 데 천재적인 재능이 있습니다.

머리가 똑똑하지 못해 죄짓는 것이 아닙니다. 받은 재능이 없어서 악한 것이 아닙니다. 우리 안에 하나님이 계시지 않으면, 성령이 우리와 함께하지 않으시면, 우리의 지식과 지혜, 재능이 모두 악한 데 사용될 뿐입니다. 하나님의 영광이 아닌, 자신의 명성과 명예, 권리, 잘 먹고 잘 사는 일에만 몰두하면, 하나님으로부터 온 지식과 지혜, 재능을 악한 도구로 사용하다가 멸망과 파멸로 가게 됩니다. 우리가 받은 모든 것은 하나님께로부터 온 것임을 기억하고, 그분의 영광을 위해 지식과 지혜와 재능을 사용해야 합니다.

사단은 우리가 가진 악한 본성과 죄 된 마음뿐 아니라 하나님께 부여 받은 각종 선한 은사를 통해서도 틈을 타고 들어옵니다. 그러니 항상 성령 충만으로 깨어 있길 바랍니다.

이것을 알지 못하면, 예루살렘 교회 내부의 시련이 구제를 둘러싼 불평과 원망에서 비롯된 것에 쉽게 공감하지 못할 것입니다. "하나의 작은 갈등의 씨앗"을 점차 키워 나가, "교회를 무너뜨리는 다이너마이트 폭탄"으로 제조하는 사단의 계략을 알지 못하면, 불만을 갖고 원망하는 것에 경각심을 갖지 못할 것입니다.

열두 사도는 성령 충만하여 성령으로 걸어가는 자들이었습니다. 그리하여 그들은 교회 안에 일어난 갈등을 해결하기 위해 지체 없이 모든 제자, 즉 모든 성도를 불러 모았습니다. 사도행전 6장 2절의 말씀입니다.

> ² 열두 사도가 모든 제자를 불러 이르되 우리가 하나님의 말씀을 제쳐 놓고 접대를 일삼는 것이 마땅하지 아니하니

열두 사도는 오직 기도하고 말씀 전하는 것에 자신들의 마음과 몸을 집중하여 드리는 것이 맞다는 사실을 깨달았습니다. 그리하여 과부들에게 음식을 만들어 대접하는 일이나 구제와 봉사에 얽매이면 하나님의 말씀을 전하는 데 어려움이 있다는 것을 알았습니다. 사도들은 구제가 공평하게 이루어지지 않은 사건을 계기로, 일곱 집사를 선출하여 구제를 비롯한 교회 행정 업무를 맡기고 자신들은 본연의 직무인 말씀 사역과 기도에 전념하게 되었습니다. 오늘 본문 사도행전 6장 3절의 말씀입니다.

> ³ 형제들아 너희 가운데서 성령과 지혜가 충만하여 칭찬 받는 사람 일곱을 택하라 우리가 이 일을 그들에게 맡기고

식사를 만들어 과부들을 대접하는 일, 음식과 식사 구제와 봉사를 맡기기 위해 일곱 집사를 택하게 됩니다. 구제의 갈등이 집사 선출이라는 선한

결과로 바뀌었습니다. 이로써, 초대교회에 집사라는 직분이 생겨나게 되었습니다.

사도들은 성령이 주신 지혜를 통해 교회의 위기를 오히려, 교회가 효율적으로 성장하도록 '직무를 전문화하도록 하는 기회'로 삼았던 것입니다. 하나님은 합력하여 선으로 바꾸시는 분이시기에, 그분의 뜻 안에 있고, 그 뜻에 합한 자들에게 더 좋은 길을 예비하는 분임을 기억하시길 바랍니다.

갈등이 있습니까?

성령 안에서 하나가 되면 봉합됩니다. 성령으로 걸어가는 길에는 선한 결과가 예비되어 있습니다. 성령으로 걸어가는 길 끝에 구원이 있고 영생이 있으며 진정한 만족과 행복이 있음을 믿고 소망하길 바랍니다.

3. 일곱 집사의 자격 요건

일곱 집사의 자격 요건은 총 세 가지입니다.

첫째, 성령이 충만한 사람이어야 합니다. 교회의 중요한 직무를 맡기기 위해, 아무나 뽑지 않았습니다. 모든 성도가 투표로 뽑는 민주적 절차를 거침으로써 사사로운 감정에 따라 직무가 부여되는 것을 막았습니다. 아무리 재능과 가진 소유가 많고 성실하고 장점이 수만 가지여도, 성령이 충만하지 않은 자라면 교회의 일꾼이 될 수 없습니다.

어떤 사람이 성령 충만한 사람입니까?

말씀에 순종하는 자입니다. 하나님의 뜻에 충성하는 자입니다. 성령보다 앞서지 않는 자입니다.

둘째, 지혜있는 사람이어야 합니다. 이 지혜는 말씀을 알고 실천하는 데까지 나아가 성령의 열매를 맺는 실천적 지혜를 뜻합니다. 그러므로 성령 충만의 결과로 나타나는 지혜입니다.

셋째, 사람에게 칭찬 받는 사람이어야 합니다. 성령 충만의 결과로 나타나는 신앙의 인격을 갖추고 타의 모범이 되는 자를 세워야 하는 것입니다. 세상 자랑과 가진 것으로 칭찬 받는 자가 아닙니다. 성령 충만의 결과로 인해 누구나 '아! 저 분은 성령과 지혜가 충만한 사람이야!'라고 인정될 만한 사람이 집사로 뽑힐 수 있습니다.

목사, 장로, 안수집사와 서리집사, 구역장과 찬양대원, 주일학교 교사, 식당 봉사자, 예배 안내위원과 주차 안내위원, 모든 직분자에게 필요한 것이 성령과 지혜가 충만한 사람이라는 인정을 받고 좋은 평판을 얻는 일입니다.

그렇습니다. 주님께서는 주님의 교회에 필요한 일꾼을 택하여 주시고, 또한 스스로 선택할 수 있도록 '선택권'을 주셨습니다. 하나님께서는 주를 믿는 한 무리를, 한 성령 안에서, 한 지체를 이루는 성령 공동체로 세워 주십니다. 그리고 성령을 통해 선택된 사람들로 하여금 놀라운 구원 역사에 동참하게 하십니다.

그러므로 주님의 사역에 동참하는 자는, 주님의 몸 된 교회를 섬기는 성도는, 마땅히 자신이 가진 책임과 의무의 근거가 먼저는 하나님에게서요, 그리고 하나님의 성령 공동체인 교회에 있음을 잊지 말아야 합니다. 사도행전 6장 6절의 말씀입니다.

> ⁶ 사도들 앞에 세우니 사도들이 기도하고 그들에게 안수하니라

진실로 하나님은 성령과 지혜가 충만한 사람을 그분의 일꾼으로 택하여 주십니다. 그리고 그렇게 택함 받은 사람들로 하여금 교회의 공적인 선포 속에서 그 사역의 정당성을 입증 받게 하십니다.

왜입니까?

하나님은 질서의 하나님이시기 때문에, 일꾼을 불러 쓰심에 있어서도 당신이 세우신 교회의 질서를 따라 공식적으로 일하십니다.

진실로 우리는 주님께서 부르신 그리스도인입니다. 우리는 하나님의 백성이요, 하나님께서 택하신 귀한 일꾼입니다. 그러므로 성령의 충만함 가운데, 주님의 몸 된 교회의 공적인 질서 안에서 우리의 사역과 헌신이 신앙의 중요한 내용이 되게 하신 하나님의 뜻을 온전히 따라야 하는 것입니다.

사랑하는 성도 여러분, 초대교회는 끊임없는 시련을 만날 때마다 "성령으로 걸어가라"는 음성에 순종하여 지혜롭게 잘 해결해 나갔습니다. 산헤드린 공의회의 지속적인 핍박, 교회의 성결을 지키는 일, 성도의 원망과 불평을 봉합하는 일, 이 모든 일에 하나님의 영인 성령께로부터 해결의 지혜를 얻을 수 있었습니다.

오늘 본문의 일곱 집사가 성령의 택하심을 받아 교회의 일꾼이 되어 초대교회의 확장과 부흥을 일궈낸 것처럼, 우리 또한 성령의 택하심을 받아 성도가 되고 교회의 일꾼이 되었다는 것을 기억하시길 바랍니다.

일꾼 된 자들은 교회를 어지럽히는 불만과 원망을 교회의 질서 안에서 잠재우고, 오직 성령의 택하심을 받은 자에 합당한 성령 충만함으로, 성령께서 주시는 믿음의 지혜로써 하나님께 인정받고 사람들에게 칭찬을 들어야 합니다.

성령의 택하심을 받은 자의 은혜와 축복이 우리 모든 성도님들의 것이 되길 주님의 이름으로 축원합니다.

기도 제목

1. 원망과 시비가 없이 성령의 인도하심에 순복하는 우리가 되도록

2. 성령의 택하심의 은혜를 입은 자답게 성령의 열매를 맺도록

3. 교회의 질서에 따라 성령 안에서 하나되는 성도가 되도록

7

성령의 충만하심
(사도행전 7장 55절)

> **55** 스데반이 성령 충만하여 하늘을 우러러 주목하여 하나님의 영광과 및 예수께서 하나님 우편에 서신 것을 보고

　예루살렘 교회는 분명 은혜가 넘치는 교회임에도 불구하고 온갖 시련이 가득했습니다. 외부적인 문제뿐만 아니라 내부적인 문제도 있었습니다. 그러나 교회는 "성령으로 걸어가라"는 음성에 따라 모든 문제를 지혜롭게 해결해 갔습니다.

　허다한 문제, 특별히 내부적인 문제의 해결을 위해 성령의 택하심을 받아 일곱 집사가 교회의 일꾼이 되었습니다. 이 일곱 집사에게 있어서 중요한 것은 성령 충만이었습니다. 초대교회에 불어닥친 거센 시련과 난관을 이겨내기 위해서는, 또한 교회의 거룩한 일꾼으로 부름받아 쓰임 받기 위해서는 무엇보다도 성령의 충만함을 받는 일이 가장 중요했습니다.

　오늘을 살아가는 우리 역시 마찬가지입니다. 우리는 하나님의 택하심을 입은 그리스도인입니다. 우리를 택하시고 부르신 하나님께서 우리들에게 분명한 사명을 주셨습니다.

　바로 복음의 확장입니다!

우리로 인하여 믿는 자들이 허다하게 늘어나게 될 것입니다. 구별된 우리로 인하여 하나님의 영광이 비치게 될 것입니다.

이 일을 위해 우리에게 있어서 가장 필요한 것이 무엇이겠습니까?

그것은 바로 『성령으로 걸어가라』 일곱 번째 행군의 주제인 "**성령의 충만하심**"입니다. 비단 우리만이 아닙니다. 예수 그리스도를 믿는 모든 자들에게도 성령 충만은 필수불가결한 요소임을 잊지 마시길 바랍니다.

1. 성령 충만한 스데반

오늘 일곱 번째 행군의 주인공인 스데반이 그런 사람입니다. 스데반은 산헤드린 공의회에 의해 고발 당해 심문을 받고 첫 순교자가 됩니다.

스데반의 순교는 한 개인의 죽음으로 끝나지 않았습니다. 이 사건을 계기로 예루살렘 교회에 대박해의 바람이 불어 닥치게 되었습니다. 그 결과 사도를 제외하고 예루살렘 교회 모든 성도가 교회를 떠나서 뿔뿔이 흩어지게 되었습니다.

일곱 집사가 세워지고 난 다음에 그들은 구제와 봉사를 전담하였습니다. 그래서 사도들은 말씀과 기도에 오롯이 집중할 수 있게 되었고, 더 많은 불신자가 그리스도의 제자로 거듭나게 되었습니다. 심지어 제사장의 무리까지 하나님 말씀에 복종했습니다.

산헤드린 공의회의 핍박만 없었다면 예루살렘 교회는 말씀으로 든든히 서가는 데 별 문제가 없었을 것입니다.

그 가운데 스데반은 은혜와 권능이 충만했습니다. 기사와 표적을 행했을 뿐 아니라 성령이 그에게 말하는 능력까지 주셔서, 스데반을 상대로 변론한 사람들이 결코 그를 이길 수 없었습니다. 사람들이 감당치 못할 은혜와 권능을 받아 그 충만함으로 예루살렘 교회는 점차 부흥을 경험한 것입니다.

그렇다면 성령 충만했던 스데반은 무슨 이유로 고발 당했습니까? 사도행전 6장 11절과 13절의 말씀입니다.

> [11] 사람들을 매수하여 말하게 하되 이 사람이 모세와 하나님을 모독하는 말을 하는 것을 우리가 들었노라 하게 하고
>
> [13] 거짓 증인들을 세우니 이르되 이 사람이 이 거룩한 곳과 율법을 거슬러 말하기를 마지 아니하는도다

모세와 하나님을 모독하는 말을 했다는 것과 율법을 거슬러 말했다는 것입니다. 사도행전 6장 14절에 보면, 스데반이 "예수 그리스도가 성전을 헐고, 모세가 준 규례를 고치겠다"고 말했다는 것입니다. 이 말을 근거로 산헤드린 공의회에 스데반을 고소한 것입니다.

성전 모독죄와 율법을 거스른 죄!

이 죄목이 맞을까요?

실제 스데반은 율법과 하나님을 모독한 일이 없습니다. 단지 스데반은 예수 그리스도의 구속 사역의 진리를 깨닫고, 요한복음 2장 19절에 "너희가 이 성전을 헐라 내가 사흘 동안에 일으키리라"는 말이 의미하는 예수님의 부활을 증거하였을 뿐입니다.

성전 자체이신 예수 그리스도가 오신 신약 시대에는 더이상 구약적 의미의 성전은 필요하지 않게 되었습니다. 예수님은 모세의 율법을 폐하는 자가 아니라, 완성하신 분입니다. 그럼에도 산헤드린 공의회는 스데반에게 성전 모독죄와 율법을 거스른 죄를 덮어 씌어 그를 심문하고 죽이려고 한 것입니다.

공의회 회원들 앞에 선 스데반은 천사와 같은 얼굴로 당당함을 잃지 않았습니다. 오히려 그는 떳떳했습니다. 스데반은 성령 충만하여 당당함을

잃지 않았습니다. 그는 하나님과 함께함으로 인해 얼굴이 광채로 가득 차 있었고 보는 사람들을 압도할 만큼 위엄이 넘쳐 흘렀습니다.

사랑하는 성도 여러분! 성령 충만은 스데반과 같은 신실한 자들만 받는 것입니까?

아닙니다. 죄를 멀리하고 하나님의 거룩한 뜻대로 살려고 애쓰는 자들에게 성령 충만이 임합니다. 성령으로 걸어가고 성령을 따르는 것이 성령 충만한 자들이 걸어가는 길이며 주를 따라 그분을 닮아가는 삶입니다. 성령 충만한 자들은 진리의 편에 섭니다. 그리하여 진리에서 떠난 자들을 부끄럽게 만들고 그들로 하여금 스스로 오류가 있음을 깨닫게 합니다.

진짜와 가짜의 차이가 어디에서 나는 것입니까?

가짜에는 앞뒤가 맞지 않는 비정상적인 요소가 반드시 들어 있습니다.

어떠한 것에 오류가 있다는 것은 무엇입니까?

잘 작동하지 않는 것입니다. 제대로 기능하지 않는 것입니다. 질서가 없는 것입니다.

무슨 질서가 없는 것입니까?

하나님의 질서 안에 있지 않는 것이 거짓이요 가짜이며 사단입니다. 하나님의 질서를 벗어나게 되면 유리하며 방황하게 됩니다. 어떤 철학이나 속임수로 진리와 복음을 흐리는 자가 있다면, 그들은 하나님의 질서에서 벗어나 유리하고 방황할 뿐만 아니라 스스로 양심이 좀먹는 인생, 좌절하고 망하는 인생으로 추락하게 된다는 사실을 기억해야 합니다.

여러분, 스데반은 성령 충만하여 진리의 편에 서 있었다고 말씀드리지 않았습니까?

사도행전 7장은 스데반의 설교가 기록되어 있습니다. 그의 설교는 사도행전 7장 1절에서 53절에 이르기까지 길게 수록돼 있습니다.

스데반 설교의 핵심이 무엇일까요?

2. 스데반의 논증

스데반은 유대인들이 고소한 내용인 성전 모독죄와 율법을 거스른 죄에 대한 반론을 제기했습니다. 스데반은 이스라엘의 역사적인 배경과 하나님의 약속에 근거해 유대인들이 성전 자체를 절대시하는 것의 잘못을 지적하였습니다. 구약의 여러 예를 증거로 삼아 유대인들이 예수님을 죽인 죄를 지적하였습니다. 유대인들이 과거 조상들과 같이, 의로운 자를 배척하고 죽이면서 하나님이 주신 율법을 무시하고 있다고 지적했습니다.

스데반의 설교는 그리스도의 복음이 결코 구약성경의 내용과 반대되는 것이 아님을 드러내는 변증적인 설교였습니다. 스데반은 산헤드린 공의회의 심문에서 자신에게 주어진 소중한 변론의 시간을 자기 자신을 변호하는 일에 사용하지 않았습니다. 대신에 공의회 의장인 대제사장이 고소인들의 말의 사실 여부를 묻는 심문에 대해서는 자신을 심문하는 무리가 얼마나 진리에서 멀어져 있는지 그 사실을 명쾌하게 증거했습니다.

이같은 스데반의 설교에 심문하는 자들은 어떤 반응을 보였을까요?

사도행전 7장 54절의 말씀입니다.

> ⁵⁴ 그들이 이 말을 듣고 마음에 찔려 그를 향하여 이를 갈거늘

예수 그리스도의 복음의 정통성과 유대인의 오류를 지적하는 스데반의 논증은 탁월하기 그지 없었습니다. 그럼에도 불구하고, 완악하고 완고한 사람들은 그의 설교에 극한 거부감을 드러냈고, 즉결 사형이라는 극단적인 판결을 내리게 되었습니다.

이 얼마나 안타까운 일입니까?

사랑하는 성도 여러분, 오늘날에도 마찬가지입니다. 아무리 권위 있고 설득력이 있는 설교라 할지라도, 이를 받아들이는 사람의 자세에 따라 거

부되고 반대하는 일이 벌어질 수 있습니다. 산헤드린 공의회 제사장들의 반응은 '거부'입니다. '반대를 위한 반대'입니다. 스데반이 선포한 진리의 말씀에 격분한 자들의 마음이 뒤틀릴 대로 뒤틀렸습니다.

성령 충만한 자, 의로운 자의 말을 듣고 누군가는 회개로 응답하지만 어떤 자들은 산헤드린 공의회 제사장들처럼 **뒤틀리고 이를 갈면서 돌을 들어 의인 스데반을 치는 어이없는 반응**을 보이기도 한다는 것입니다.

사도행전 7장 57절부터 59절의 말씀입니다.

> 57 그들이 큰 소리를 지르며 귀를 막고 일제히 그에게 달려들어
> 58 성 밖으로 내치고 돌로 칠새 증인들이 옷을 벗어 사울이라 하는 청년의 발 앞에 두니라
> 59 그들이 돌로 스데반을 치니 스데반이 부르짖어 이르되 주 예수여 내 영혼을 받으시옵소서 하고

3. 스데반의 순교

아! 어떻게 혐의가 없고 무죄한 자가 죽임을 당하면서 저렇게 평안을 유지할 수 있을까요?

스데반도 손에 잡히는 아무 돌이나 들어 자신을 모함한 자들을 치고 싶지 않았을까요?

스데반은 순순히 죽음을 받아들이고, 십자가에 매달려 죄인들의 용서를 대신 구하신 예수님처럼 '그들에게 죄를 돌리지 마옵소서'라는 말을 남기고 순교하였습니다. 사도행전 7장 60절의 말씀입니다.

60 무릎을 꿇고 크게 불러 이르되 주여 이 죄를 그들에게 돌리지 마옵소서 이 말을 하고 자니라

스데반은 예수님의 심장을 가진 자였습니다. 초대교회 첫 순교자인 스데반은 예수님과 닮은 점이 있습니다. 거짓 증인들의 고소에 의해 재판정에 섰다는 것과 신성 모독죄로 정죄 받았다는 점에서 그러합니다. 그뿐만 아니라, 스데반은 예수님과 같이 자신을 죽인 원수들의 죄를 용서했고, 죽기 전 자신의 영혼을 부탁하는 기도를 드렸습니다. 다른 점이 있다면 예수님은 성부 하나님께 기도한 반면, 스데반은 그 예수님께 기도했다는 점뿐입니다.

스데반은 이 땅에서의 생을 마감했지만 영광 중에 계신 예수께 그의 영혼을 맡길 수 있었으며 예수님이 다시 강림하시는 날 그의 육체까지 부활에 참여하는 영광을 누릴 것입니다. 데살로니가전서 4장 16절의 말씀입니다.

16 주께서 호령과 천사장의 소리와 하나님의 나팔 소리로 친히 하늘로부터 강림하시리니 그리스도 안에서 죽은 자들이 먼저 일어나고

스데반은 부활 신앙이 있었기 때문에 죽음을 두려워하지 않고, 불의한 자들에게 직접 항거하는 대신 하나님의 섭리에 모든 것을 맡겼습니다. 사도행전 7장 55절의 말씀입니다.

55 스데반이 성령 충만하여 하늘을 우러러 주목하여 하나님의 영광과 및 예수께서 하나님 우편에 서신 것을 보고

예수님께서 하나님 우편에 계신 것을 보았다는 말은 무슨 의미일까요?

예수 그리스도는 십자가에 못박혀 죽으시고 사흘 만에 다시 살아나시어 하나님 우편에 앉아 계십니다. 하나님의 우편은 명예롭고 영광스러운 자리입니다. 따라서, 예수님께서 하나님의 우편에 계신다는 것은 예수님이 위엄과 영광으로 충만하신 하나님과 동일한 위엄과 영광을 누리고 계심을 의미합니다.

스데반은 홀로 외롭게 죽어간 것이 아닙니다. 예수 그리스도께서 스데반의 믿음을 인정하고 증인으로서 지켜 보시는 가운데 순교한 것입니다.

악하고 불의한 산헤드린 공의회는 성령 충만한 스데반을 적대시하고 신성 모독죄와 율법 파괴죄를 적용하여 자신들이 믿고 따르는 율법에 따라 스데반을 성 밖으로 끌고 가서 돌로 쳐 죽인 것입니다.

산헤드린 공의회 제사장들은 스데반이 논리 정연하게 이스라엘의 역사를 개관하면서 자신들의 위선과 악한 행동을 지적하자 시기와 분노가 일어나서 스데반을 가차 없이 죽인 것입니다. 자신들의 잘못을 지적하는 스데반을 시기하고, 또 자신들의 종교적 기득권을 수호하려는 지극히 인본주의적 태도에서 무고한 자를 죽인 것입니다.

하지만, 스데반은 돌에 맞아 죽어 가면서도 자신을 죽이는 데 가담한 이들의 죄를 용서해 달라고 중보 기도를 드렸습니다.

그런데 참으로 놀라운 사실이 있습니다. 스데반의 순교는 그 죽음의 증인이었던 청년 사울을 복음의 사도 바울로 바꾸는 중요한 계기가 되었다는 사실입니다.

또한, 스데반의 순교는 기독교 2천 년 역사에서 아주 중요한 의미를 담고 있습니다. 사도행전 1장부터 7장까지 예루살렘 교회의 설립과 성장을 다루었다면, 사도행전 8장부터 12장은 기독교가 유대 사마리아와 안디옥까지 확장되는 역사를 다루고 그 이후에는 사도 바울의 전도 사역으로 로마까지 복음이 증거되는 것을 볼 때, 스데반의 순교는 이방 선교로의 전환을 위한 과도기로 기독교 역사의 중요한 전환점을 이루고 있습니다.

> ³² 내가 여러분을 주와 및 그 은혜의 말씀에 부탁하노니 그 말씀이 여러분을 능히 든든히 세우사 거룩하게 하심을 입은 모든 자 가운데 기업이 있게 하시리라

은혜의 말씀에 부탁한다는 것이 무슨 뜻입니까?

교회를 잘 이끌 수 있도록 언제나 은혜의 복음에서 떠나지 않도록 하라는 것입니다. 말씀은 살아 있고 운동력이 있어 죄를 깨닫게 하고 바른 교훈과 주의 가르침대로 살게 합니다.

은혜의 말씀이 에베소 교회와 장로들, 성도들을 세워 주시며 천국의 구원과 상급을 기업으로 받게 하실 것입니다. 이렇게 은혜의 말씀으로 든든히 세워진 자들은 범사에 약한 자를 돕고 주는 것에 인색하지 말아야 합니다. 사도행전 20장 35절의 말씀입니다.

> ³⁵ 범사에 여러분에게 모본을 보여준 바와 같이 수고하여 약한 사람들을 돕고 또 주 예수께서 친히 말씀하신 바 주는 것이 받는 것보다 복이 있다 하심을 기억하여야 할지니라

사랑하는 성도 여러분, 약한 자들을 돕고 주는 것을 기뻐하십시오. 성령의 주장하심을 따르십시오. 성령이 주장하시는 삶은 연약한 자를 세우고 주는 것에 인색하지 않는 삶임을 기억하시길 바랍니다.

세상의 눈으로 볼 때는 손해 보는 것 같고, 고생하고 수고하는 것 같아도 성령이 주장하심을 따라 걷는 그 길에 말씀으로 든든히 세우사 우리에게 기업이 있게 하심을 믿으시길 바랍니다.

고난과 핍박, 환난이 닥칠 것을 알면서도 담대히 예루살렘행을 결정한 바울의 모습이 자기 십자가를 지고 나아가는 우리 모든 성도님의 모습이 되길 바랍니다.

성령의 주장하심이 언제나 우리의 삶에 가득하길 주님의 이름으로 축원합니다.

기도 제목 _____

1. 성령의 음성과 인도하심에 매이도록, 기꺼이 결단할 수 있도록

2. 고난과 핍박의 십자가를 지더라도, 성령이 주장하시는 좁고 협착한 길을 갈 수 있도록

3. 성령이 주장하시는 성도의 삶은 연약한 자를 세우고 주는 것에 인색하지 않는 삶이라는 것을 기억하도록

8

성령을 내리심
(사도행전 8장 16절)

> **16** 이는 아직 한 사람에게도 성령 내리신 일이 없고 오직 주 예수의 이름으로 세례만 받을 뿐이더라

우리 믿는 성도들에게는 수많은 감사의 제목이 있습니다. 그 많은 감사의 제목 중에, 무엇보다도 성령을 내려 주신 하나님께 감사할 수밖에 없습니다. 진실로 성령이 우리에게 충만하게 내려졌음을 믿으시길 바랍니다.

1. 사마리아 성의 기쁨

스데반의 순교 이후, 예루살렘 교회는 이방인을 위한 선교를 시작합니다. 스데반이 순교를 당한 날에, 예루살렘 교회에는 큰 박해가 있었습니다. 사도를 제외한 예루살렘 교회 성도들은 유대와 사마리아 전 지역에 흩어졌습니다(행 8:1). 흩어진 사람들은 두루 다니면서 복음의 말씀을 전파하였습니다(행 8:4). 초대교회가 세운 일곱 집사 가운데 한 명인 빌립 역시 사마리아 성에 내려가 그리스도를 전했습니다(행 8:6).

그때 빌립의 전도로 많은 사람이 예수님을 영접하였고, 귀신이 떠나가며 중풍병자와 못 걷는 사람들이 낫는 역사가 일어났습니다. 이로 인해 사마리아 사람들이 크게 기뻐하였습니다. 사도행전 8장 7절과 8절의 말씀입니다.

> ⁷ 많은 사람에게 붙었던 더러운 귀신들이 크게 소리를 지르며 나가고 또 많은 중풍병자와 못 걷는 사람이 나으니
> ⁸ 그 성에 큰 기쁨이 있더라

그렇습니다. 이것이 복음의 궁극적인 목적입니다. 사마리아 성의 기쁨은 복음을 받아들인 곳에서 일어나는 당연한 결과입니다. 지금 빌립의 선교 활동의 결과만 보여 주는 것이 아니라, 이후에 있게 될 전도와 선교 활동의 핵심을 보여 주는 것입니다.

진실로 예수 그리스도의 십자가 복음을 믿는 자들에게는 세상이 줄 수 없는 자유와 감사가 주어집니다. 기쁨이 허락됨을 믿으시길 바랍니다. 이러한 놀라운 은혜가 오늘날 우리 성도들에게 주어졌음을 믿으시길 바랍니다.

그리고 지금 사마리아 성에 동일한 은혜가 주어졌습니다. 그런데 사마리아 성에는 마술을 행하여 사람들에게 존경받는 마술사 시몬이 있었습니다. 그는 사마리아 사람들에게 오랫동안 칭찬과 존경을 받아 왔습니다. 사마리아인들에게 하나님의 능력을 행하는 자요, 큰 인물로 평가를 받던 마술사 시몬도 빌립이 행한 표적과 능력에 놀랐습니다.

예루살렘 교회는 빌립 사도의 전도 소식을 듣고 베드로와 요한을 사마리아로 파송하였습니다. 빌립의 사역을 돕고 사마리아의 새로운 신자들을 가르치고 격려하기 위해 파송된 것입니다.

그렇다면, 파송된 베드로와 요한은 빌립을 돕기 위해 무슨 일을 하였습니까?

사마리아인들은 예수의 이름으로 세례를 받았을 뿐 성령을 받지 못한 상태였습니다. 그래서 두 사도는 성령 강림을 위해서 기도하였습니다. 사도행전 8장 15절과 16절의 말씀입니다.

> ¹⁵ 그들이 내려가서 그들을 위하여 성령 받기를 기도하니
> ¹⁶ 이는 아직 한 사람에게도 성령 내리신 일이 없고 오직 주 예수의 이름으로 세례만 받을 뿐이더라

사마리아 성 사람들은 이미 빌립의 전도에 의해 예수님을 믿고 세례를 받았습니다. 그런데 지금 베드로와 요한은 다시 사마리아인들에게 성령을 내려달라고 기도했다고 합니다.

왜입니까?

분명 베드로는 사도행전 2장 38절을 통해서 이렇게 말한 바 있습니다.

> ³⁸ 예수 그리스도의 이름으로 세례를 받고 죄 사함을 받으라 그리하면 성령의 선물을 받으리니

베드로는 회개하고 예수 그리스도의 이름으로 세례를 받으면 성령을 받으리라고 했던 이전의 말과 달리, 왜 오늘 본문에서는 전혀 다른 기도를 드리고 있는 것일까요?

베드로가 여기서는 이 말하고 저기서는 저 말을 하는 것입니까?

아닙니다. 하나님은 사마리아 성 사람들을 통하여 당신의 섭리와 경륜을 드러내기 위한 목적을 가지고 계셨습니다.

유대인들은 전통적으로 사마리아인들을 무시했습니다. 그런데 이제 이방 민족인 사마리아인을 영적 공동체로 받아들여야 하는 것입니다. 그래서 특별히 베드로와 요한의 안수로 성령이 임하시는 것을 목도하게 하심으로써 하나님의 섭리와 경륜이 어떠한 것인지를 깨닫게 하고자 하셨습니다. 그래서 빌립이 예수 그리스도의 이름으로 세례를 베풀었으나 베드로와 요한이 사마리아에 도착할 때까지 하나님께서 성령을 내리지 않으신 것입니다.

이를 오해하여 세례와 성령 세례는 다르다고 성경을 곡해해서는 안됩니다. 진실로 성령의 3대 사역은 성령 세례와 성령 내주와 성령 충만입니다. 그 가운데 세례는 삼위일체 하나님의 이름으로 베풀어지는 것으로 세례 따로, 성령 세례 따로 임하는 것이 아님을 기억하시길 바랍니다.

그렇습니다. 이러한 하나님의 놀라우신 뜻 가운데 베드로와 요한은 사마리아인들에게 안수합니다. 그러자 그들은 성령을 받았습니다(행 8:17).

2. 마술사 시몬

그런데 바로 이때 사마리아 성 사람들에게 존경을 받던 마술사 시몬이 해서는 안 될 일을 생각하고 말았습니다.

무엇입니까?

사도들이 안수한 다음 성령이 임하는 것을 보고 시몬은 돈을 주고서라도 사도들의 권능을 사려고 했습니다. 사도행전 8장 18절과 19절의 말씀입니다.

> [18] 시몬이 사도들의 안수로 성령 받는 것을 보고 돈을 드려

> ¹⁹ 이르되 이 권능을 내게도 주어 누구든지 내가 안수하는 사람은 성령을 받게 하여 주소서 하니

성령을 내리고 성령을 받는, 성령과 관련된 능력을 세상에서 통용되는 돈으로 구매할 수 있을까요?

마술사 시몬은 성령에 대해 오해하고 있었습니다. 큰 착각을 하고 있었습니다.

그래서 베드로는 시몬의 어리석음을 책망하였습니다. 사도행전 8장 20절부터 23절까지 이어지는 베드로의 시몬을 향한 책망은 여러 가지입니다. 20절을 보면 성령은 하나님의 선물이기에 돈을 주고 성령의 능력을 사려고 한 자는 돈과 함께 망하리라고 선포하였습니다.

> ²⁰ 베드로가 이르되 네가 하나님의 선물을 돈 주고 살 줄로 생각하였으니 네 은과 네가 함께 망할지어다

또한, 베드로는 시몬의 망령된 생각을 지적하면서 시몬이 하나님 앞에서 마음이 바르지 못하다고 말하였습니다. 사도행전 8장 21절의 말씀입니다.

> ²¹ 하나님 앞에서 네 마음이 바르지 못하니 이 도에는 네가 관계도 없고 분깃 될 것도 없느니라

하나님 앞에 바르지 못한 마음을 품은 시몬은 복음의 진리와 관계가 없고, 복음을 믿는 자들에게 주어지는 영적 축복인 분깃도 받지 못할 것이라고 베드로는 말했습니다(행 8:21). 그리고 조속한 용서를 베풀기 위해 시몬에게 회개를 촉구했습니다.

그러면서 복음의 능력을 세속적인 관점에서 보려고 하는 악독과 불의에 가득 찬 시몬의 영적인 상태를 다시 한번 지적하였습니다(행 8:23). 그러자 마술사 시몬은 크게 두려워하며 베드로에게 자신을 위해 기도해 달라고 요청했습니다(행 8:24).

> **24** 시몬이 대답하여 이르되 나를 위하여 주께 기도하여 말한 것이 하나도 내게 임하지 않게 하소서 하니라

마술사 시몬은 베드로의 책망과 회개의 권고 앞에 스스로 죄를 자백하고 하나님께 돌이키기보다는 성령의 능력을 돈으로 사려고 했던 "죄의 결과"를 회피하는 쪽을 선택한 것입니다.

사랑하는 성도 여러분, 시몬은 성령이 임하게 하는 권세를 사용하여 많은 사람에게 영향력을 미치며 명예와 재물을 얻으려고 했습니다. 성령의 능력을 세상의 권력과 재물을 축적하기 위한 수단으로 받아들인다면 그것은 크나큰 착각입니다.

성령은 믿는 우리가 주의 일을 감당하고 하나님의 자녀로서 사명을 완수하기 위해, 큰 은혜를 체험하고 영적 싸움에서 승리하기 위해 반드시 필요합니다. "우리에게 성령이 내려졌다는 것"은 "진리와 능력의 영이신 성령께서 우리를 친히 인도하시고 통치하신다"는 의미입니다.

자유 의지를 가진 인간은 자의대로 판단하고 행동할 수 있습니다. 그러나 죄악된 세상에 살면서 그 마음이 죄로 오염된 인간은 그릇된 판단을 하며 죄악된 행위를 하기 쉽습니다.

성도들은 구원을 받았으나, 우는 사자와 같이 성도를 미혹하려는 사단의 꾐에 빠져서 죄를 범하는 생활을 계속하기 쉬운 것입니다.

따라서, 성령의 지배하심을 받아 자기의 뜻이 아닌, 하나님의 뜻 가운데로 나아가야 합니다. 성령은 세속적인 가치와 거짓 교사, 이단들의 오류로

부터 교회와 온 성도를 지키고 바른 길로 인도하여 주십니다. 성령은 예수 그리스도의 복음으로 우리를 인도하여 완전한 구원의 길로 이끌어 주십니다.

그 대표적인 실례가 사도행전 8장에 나타난 빌립의 에디오피아 내시 전도가 아닙니까?

3. 빌립의 에디오피아 내시 전도

사마리아 땅에서 전도하던 빌립은 주의 사자에 의해, 예루살렘에서 가사로 내려가는 광야 길로 인도함을 받습니다. 사도행전 8장 26절입니다.

> **26** 주의 사자가 빌립에게 말하여 이르되 일어나서 남쪽으로 향하여 예루살렘에서 가사로 내려가는 길까지 가라 하니 그 길은 광야라

지금 사마리아에서 전도하고 있는 빌립을 강권하여 광야 길로 내려가도록 지시하고 있는 주체가 바로 '주의 사자'입니다. 복음 전도를 위해 움직이는 자는 빌립이지만 그를 움직이도록 만드는 동인이 '주의 사자'입니다. 빌립은 '주의 사자'의 명령에 곧바로 순종합니다(행 8:27).

그리고 빌립은 하나님이 태초부터 구원하기로 예정하신 영혼인 에디오피아 내시를 만나게 됩니다. 에디오피아 내시는 병거를 타고 가며 이사야서를 읽고 있었고, 빌립은 성령의 이끄심에 따라 수레 가까이로 다가갑니다. 사도행전 8장 28절과 29절의 말씀입니다.

> **28** 돌아가는데 수레를 타고 선지자 이사야의 글을 읽더라
> **29** 성령이 빌립더러 이르시되 이 수레로 가까이 나아가라 하시거늘

성령께서 빌립에게 병거 가까이 가라고 지시하십니다.

빌립이 예비된 영혼에게 복음을 전하기 위해 특별한 준비나 훈련, 철저한 계획, 주관적인 판단 등이 필요했을까요?

아닙니다. 빌립은 오직 성령의 지시를 받고 즉시로 순종했을 뿐입니다. 빌립은 내시가 읽고 있던 이사야서의 내용을 통해 예수의 복음을 가르치고(행 8:35), 그에게 세례를 베풀었습니다.

그리고 이제 주의 영이 빌립을 또 한번 다음 행선지로 나아가도록 도와주십니다. 사도행전 8장 38절과 39절의 말씀입니다.

> ³⁸ 이에 명하여 수레를 멈추고 빌립과 내시가 둘 다 물에 내려가 빌립이 세례를 베풀고
> ³⁹ 둘이 물에서 올라올새 **주의 영**이 빌립을 이끌어간지라 내시는 기쁘게 길을 가므로 그를 다시 보지 못하니라

'주의 영'이 별안간 빌립을 다른 곳으로 이끄셨습니다. 빌립의 다음 행선지를 이끈 주체가 '주의 영'이십니다. 주의 영의 인도하심을 받은 빌립은 아소도에서 가이사랴까지 해안 지방에 두루 다니며 주의 복음을 전하였습니다(행 8:40). 이것이 사도행전 8장의 마지막 절인 40절의 내용입니다.

빌립은 '방금 내시한테 복음을 전해서 사역 하나가 끝났으니까 피곤하다, 좀 쉬고 싶다'고 말하지 않았습니다. 가고 서는 것을 혼자 결정하지 않았습니다. 빌립의 에디오피아 내시 전도에 있어 처음부터 끝까지, 그를 계속 움직이게 만들었던 원동력, 보이지 않은 영역의 힘을 의지하였던 것입니다.

그 보이지 않은 힘은 무엇이었습니까?

그것은 26절의 '주의 사자'였고, 29절의 '성령'이었으며, 39절의 '주의 영'이었습니다. 이처럼 빌립의 복음 전도는 사람의 힘이 아닌 하나님께서 성령을 내려 주심으로, 그러한 초자연적인 능력으로 가능했음을 기억하시

길 바랍니다.

빌립과 마찬가지로, 하나님께서 우리에게도 성령을 선물로 내려 주셨음을 잊지 말아야 합니다. 우리에게 성령이 내려졌습니다. 우리는 성령님의 도우심을 받아 힘있게 사역을 감당하고 바르고 의로운 길로 나아갈 수 있습니다. 이것이 우리 모든 성도의 특권이자 감사의 제목입니다.

사랑하는 성도 여러분, 성령의 단비가 우리의 심령에 이미 내려졌음을 믿으시길 바랍니다. 성령은 죄악으로 단단해진 마른 땅과 같은 심령에, 악한 생각과 탐욕으로 가득한 척박한 마음밭에 찾아오십니다. 성령은 오랜 가뭄으로 갈라진 땅을 흠뻑 적셔줄 비처럼 우리 모든 죄인에게 하늘이 내려준 선물처럼 다가오셨습니다.

성령의 내려오심이 은혜요, 감사입니다. 성령이 내려짐으로 인해, 죄인인 우리가 깨끗하게 되고 거듭나 새사람이 된 것에 감사하시길 바랍니다. 성령이 우리에게 내려졌다는 사실을 다시 한번 기억하며 감사할 수 있는 우리가 되길 바랍니다.

사도행전 8장에서 살펴본 것처럼 빌립 집사가 사마리아에서 복음을 전파하고 에디오피아 내시를 전도할 수 있었던 것은 모두 성령의 인도하심 덕분이었습니다.

성령은 빌립과 같은 복음 전도자들을 통해 우리에게 예수 그리스도의 이름을 알려 주셨고 우리 또한 제2, 제3의 빌립이 될 수 있는 능력을 허락해 주셨습니다. 이방인인 사마리아 사람들에게 빌립 집사가 세례를 주고, 베드로와 요한 사도가 성령 강림을 위해 기도하였던 장면을 기억하실 것입니다.

이미 성령께서 우리와 함께하고 계십니다. 우리 안에 내주하시는 성령께서 완악하고 불순종하는 우리의 마음을 순종과 화평함으로 바꿔 주십니다. 우리를 구원하신 성령님께서 구원의 완성에 이르기까지 항상 우리와 동행하여 주실 것입니다.

그러한 성령님께 감사하며, 성령의 음성에 오직 아멘으로 화답하는 순종의 본이 다 되시어 언제나 성령이 주시는 충만함과 은혜가 가득 넘치는 성도님들이 되시기를 주님의 이름으로 축원합니다.

기도 제목

1. 하나님의 섭리와 경륜에 의해 성령이 내려진 사실에 감사하도록

2. 성령께서 이미 우리에게 내려지셨기 때문에 영원히 우리와 함께하며 우리를 인도해 주신다는 것을 잊지 않도록

3. 성령의 음성에 민감하게 반응하며, 순종의 화답을 할 수 있도록

9

성령의 위로하심
(사도행전 9장 31절)

> **31** 그리하여 온 유대와 갈릴리와 사마리아 교회가 평안하여 든든히 서 가고 주를 경외함과 성령의 위로로 진행하여 수가 더 많아지니라

오늘날 많은 교회가 교회 성장과 부흥을 꾀합니다. 하나님을 위해 우리 교회가 더 위대한 일을 해내겠노라며, '물질의 축복'과 '교회 인프라 구축'과 '시스템 마련'과 '능력의 일꾼'을 구합니다. 그러나 정작 교회의 부흥을 위해, **성령의 도우심**을 구하지 않습니다.

우리의 보혜사요 위로자 되시는 **성령님의 도움이 없이** 교회의 부흥과 성장을 기대할 수 없습니다. 우리 교회는 성령의 역사하심의 증거가 있는 교회로 성장해야 합니다. 주를 믿는 성도들은 무엇보다도 성령의 위로하심 가운데 주를 경외함으로 경건의 능력을 증거할 수 있어야 합니다.

그 결과 주님이 보시기에 아름다운 교회, 주님이 보시기에 충성된 교회로 주 안에서 지어져 가게 됨을 믿으시길 바랍니다.

1. 주를 경외함

먼저 사도행전 9장 31절의 말씀입니다.

> ³¹ 그리하여 온 유대와 갈릴리와 사마리아 교회가 평안하여 든든히 서 가고 **주를 경외함과 성령의 위로**로 진행하여 수가 더 많아지니라

온 유대와 갈릴리와 사마리아 교회가 평안하여 든든히 세워졌습니다. 이러한 교회 부흥의 배후에는 "주를 경외함"이 있었고, "성령의 위로하심"이 있었습니다.

"주를 경외함." 이것이 무엇입니까?

하나님의 주권과 영광을 인정하는 자들이 가지는 거룩한 두려움입니다.

말라기 2장 5절의 말씀입니다.

> ⁵ 레위와 세운 나의 언약은 생명과 평강의 언약이라 내가 이것을 그에게 준 것은 그로 경외하게 하려 함이라 **그가 나를 경외하고 내 이름을 두려워하였으며**

하나님께서는 그분을 경외하는 자들에게 예비한 기업을 주시고 부족함이 없게 하시며 갖은 축복을 얻게 해주십니다.

이에 해당되는 증거가 성경에 기록되어 있지 않습니까?

주를 경외하는 자들에게 임하는 은혜는 차고 넘치지만 여기에서는 세 가지 정도만 언급하고 넘어가겠습니다.

첫째, 주를 경외하는 자들은 기업을 얻습니다. 시편 61편 5절의 말씀입니다.

> ⁵ 주 하나님이여 주께서 나의 서원을 들으시고 주의 이름을 경외하는 자가 얻을 기업을 내게 주셨나이다

둘째, 주를 경외하는 자들은 부족함이 없습니다. 시편 34편 9절의 말씀입니다.

> ⁹ 너희 성도들아 여호와를 경외하라 그를 경외하는 자에게는 부족함이 없도다

셋째, 주를 경외하는 자들은 하나님께 복을 얻을 수 있습니다. 시편 128편 4절의 말씀입니다.

> ⁴ 여호와를 경외하는 자는 이같이 복을 얻으리로다

진실로 하나님께서는 주를 경외하는 당신의 자녀들이 한 교회 안에서 부족함이 없게 믿음을 키워가고 은혜 받을 수 있도록 넘치도록 축복하여 주십니다. 이 땅의 모든 교회와 장차 있을 교회가 주를 경외하는 자들로 가득 채워지길 바랍니다.
"주를 경외하는 자", 이들만이 외형적인 기준만으로는 감히 구분할 수 없는, 교회의 진정성을 가르는 잣대 역할을 할 수 있습니다.

교회가 부흥했다!
무엇으로 판가름납니까?
주를 경외하는 자들이 얼마나 많이 있는가?
주를 얼마나 더 깊이 경외하는가?

이것이 교회의 부흥을 결정한다는 사실을 믿으시길 바랍니다. 그 가운데 우리의 교회가 첫째도 둘째도, 주를 경외하는 자들로 살기를 다짐하는 성도님들로 가득하길 바랍니다.

2. 성령의 위로하심

오늘 본문에 온 유대와 갈릴리와 사마리아 교회가 평안하여 든든히 세워졌고 이러한 교회의 부흥의 배후에는 "주를 경외함" 외에 무엇이 더 있었습니까?

사도행전 9장 31절을 다시 한번 보시길 바랍니다.

> **31** 그리하여 온 유대와 갈릴리와 사마리아 교회가 평안하여 든든히 서 가고 주를 경외함과 **성령의 위로**로 진행하여 수가 더 많아지니라

네, "성령의 위로하심"이 있었습니다.
위로가 무엇입니까?
괴롭고 슬픈 자를 따뜻한 말과 행동으로 달래주는 것입니다.
그러면 우리가 힘들 때 성령이 덜 괴롭게 해주시고, 우리가 슬플 때 성령이 기쁨을 주시는 것, 이것이 성령의 위로입니까?
완전히 틀린 말은 아니지만, '성령의 위로하심'은 **성령의 총체적인 사역**이라고 할 수 있습니다.

진실로 성령은 약속의 성령이요, 성결의 영, 심판의 영, 소멸의 영입니다. 양자의 영이며, 진리의 영, 대언의 영입니다. 지혜와 총명의 신이자 모략과 재능의 신이요, 생명의 성령이며, 은혜의 성령이요 영광의 영입니다. 그러나 제 삼위 하나님이신 성령의 사역을 총체적으로 보여 주는 것은 '보

혜사', 곧 위로하심에 있음을 기억하시길 바랍니다.

그리고 보혜사 성령님, 위로자 되시는 성령은 핍박받는 초대교회 성도들이 박해를 이겨내고 비약적인 부흥을 경험할 수 있도록 도우셨습니다.

초대교회가 부흥하게 된 데는 성령의 위로하심이 있었다고 했는데, 그것이 구체적으로 무엇입니까?

하나님은 성령의 역사하심을 통해, 교회에 대한 핍박을 잠시 멈추게 함으로써, 교회가 견고해지도록 하셨습니다.

교회에 대한 핍박을 잠시 중단하도록, 성령은 먼저 로마 제국의 정치와 역사적 상황을 조정해 주셨습니다.

당시 로마 황제 카리굴라는 예루살렘 성전의 지성소에 자신의 초상화를 걸기 위해 혈안이 되어 있었습니다. 그러자 유대 종교 지도자들이 이 일에 지대한 관심을 두게 되어, 기독교인들을 조직적으로 박해하고 탄압하는 일이 어려워졌습니다. 하나님께서 당시 유대 종교지도자들의 관심을 '교회의 핍박'에서 '다른 곳'으로 돌리신 것입니다.

또한, 성령은 교회에 대한 핍박을 잠시 중단하도록, 기독교인들을 박해하는 사울이 성령의 감화 감동을 받아 회개하여 새사람으로 거듭나게 하시고 사울을 변화시켜 주셔서 더이상 기독교인들을 핍박하지 않게 하셨습니다.

그렇습니다. 성령은 교회에 대한 핍박을 잠시 중단하도록 하기 위해 다음의 일을 행하셨습니다.

첫째, 로마 정치와 역사적 상황을 바꾸셨고,
둘째, 예수님을 앞장서서 박해하던 사울 또한 바꾸셨습니다.

3. 사울의 변화

사울은 유대인 중의 유대인으로서 나름 하나님을 사랑하며 하나님에 대한 열심이 있다고 자부하는 자로 초대교회를 핍박하는 데 가장 앞장선 자였습니다. 사도행전 22장 3절부터 5절의 말씀입니다.

> ³ 나는 유대인으로 길리기아 다소에서 났고 이 성에서 자라 가말리엘의 문하에서 우리 조상들의 율법의 엄한 교훈을 받았고 오늘 너희 모든 사람처럼 하나님께 대하여 열심이 있는 자라

그러나 하나님에 대한 사울의 열심은 **잘못된 열심**이었습니다. 그는 주의 제자들을 위협하는 자, 살기가 가득한 자였습니다. 주의 제자들을 핍박하는 것을 하나님에 대한 열심으로 착각한 사울이었습니다.

사울은 대제사장에게 다메섹 여러 회당에 가져갈 공문을 청하여 그 공문을 가져다가, 만약에 유대 회당에서 예수님을 믿는 자를 발견하기만 하면 예루살렘으로 잡아 오려고 했습니다.

그런데 그런 완악한 사울이 다메섹으로 가는 길에 예수 그리스도를 만나 새사람이 된 것입니다. 그는 예수님을 박해하는 자에서, 예수를 그리스도라고 증거하는 자가 되었습니다. 사도행전 9장 4절과 22절의 말씀입니다.

> ⁴ 땅에 엎드러져 들으매 소리가 있어 이르시되 사울아 사울아 네가 어찌하여 **나를 박해하느냐** 하시거늘
> ²² 사울은 힘을 더 얻어 **예수를 그리스도라 증언하여** 다메섹에 사는 유대인들을 당혹하게 하니라

사울은 유대인 중의 유대인이요, 예수를 가장 선두에 서서 핍박하던 자가 아닙니까?

그런 사울이 개과천선하여 예수를 전하는 자로 급변한 모습을 보게 되었을 때, 유대인들은 얼마나 당혹스러웠겠습니까?

이 일에는 **보혜사요 위로자가 되시는 성령이** 친히 **역사하셨음을** 기억하시길 바랍니다. 다메섹 도상에서 예수님의 현현을 보고 눈이 먼 사울에게 주의 제자 아나니아가 찾아가 안수하여 낫게 하고, 세례를 줌으로써 사울은 즉시로 "예수님이 하나님의 아들이심"을 전파하게 되었습니다.

사도행전 9장 17절부터 20절까지의 말씀입니다.

> [17] 아나니아가 떠나 그 집에 들어가서 그에게 안수하여 이르되 형제 사울아 주 곧 네가 오는 길에서 나타나셨던 예수께서 나를 보내어 너로 다시 보게 하시고 **성령으로 충만하게 하신다** 하니
> [18] 즉시 사울의 눈에서 비늘 같은 것이 벗어져 다시 보게 된지라 일어나 세례를 받고
> [19] 음식을 먹으매 강건하여지니라 사울이 다메섹에 있는 제자들과 함께 며칠 있을새
> [20] 즉시로 각 회당에서 예수가 하나님의 아들이심을 전파하니

다메섹 지역에는 회당이 30여 개 정도 있었고, 사울은 이곳저곳 회당을 다니면서 예수님이 하나님의 아들이라는 복음을 전파했습니다. 그리고 이후에도 사울은 회당에서의 전도를 가장 중요한 사역이자 사명으로 알고 그의 일생을 복음 전도에 바쳤습니다.

사울은 우리들에게 바울로 더 알려져 있습니다. 사울은 히브리식 이름이고 로마식 이름이 '바울'입니다. 바울은 회심 전 순수 혈통의 바리새인으로 아주 열렬한 유대교인에 불과했으나, 회심 후 사도요, 최초의 신학자요, 최고의 선교사로서의 위상을 갖게 되었습니다.

바울은 여러분들도 아시는 바와 같이 신약성경 27권 가운데 절반에 해당하는 13권의 서신서를 썼으며 그리스도교의 신학과 사상을 정립하였습니다.

그의 인생의 극적 변화에는 성령의 위로하심이 있었습니다. 보혜사 성령은 초대교회 성도들의 핍박과 고난의 현장에서 함께하시며 힘과 위로, 용기를 부어 주시고 사역에 필요한 모든 능력을 공급해 주셨습니다.

오늘날 부흥을 꿈꾸는 모든 자는 반드시 보혜사 성령과 함께해야 합니다. 요한복음 14장 16절의 말씀입니다.

> [16] 내가 아버지께 구하겠으니 그가 또 다른 보혜사를 너희에게 주사 영원토록 너희와 함께 있게 하리니

사랑하는 성도 여러분, 저와 여러분과 함께하시며 우리의 위로자가 되시는 보혜사 성령님이 우리를 도우신다는 사실을 믿으시길 바랍니다. 성령은 우리를 위로하시되, 힘이 없어 넘어지는 자를 붙잡아 일으켜 주시고 강건하도록 힘을 부어 주심으로 우리를 위로해 주시는 것입니다. 때로 우리가 기도할 힘조차 없을 때 말할 수 없는 탄식으로 우리를 위해 친히 간구하시는 분이 우리 성령님이십니다. 로마서 8장 26절의 말씀입니다.

> [26] 이와 같이 성령도 우리의 연약함을 도우시나니 우리는 마땅히 기도할 바를 알지 못하나 오직 성령이 말할 수 없는 탄식으로 우리를 위하여 친히 간구하시느니라

성령님은 고난 가운데 신음하는 우리 성도들을 찾아오셔서 위로하시며 새로운 활력과 에너지를 부어 주십니다. 성도의 믿음을 시험하며 넘어지게 하려는 사단의 유혹으로부터 보호해 주심으로 모든 성도님들을 끝까지 구원의 길로 인도하실 것입니다.

빌립보서 1장 19절의 말씀입니다.

> **19** 이것이 너희의 간구와 예수 그리스도의 성령의 도우심으로 나를 구원에 이르게 할 줄 아는 고로

4. 성령의 구원 사역

성령은 구원에 이르도록 도움을 주십니다. 성도의 수가 늘고, 성령의 위로하심으로 인해 초대교회는 한 단계 더 도약하게 됩니다.

장차 이방인의 사도가 될 바울의 놀라운 교회 개척 사역과 더불어 베드로의 힘있는 복음 사역으로 인해 이방까지 복음이 널리 퍼져 나갔습니다.

베드로가 행한 성령의 위로하심의 사역은 무엇이었습니까?

룻다에 사는 8년간 중풍병을 앓던 애니아가 치유함을 받았습니다. 사도행전 9장 33절과 34절의 말씀입니다.

> **33** 거기서 애니아라 하는 사람을 만나매 그는 중풍병으로 침상 위에 누운 지 여덟 해라
> **34** 베드로가 이르되 애니아야 예수 그리스도께서 너를 낫게 하시니 일어나 네 자리를 정돈하라 한대 곧 일어나니

중풍병자를 고친 일이 참으로 놀랍지 않습니까?

그런데 베드로는 이보다 더한 일도 행했습니다. **욥바에 있는 죽은 다비다를 살린 것입니다.** 이로 인해 그 지역의 많은 사람이 주께 돌아왔습니다. 할렐루야!

사도행전 9장 40절의 말씀입니다.

> ⁴⁰ 베드로가 사람을 다 내보내고 무릎을 꿇고 기도하고 돌이켜 시체를 향하여 이르되 다비다야 일어나라 하니 그가 눈을 떠 베드로를 보고 일어나 앉는지라

이 일로 욥바에 있는 많은 사람이 주를 믿는 역사가 일어났습니다. 성령의 위로하심 속에서 주의 제자들의 힘있는 복음 전파 사역은 더욱 역동적으로 성장할 수 있었습니다.

성령의 위로하심의 역사는 어떤 결과를 낳았습니까?

사도행전 9장 42절의 말씀입니다.

> ⁴² 온 욥바 사람이 알고 많은 사람이 주를 믿더라

"많은 사람이 주를 믿더라!"

성령의 위로하심의 역사는 고난과 핍박의 거센 파도를 잠잠하게 만듭니다. 성령이 주시는 따스한 위로와 힘을 경험한 주의 제자들은 고난과 핍박의 현장에서도 변함없이 주를 전했고, 그로 인해 수많은 사람이 주를 믿게 되는 놀라운 일들이 허다하게 일어났습니다.

사랑하는 성도 여러분, 우리 모두의 비전이기도 한 복음의 확장은 "성령의 도우심"이 없이는 불가능합니다.

오직 성령으로 걸어가는 성도님들이 되시길 바랍니다. 우리를 영원히 떠나지 않으시고, 넘어질 때 손 내밀어 붙잡아 주시는 따스한 성령의 위로하심이 성도 여러분의 삶 속에 영원히 지속되고 더욱 풍성해지길 소망합니다. 언제나 성령이 주시는 충만함과 은혜가 가득 넘치시길 주님의 이름으로 축원합니다.

기도 제목

1. 주를 경외하는 자들이 늘어나 교회가 복음 위에 든든히 세워질 수 있도록

2. 성령의 위로하심으로 인해, 고난과 핍박이 몰려올지라도 우리 교회가 역동적인 성장과 부흥을 이룰 수 있도록

3. 우리의 위로자 되시는 보혜사 성령님과 늘 동행하며 성령의 음성에 민감한 우리가 되도록

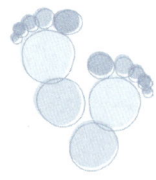

10

성령의 기름 부으심
(사도행전 10장 38절)

> **38** 하나님이 나사렛 예수에게 **성령과 능력을 기름 붓듯 하셨으매** 그가 두루 다니시며 선한 일을 행하시고 마귀에게 눌린 모든 사람을 고치셨으니 이는 **하나님이 함께하셨음이라**

 우리 그리스도인들은 한 해, 하루, 그리고 모든 일의 시작과 마지막을 기도로 닫고 기도로 엽니다.
 왜 그럴까요?
 중요한 시기에 기도가 빠질 수 없기 때문입니다.
 세상에서도 기도까지는 아니지만, 기원이라는 것을 합니다. 어떤 일을 앞두고 나름의 소망과 희망을 담아 기원하는 것입니다. 그런데 그 기원대로 되면 참 좋겠지만, 세상살이는 그렇게 호락호락하지도, 만만하지도 않습니다.
 무엇을 이루고자 계획하고, 그 일을 성취하려 할 때 가장 중요한 것은 무엇일까요?
 이루고 성취하게 하는 힘과 능력입니다. 전지전능한 하나님과 동등된 우리 예수님도 성령의 기름 부으심을 받았을 때, 하나님의 힘과 능력을 받으셨습니다. 저와 여러분 역시 성령의 충만함을 입을 때 위로부터 오는 가

공할 만한 파워를 지닐 수 있습니다.

  그리고 우리가 받은 "복음의 확장"이라는 사명을 이루는 데에도 반드시 성령의 기름 부으심이 있어야 함을 믿으시길 바랍니다.

1. 기름 부음 받으신 예수님

  먼저 사도행전 10장 38절의 말씀입니다.

> [38] 하나님이 나사렛 예수에게 성령과 능력을 기름 붓듯 하셨으매 그가 두루 다니시며 선한 일을 행하시고 마귀에게 눌린 모든 사람을 고치셨으니 이는 하나님이 함께하셨음이라

  오늘 본문은 이방인 고넬료 집안에 초청받은 사도 베드로가 예수 그리스도에 대하여 설교한 내용 중 한 구절입니다. 하나님이 예수님께 성령과 능력을 기름 붓듯 하셨다고 나옵니다.

  정말로 하나님이 기름을 가져다가 예수님께 부었나요?

  기름이 아니더라도 기름 비슷한 향품을 부어 좋은 냄새를 나게 했나요?

  그렇지는 않았을 것입니다. 실제로 기름을 부은 것이 아닙니다. 이것은 비유적인 표현으로 하나님께서 성령과 능력을 예수께 부어 주시되, 마치 기름을 붓듯이 부어 주셨다는 말입니다. 하나님은 예수님의 온몸에 성령과 능력을 차고 넘치게 부어 주셨습니다.

  성령의 기름이 예수님의 전신을 두르도록 가득가득하게 부어 주신 것입니다. 공생애 기간 우리 예수님의 3대 사역은 가르치고 전파하고 병을 고치는 일이었습니다. 성령의 기름 부으심이 있었기에 예수님의 사역은 실패 없는 100% 완수와 성공을 이룰 수 있었던 것입니다.

성령의 기름 부으심과 예수님께서 모든 생애 순간에 이룬 성공적 사역은 동전의 양면과 같았습니다. 실로 예수님은 세례를 받으신 후 성령이 충만하셨습니다. 누가복음 4장 1절의 말씀입니다.

> ¹ 예수께서 **성령의 충만함**을 입어 요단 강에서 돌아오사 광야에서 사십 일 동안 성령에게 이끌리시며

예수님께서 입으신 성령 충만함은 한량없는 것, 즉 제한이 없는 성령 충만입니다. 요한복음 3장 34절의 말씀입니다.

> ³⁴ 하나님이 보내신 이는 하나님의 말씀을 하나니 이는 하나님이 성령을 한량 없이 주심이니라

예수님은 그 안에 신성이 있으며, 그분 자신이 성령으로 세례를 주시는 분이시기에, 무제한적으로 성령을 부어주실 수 있습니다. 따라서, 모든 사람은 예수님을 통해서만이 성령 안에 풍족히 잠기게 됨을 알 수 있습니다.

사랑하는 성도 여러분, 성령 충만을 사모하십니까?

하나님의 독생자 예수 그리스도는 참 인간이시며 참 신이십니다. 예수님은 신성과 인성을 지니셨으며, 유일하게 예수님만이 성령으로 세례를 주시는 하나님의 본체이시므로, 당신께 허락된 무제한적인 성령을 그의 사랑하는 자녀들, 그의 사랑하는 제자들에게 마땅히 충만하게 내려 주시는 것입니다.

성령의 기름 부으심을 사모하십니까?

우리 예수님을 사모하시길 바랍니다. 그분에게는 아무런 제한이 없으십니다. 예수님은 오늘날 그를 믿는 신실한 자들에게, 성령의 기름 부으심이 필요한 영혼들에게, 아낌없이 성령을 부어 주심을 기억하시길 바랍니다.

그러한 예수님의 사역에는 제한이 없으십니다. 죽은 자를 살리시고 병든 자를 낫게 하십니다. 불가능도 가능하게 하시고 편견과 무지를 깨뜨리십니다.

그리고 예수님은 오늘 본문에 등장한 두 사람, 이방인 고넬료와 사도 베드로의 불가능할 것 같은 만남도 가능하게 하셨습니다.

2. 불가능한 만남

불가능한 만남!

실로 이방인 고넬료와 사도 베드로의 만남은 불가능한 만남이었습니다. 이 둘이 사는 지역이 달랐습니다. 신분도, 출신도 달랐습니다. 무엇보다 이들은 서로에 대해 하나로 합할 수 없는 기름과 물과 같은 정체성을 가지고 있다는 것을 이미 알고 있었기에, 만나려고 시도할 이유도, 만날 필요도 없었습니다.

그렇다면 지금부터 '인물 소개'를 해보겠습니다.

이방인 고넬료의 소개는 사도행전 10장 1절과 2절, 22절에 나와 있습니다.

> 1 가이사랴에 고넬료라 하는 사람이 있으니 이달리야 부대라 하는 군대의 백부장이라
> 2 그가 경건하여 온 집안과 더불어 하나님을 경외하며 백성을 많이 구제하고 하나님께 항상 기도하더니
> 22 그들이 대답하되 백부장 고넬료는 의인이요 하나님을 경외하는 사람이라 유대 온 족속이 칭찬하더니 그가 거룩한 천사의 지시를 받아 당신을 그 집으로 청하여 말을 들으려 하느니라 한대

이방인 고넬료는 가이사랴에 주둔한 로마 군대 백부장으로, 하나님을 경외하며 온 가족과 함께 믿고 구제에 열심이며 항상 기도하는 경건한 자였습니다. 의인이요, 유대인들에게 칭찬을 받는 좋은 평판을 가진 자였습니다.

그러면 사도 베드로는 어떤 사람이었습니까?

베드로는 예루살렘 교회 수장이었던 야고보의 순교 후(행 11:19), 그 뒤를 이어 예루살렘 교회를 든든히 세워가던 자였습니다.

예수님께서 베드로의 신앙 고백 위에 그 반석 위에 내 교회를 세운다고 하였던 사도 베드로가 아닙니까?

마태복음 16장 18절의 말씀입니다.

> [18] 또 내가 네게 이르노니 너는 베드로라 내가 이 반석 위에 내 교회를 세우리니 음부의 권세가 이기지 못하리라

베드로는 유대인이며, 이방인 선교를 위해 예루살렘을 떠나 팔레스타인 지역을 돌아다니면서 전도하는 순회 전도 사역자였습니다. 사도행전 9장 32절의 말씀입니다.

> [32] 그때에 베드로가 사방으로 두루 다니다가 룻다에 사는 성도들에게도 내려갔더니

우리는 베드로가 룻다에서 8년간 중풍병을 앓은 애니아를 낫게 한 사실을 알고 있습니다. 베드로는 룻다에서 병든 자를 고치고, 욥바에서 죽은 도르가라는 여인을 살아나게 하는 놀라운 사역을 펼친 사도 중의 사도였습니다.

그는 당시 천한 직업으로 알려진 피혁제조업 종사자의 집에 머물고 있었습니다. 사도행전 9장 43절의 말씀입니다.

⁴³ 베드로가 욥바에 여러 날 있어 시몬이라 하는 무두장이의 집에서 머무니라

욥바에 있는 **무두장이**, 즉 **피혁제조업자**의 집에 머물렀다는 베드로!

기존의 정통 유대인들이 터부시하고 편견을 갖고 있는 자들에 대해 이미 그의 마음은 조금씩 열리고 있었습니다. 무두장이는 모든 사람이 기피하던 직업이었습니다. 무두장이는 죽은 짐승을 다루며 그 털과 가죽을 만지기 때문에 불결하고 부정한 직업으로 여겨졌습니다. 무두장이의 집은 무역의 편의를 위해 해변 가까이에 인접해 있었고, 짐승의 털과 가죽의 냄새 때문에 사람들이 많이 사는 곳으로부터 좀 떨어진 곳에 있었습니다(행 10:6).

베드로는 **욥바**에 있었고, 거기에서 약 50킬로미터 정도 떨어진 **가이사랴**에 이방인 백부장 고넬료가 있었습니다. 욥바에서 걸어서 12시간 정도 소요되는 거리입니다.

이 두 사람이 어떻게 만날 수 있었습니까?

사도행전 10장 3절과 5절의 말씀입니다.

> ³ 하루는 제 구 시쯤 되어 환상 중에 밝히 보매 **하나님의 사자가 들어와 이르되** 고넬료야 하니
>
> ⁵ 네가 지금 사람들을 욥바에 보내어 베드로라 하는 시몬을 청하라

고넬료는 비록 이방인이었으나, 하루에 세 번 기도하는 유대인들의 관습을 따라, 제사장이 성전에서 분향하는 시간에 맞춰 제9시, 오늘날로는 오후 3시쯤 기도하고 있었습니다. 그리고 환상 중에 욥바에 사는 베드로를 권유하여 고넬료의 집으로 데려오라는 여호와의 사자의 명령을 들었습니다.

이에 즉시로 순종하여, 고넬료는 자신의 하인들을 욥바로 보냈습니다. 그런데 고넬료의 하인들이 욥바에 도착한 시간과 날짜가 참으로 기가 막힙니다. 오후 3시쯤 출발하여, 이튿날 제6시, 오늘날로는 12시에 도착하였습니다(행 10:9).

총 21시간 정도 걸렸는데, 욥바에서 가이사랴까지 12시간 정도 거리라고 하지 않았습니까?

잠자는 시간 빼고는 쉬지 않고 걸어간 것입니다. 고넬료의 하인들이 욥바에 도착했을 때, 베드로는 기도 중에 본 환상을 통해, 이방인을 맞이할 마음의 준비를 어느 정도 한 다음이었습니다.

어떤 환상이었습니까?

사도행전 10장 11절과 12절의 말씀입니다.

> ¹¹ 하늘이 열리며 한 그릇이 내려오는 것을 보니 큰 보자기 같고 네 귀를 매어 땅에 드리웠더라
>
> ¹² 그 안에는 땅에 있는 각종 네 발 가진 짐승과 기는 것과 공중에 나는 것들이 있더라

하늘에서 온갖 부정한 짐승과 벌레, 새들이 들어 있는 큰 보자기 같은 그릇이 네 귀를 매인 채로 베드로 앞, 땅 위로 드리워졌습니다. 그리고 하늘에서 '잡아먹으라'라는 소리가 들렸습니다.

베드로는 부정하다는 이유로 거절하였습니다. 이 같은 일이 세 번이나 반복되었습니다.

이 환상은, 베드로가 이방인 전도를 하도록 하나님께서 예비한 사건입니다. 하나님은 '속되고 부정하다고 여기는 동물을 내가 깨끗하게 했으니, 잡아먹으라'는 환상을 보여 주심으로써, 당시 유대인들이 부정하다 여긴 이방인들을 하나님 당신께서 깨끗하게 하실 것이니 더이상 편견을 가지지 말라는 마음을 베드로에게 주신 것입니다.

하나님은 이방인 고넬료에게 **하나님의 사자를 보내어** 베드로를 초청하게 하시고, 고넬료의 하인들이 도착할 즈음 **성령의 지시를 통해** 그들을 맞이하도록 베드로를 준비시켜 주셨습니다.

사도행전 10장 19절과 20절의 말씀입니다.

> **19** 베드로가 그 환상에 대하여 생각할 때에 **성령께서 그에게 말씀하시되** 두 사람이 너를 찾으니
>
> **20** 일어나 내려가 의심하지 말고 함께 가라 내가 그들을 보내었느니라 하시니

이방인 고넬료와 사도 베드로의 기적적인 만남, 그 배후에는 **하나님이 함께하셨습니다**(행 10:38). 하나님의 사역에는 우연이란 없습니다.

고넬료와 베드로가 만날 수 있도록, 도저히 섞일 수 없었던 이방인과 유대인과의 **"불가능한 만남을 가능하도록 만든 이"**가 누구입니까?

사도행전 10장 3절과 19절의 말씀입니다.

> **3** 하루는 제 구 시쯤 되어 환상 중에 밝히 보매 **하나님의 사자가 들어와 이르되** 고넬료야 하니
>
> **19** 베드로가 그 환상에 대하여 생각할 때에 **성령께서 그에게 말씀하시되** 두 사람이 너를 찾으니

하나님의 사자와 성령께서 지시하시고 명령하였습니다. 하나님은 이방인 고넬료가 베드로를 통해 복음을 듣고 구원에 이르도록 '구속사적인 만남'을 가능하게 해 주셨습니다.

할렐루야!

사랑하는 여러분, 여러분도 다 아시는 바와 같이 고넬료는 유대인들이 개, 돼지라고 부르며 천시하고 경멸했던 이방인입니다. 그러한 이방인을

예루살렘 교회 수장인 베드로가 만나야 할 이유가 분명했습니다.

이방인을 향한 복음 전파 때문입니다. 사도행전 10장 28절의 말씀입니다.

> 28 이르되 유대인으로서 이방인과 교제하며 가까이 하는 것이 위법인 줄은 너희도 알거니와 하나님께서 내게 지시하사 아무도 속되다 하거나 깨끗하지 않다 하지 말라 하시기로

"열심히 기도하고 구제하고 사람들에게 칭찬 받은 고넬료는 이미 하나님을 잘 믿어 경건한 자요, 의인이라고 칭함을 받았는데 복음을 또 전해 들어야 하나요?"

이렇게 질문하실 수도 있습니다.

아무리 경건한 고넬료라고 해도, 그는 기도했지만, 구제했지만, 여전히 복음을 들어보지 못한 자였습니다. 그에게는 "그리스도의 복음"이 절실했습니다.

왜입니까?

경건한 이방인 고넬료는 종교적인 열심이 있었고 뭇 사람의 칭찬을 들을 정도로 선한 일에 앞장섬으로써 도덕적으로도 흠이 없는 자였습니다.

하지만, 결정적으로 그것만으로는 구원에 이를 수 없었기 때문에 그에게는 복음이 절실했습니다.

3. 그리스도의 복음

사랑하는 여러분, 구원에 이르기 위해 무엇이 필요합니까?

네, 예수 그리스도입니다. 예수 그리스도를 믿는 믿음입니다. 예수 그리스도께서 전적으로 무능하고 전적으로 타락한 죄인들을 위해 십자가에서

죽으시고 사흘 만에 다시 살아나셔서 모든 죄를 사하여 주셨다는 "그리스도의 복음," 이 사실을 믿는 자들에게만 구원이 임하고 영생을 선물로 받을 수 있는 것입니다.

예수 그리스도를 믿는 것만이 구원에 이르는 유일한 길입니다. 바로 이것입니다. 베드로는 고넬료 집에 가서, 이러한 "그리스도의 복음"을 선포한 것입니다.

베드로가 고넬료와 그의 가족, 친척들과 친구들이 모인 자리에서 복음을 전했을 때, 이방인도 성령을 받는 놀라운 일이 일어났습니다. 사도행전 10장 44절과 45절, 47절의 말씀입니다.

> **44** 베드로가 이 말을 할 때에 성령이 말씀 듣는 모든 사람에게 내려오시니
> **45** 베드로와 함께 온 할례 받은 신자들이 이방인들에게도 성령 부어 주심으로 말미암아 놀라니
> **47** 이에 베드로가 이르되 이 사람들이 우리와 같이 성령을 받았으니 누가 능히 물로 세례 베풂을 금하리요 하고

고넬료는 이방인 중에 최초로 복음을 듣고 구원을 받은 자입니다. 하나님은 이미 사도 베드로가 이방인 고넬료의 초대를 거절하지 않도록 환상을 통해 성령의 지시를 받도록 하셨고, 이방인 고넬료 역시 하나님의 사자의 명령을 받도록 역사해 주셨습니다.

하나님은 당신의 독생자 예수 그리스도께 내리신 성령과 능력의 기름 부으심을 이방인 고넬료에게 내려 주셨고, 지금 하나님의 자녀인 저와 여러분에게도 동일하게 내려 주고 계심을 믿으시길 바랍니다. 오늘 본문의 말씀, 사도행전 10장 38절의 말씀입니다.

> ³⁸ 하나님이 나사렛 예수에게 성령과 능력을 기름 붓듯 하셨으매 그가 두루 다니시며 선한 일을 행하시고 마귀에게 눌린 모든 사람을 고치셨으니 이는 하나님이 함께하셨음이라

사랑하는 성도 여러분, 예수께 내려진 성령의 기름 부으심은 어떤 특정한 재능이 있는 사람, 겉보기에 화려한 사람, 가진 것이 많은 사람에게 임하는 것이 아닙니다. 하나님은 그분을 경외하며 의를 행하는 자들을 기뻐 받으시고, 마치 기름을 붓듯이 충만하고도 넘치도록 성령의 기름 부으심을 허락해 주심을 믿으시길 바랍니다. 사도행전 10장 34절과 35절의 말씀입니다.

> ³⁴ 베드로가 입을 열어 말하되 내가 참으로 하나님은 사람의 외모를 보지 아니하시고
> ³⁵ 각 나라 중 하나님을 경외하며 의를 행하는 사람은 다 받으시는 줄 깨달았도다

오늘 사도행전 10장에 기록된 사건은 유대인 중심으로 복음이 전파되었던 것에서, 이방인도 전도의 대상이 된다는 것을 알린 사건, 곧 성령의 기름 부으심을 통해 **구원의 보편성**이 입증된 놀라운 사건입니다.

구원의 보편성은 복음이 모든 자에게 차별 없이 전파된다는 신학적인 진리입니다. 골로새서 3장 11절 말씀이 이를 증거해 주고 있습니다.

> ¹¹ 거기에는 헬라인이나 유대인이나 할례파나 무할례파나 야만인이나 스구디아인이나 종이나 자유인이 차별이 있을 수 없나니 오직 그리스도는 만유시요 만유 안에 계시니라

사랑하는 성도 여러분, 성령의 기름 부으심의 은혜가 예수 그리스도를 믿는 모든 성도님들에게 충만하게 임하길 기도합니다. 그리하여 베드로가 이방인 고넬료에게 능력있는 복음을 전파했던 것처럼, 동일한 믿음의 역사가 우리의 것이 되길 바랍니다.

성령의 기름 부으심은 하나님께서 우리들에게, 아무런 대가 없이, 아낌없이 주시는 선물입니다. 영적 이스라엘인 우리도 하나님의 선물인 성령의 기름 부으심을 충만하게 받았음을 잊지 마시길 바랍니다. "불가능할 것 같은 이방인과 유대인의 만남"이, "하나님께서 예비하신 축복의 만남"으로 변화되는 놀라운 역사가 우리 일상 속에서도 일어난다는 것을 믿으십시오.

우리에게 만남의 축복이 더하여지길 바랍니다. 무엇보다 우리 인생의 가장 큰 축복의 만남인 '예수님과의 만남'을 귀하게 여김으로, 하나님이 주시는 성령 충만을 받아 누리고 넘치는 은혜가 임하기를 주님의 이름으로 축원합니다.

기도 제목

1. 성령과 능력의 기름 부으심이 충만하게 넘치도록

2. 복음에는 차별이 없고 구원의 보편성이 있다는 사실을 믿고 편견 없이 전도하도록

3. 예수님과의 만남을 귀하게 여기고 주님이 허락하실 만남의 축복을 기대하며 기다리도록

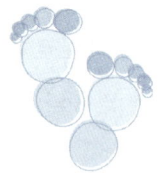

11

성령으로 세례 받음
(사도행전 11장 16절)

> **16** 내가 주의 말씀에 요한은 물로 세례를 베풀었으나 너희는 성령으로 세례를 받으리라 하신 것이 생각났노라

살다 보면 정신이 '번쩍' 드는 순간이 찾아오곤 합니다. 바쁜 일상 가운데 놓치고 있었던 중요한 사람과의 만남이나 잊으면 안 되는 약속과 일들이 갑자기 머릿속을 스치고 지나가는 것입니다. 단순히 건망증 때문에 잊어버린 것은 아닐 것입니다. 우선순위의 문제에서 어떤 사안이 더 중요해지기 시작하면, 원래 중요했던 일들이 후순위로 밀리게 되고, 그러다 보면 다른 사람이나 일 그리고 사건은 시야에서 멀어지게 됩니다.

하지만, 우리에게 있어 절대 우선순위에서 밀리면 안 되는 게 있습니다. 무엇입니까?

성령으로 걸어가는 것입니다. 성령이 말씀하시면 그에 순종하여 믿음으로 행해야 하는 것입니다.

1. 성령 강림 사건

사도행전 11장 16절의 말씀입니다.

> ¹⁶ 내가 주의 말씀에 요한은 물로 세례를 베풀었으나 너희는 성령으로 세례를 받으리라 하신 것이 생각났노라

이 성경 구절은 **이방인의 오순절 사건**을 말하고 있습니다.
"이방인의 오순절 사건이라고요?
오순절 사건은 들어봤는데 이방인의 오순절 사건은 처음 들어봤습니다"
라고 대답하실 수도 있습니다.
그렇다면 고넬료 가정에 어떠한 일이 있었는지 기억해 보십시오.
베드로 사도가 자신이 그동안 이방인에 대해 가지고 있었던 편견을 깨고 성령의 지시대로, 이방인 고넬료에게 복음을 전하지 않았습니까?
그때 일어난 일은 다름 아닌 성령 강림 사건입니다. 사도행전 10장 44절과 45절의 말씀입니다.

> ⁴⁴ 베드로가 이 말을 할 때에 성령이 말씀 듣는 모든 사람에게 내려오시니
> ⁴⁵ 베드로와 함께 온 할례 받은 신자들이 이방인들에게도 성령 부어 주심으로 말미암아 놀라니

베드로 사도에게 있어, 고넬료 가정에서 일어난 성령 강림 사건은 놀람과 충격의 사건이었습니다. 베드로가 그동안 생각했던 성령 강림은 세례나 할례를 받은 자들에게만 일어나는 일이었고, 이방인들에게는 전혀 임한 적이 없었던, 매우 생소한 일이었기 때문입니다.

또한, 베드로에게 있어 성령 강림은 물 세례 다음에 내리는 일이었기에 세례 받지 않은 이방인들에게 성령이 내려진 사실에 놀랄 수밖에 없었습니다.

여기서 잠깐, 성령 세례와 물 세례에 관해 생각해 보았으면 합니다.

성경은 '물로 세례를 받는 것'과 '성령으로 세례 받는 것'을 구별하여 기록하고 있습니다. 성령 세례는 그리스도를 구주로 믿는 자에게 성령이 처음으로 임하여 영적 거듭남을 통해 구원으로 인도하는 사건입니다. 성령 세례는 물 세례보다 앞설 수도 있고 뒤따라 올 수도 있습니다.

물 세례는 성령 세례의 외적 상징으로 성령을 통해 과거의 죄를 씻고 그 영이 거듭남으로써 그리스도와 연합함으로 죄에 대해 죽고 의에 대해 다시 살아난다는 기독교 구원 진리의 상징입니다.

다만 성령 세례가 없는 물 세례는 아무런 의미가 없으며, 특별한 경우에는 물 세례를 받지 않고도 성령 세례를 받아 구원에 이를 수 있습니다.

성경에는 '물 세례의 결과로 성령이 임했다는 내용'이 있고, '성령이 임한 다음에 물 세례를 금할 수 없다'는 내용이 나옵니다.

물 세례의 결과로 성령이 임했다는 내용입니다. 사도행전 19장 5절과 6절의 말씀입니다.

> [5] 그들이 듣고 주 예수의 이름으로 세례를 받으니
> [6] 바울이 그들에게 안수하매 성령이 그들에게 임하시므로 방언도 하고 예언도 하니

성령이 임한 다음에 물 세례를 금할 수 없다는 내용입니다. 사도행전 10장 47절의 말씀입니다.

> [47] 이에 베드로가 이르되 이 사람들이 우리와 같이 성령을 받았으니 누가 능히 물로 세례 베풂을 금하리요 하고

고넬료 집에서 베드로의 설교가 끝나기도 전에 성령이 강림하셨습니다. 하나님께서 이방인 고넬료에게 친히 성령을 내려 주시어 당신의 자녀 삼아 주셨기 때문에, 베드로는 하나님의 뜻을 거스를 필요 없이 고넬료에게 물로 세례를 베풀어 주었던 것입니다.

고넬료 가정에 일어난 성령 강림 사건은 이방인에게는 최초로 임한 것으로 '이방인의 오순절 사건'이라고 볼 수 있습니다. 베드로 사도는 당시에 그리스도교로 개종한 유대인들이 이방인에 대해 무조건 할례를 받아 유대인이 되어야 구원을 받을 수 있다는 생각을 가지고 있었던 것은 잘못이며, 오직 복음을 듣고 믿는 자라야 구원을 받을 수 있음을 전파하였습니다. 사도행전 11장 14절의 말씀입니다.

> 14 그가 너와 네 온 집이 구원 받을 말씀을 네게 이르리라 함을 보았다 하거늘

2. 이신득의의 진리

격세지감이라는 말이 있습니다.

예를 들면, 예전에는 "물을 돈 주고 사먹었다고?"라고 묻는 사람들이 많았습니다. 하지만, 요즘 우리는 물을 사먹는 일이 익숙합니다.

그런데 이런 일과 비교할 수 없는 중대한 이슈가 있습니다. 바로 구원에 관한 변함없는 진리인 이신득의입니다.

사랑하는 성도 여러분, 이신득의의 진리를 당연하게 여기며 신앙생활하는 지금과 달리, 초대교회 당시 이방인 전도가 막 시작될 무렵에는 복음을 듣고 구원 받는다는 진리가 매우 어색했습니다. 예수 그리스도를 통한 구원이라는 복음이 선포되었음에도 불구하고 유대교를 여전히 신봉하는 정통 유대인들은 물론이고, 유대인 출신의 할례파 신자들, 즉 그리스도교로

개종한 유대인들이 결코 수용할 수 없었던 것이 이신득의의 진리였습니다.

이신득의가 무엇입니까?

예수 그리스도를 믿는 믿음을 하나님께서 의로 여겨 주시고 구원해 주신다는 기독교의 핵심 내용이자 우리 믿음의 근원적인 토대요, 뿌리입니다.

우리에겐 예수님을 믿어 구원을 받는다는 것이 어색하지 않고 당연합니다. 그런데 당시에 유대인 출신 신자들, 그리스도교로 개종한 유대인들은 예수님을 믿어 구원 받는다는 것을 도저히 받아들일 수 없었습니다. 예수님이 하나님이라는 사실을 인정할 수도 없었고, 하나님을 믿는다는 것을 증명하는 필수 조건인 할례 없이 구원에 이른다는 명제 자체가 거북했습니다.

게다가 특별히 하나님이 선택하신 하나님의 백성이 아닌 이방인이 구원의 반열에 들어온다는 것은 더더욱 인정하기 싫었습니다. 그래서 **베드로 사도가 고넬료를 전도하고 돌아왔을 때, 할례를 받은 유대인 출신의 신자들은 베드로가 무할례자인 이방인과 교제하고 전도한 것을 비난했습니다.** 사도행전 11장 2절과 3절의 말씀입니다.

> ² 베드로가 예루살렘에 올라갔을 때에 할례자들이 비난하여
> ³ 이르되 네가 무할례자의 집에 들어가 함께 먹었다 하니

그러자 **베드로는 자신의 이방인 전도 내용을 소상하게 설명하기 시작합니다.** 그 내용은 사도행전 11장 4절에서 16절까지 자세히 기록되어 있습니다. 베드로가 욥바에서 기도하고 있을 때 환상을 보았습니다.

그 환상은 베드로의 유대주의적인 편견을 깨서 이방인 선교를 할 수 있도록 하나님께서 보여 주신 것으로, 하늘에서 네 귀가 매어 땅에 드리워진 그릇 안에 들어있는 부정한 짐승을 잡아먹으라는 환상이었습니다.

이 환상을 본 직후에, 베드로를 누가 찾아왔습니까?

고넬료의 하인들이었습니다. 베드로는 성령의 지시대로 고넬료의 하인들과 함께 고넬료의 집에 가서 설교를 하였습니다. 베드로가 전한 복음, 이신득의의 진리 앞에 이방인 고넬료와 그의 가족들, 하인들은 전도되었습니다.

왜입니까?

이방인들이 어떻게 베드로의 입술을 통해 선포된 이신득의 복음의 진리를 듣고 예수님을 믿게 되었습니까?

성령이 그리스도를 믿게 하셨기 때문입니다. 성령은 성도로 하여금 예수를 구주로 시인하도록 역사하십니다. 고린도전서 12장 3절입니다.

> ³ 그러므로 내가 너희에게 알리노니 하나님의 영으로 말하는 자는 누구든지 예수를 저주할 자라 하지 아니하고 또 성령으로 아니하고는 누구든지 예수를 주시라 할 수 없느니라

성령의 역사가 없이는, 어느 누구도 예수를 주로 고백할 수 없습니다. 베드로가 전한 복음에 이방인 고넬료와 식솔들이 믿음의 반응을 한 것은 성령의 역사요, 성령께서 각 사람에게 접목시킨 구원의 은혜가 충만하게 임했기 때문입니다.

실제로 베드로가 설교를 시작하자, 오순절 날 제자들에게 성령이 임한 것처럼 말씀을 듣고 있던 이방인들 위에 성령이 임하였습니다. 베드로는 그것을 보고 물이 아니라 성령으로 세례를 받으리라고 하셨던 생전의 주의 말씀이 생각났다고 증거하였습니다. 오늘 본문 사도행전 11장 16절의 말씀입니다.

> ¹⁶ 내가 주의 말씀에 요한은 물로 세례를 베풀었으나 너희는 성령으로 세례를 받으리라 하신 것이 생각났노라

성령 세례는 예수 그리스도께서 오심으로 가능해졌습니다. **성령 세례의 대상은 유대인이든 이방인이든, 할례를 받은 자든 무할례자든 차별 없이 예수를 믿고 거듭난 자, 곧 그리스도 안에 있는 모든 자입니다.** 골로새서 3장 11절의 말씀입니다.

> ¹¹ 거기에는 헬라인이나 유대인이나 할례파나 무할례파나 야만인이나 스구디아인이나 종이나 자유인이 차별이 있을 수 없나니 오직 그리스도는 만유시요 만유 안에 계시니라

3. 이방인의 구원

예수를 주라 시인하고, 그리스도께서 모든 죄인을 대신하여 십자가에서 죽으시고 다시 살아나신 사실을 믿는 자들은 구원을 얻을 수 있습니다.

베드로가 이방인 고넬료에게 복음을 전파하였을 때, 성령이 그들 가운데 찾아오셔서 복음을 받아들일 수 있게 하신 것입니다. 베드로는 이방인의 구원이 하나님의 주권에서 비롯됨을 강조하며, 하나님께서 이방인들이 예수를 믿을 때에 유대인인 자신들에게 성령을 주신 것처럼, 이방인들에도 성령을 주셨다고 증거합니다. 사도행전 11장 7절의 말씀입니다.

> ⁷ 그런즉 하나님이 우리가 주 예수 그리스도를 믿을 때에 주신 것과 같은 선물을 그들에게도 주셨으니 내가 누구이기에 하나님을 능히 막겠느냐 하더라

어떻게 우리가 감히 하나님의 일을 막을 수 있겠습니까?

베드로 역시, 그 자신도 한때 하나님의 뜻과 계획을 알지 못하고, 이방인에 대한 전도를 생각하지 못하고, 이방인들을 받아들이지 않으려고 한 적이 있었습니다(행 10:14).

이방인과 자신들을 구분하는 유대인들의 전통은 지나치게 확고부동했습니다. 심지어 그리스도를 믿는 유대인들조차 구약의 율법과 조상들의 전통에 여전히 집착하고 있었습니다. 유대인들의 오랜 편견에 의하면, 하나님께서 이방인을 구원하실 이유가 없다는 생각이 지배적이었습니다.

하지만, 이방인의 구원은 하나님의 뜻과 계획입니다. 베드로 또한 이방인을 구원하시고자 하는 하나님의 뜻과 계획에 따라 성령의 지시함을 받고 이방인 고넬료에게 전도하게 된 것입니다.

하나님은 그리스도의 이름을 믿는 자들을 구원하십니다. 이 복음은 차별 없이, 모든 자에게, 성령을 통해 전파됩니다. 복음의 전파는 인간의 인위적인 계획과 노력으로 이뤄지지 않습니다.

오직 성령의 역사하심이 선행되어야 합니다. 오순절 성령 강림이 있은 후에 초대교회 성도들이 담대히 복음을 전파하였듯이, **오늘 본문의 '이방인 오순절 사건'이 있은 후에, 비로소 예루살렘 교회는 이방인의 구원을 인정하게 되었습니다.** 사도행전 11장 18절의 말씀입니다.

> [18] 그들이 이 말을 듣고 잠잠하여 하나님께 영광을 돌려 이르되 그러면 하나님께서 이방인에게도 생명 얻는 회개를 주셨도다 하니라

하나님께서는 이방인에게도 생명을 얻는 회개를 허락하셨습니다. 지금까지 복음은 예루살렘에서 사마리아에까지 이방인 고넬료 가정에 전해짐으로써 확장되었습니다. 그리고 이렇게 확장된 복음은 베니게와 구브로와 안디옥 등 이방 지역까지 전파되었습니다. 사도행전 11장 20절과 21절입니다.

> [20] 그 중에 구브로와 구레네 몇 사람이 안디옥에 이르러 헬라인에게도 말하여 주 예수를 전파하니

²¹ 주의 손이 그들과 함께하시매 수많은 사람들이 믿고 주께 돌아오더라

사랑하는 성도 여러분, 이방인에게 복음이 전파되는 것은 하나님의 뜻입니다. 그러므로 주의 손이 함께하여 주심으로, 복음 선포를 도와주셨습니다.

예루살렘 교회는 이방인 선교를 인정할 뿐 아니라, 한 걸음 더 나아가 '**이방 선교의 전초 기지가 될 안디옥 교회**'를 세워 '**본격적인 이방인 선교 시대**'를 열게 되었습니다.

이때 안디옥에 있는 사람들은, 복음 전도자들을 통해 예수를 알게 되었고, 그리스도를 주라 시인하는 가운데 믿지 않는 자들로부터 '그리스도인'이라 인정 받게 되었습니다. 사도행전 11장 26절의 말씀입니다.

²⁶ 만나매 안디옥에 데리고 와서 둘이 교회에 일 년간 모여 있어 큰 무리를 가르쳤고 제자들이 안디옥에서 비로소 그리스도인이라 일컬음을 받게 되었더라

사랑하는 성도 여러분, 베드로가 이방인 고넬료에게 복음을 선포함으로 '이방인 오순절 사건'을 경험한 이후, 유대인 성도들과 예루살렘 교회는 이방인의 구원을 인정하게 되었으며, 이방인 선교를 하나님의 뜻과 계획으로 받아들일 수 있게 되었습니다. 이방인이 할례 없이 복음으로만 그리스도인이 될 수 있게 된 것입니다.

거기에는 성령 충만이 있었습니다. 성령의 부어 주심이 있었고, 성령으로 세례 받음이 있었습니다.

우리도 **성령으로 세례를 받았으며**, 성령의 부어 주심으로 인해 성령 충만한 자들입니다. 그리고 그리스도만을 최종 목표로 따르며 그리스도에게 속한 자들, 그리스도인입니다.

누군가는 우리가 그리스도인이 된 사실을 거부하고 대단한 일이 아니라고 여길 수 있습니다.

초대교회 당시 정통 유대인들에게 있어 이방인 선교는 불가능한 일이었습니다. 하지만, 우리가 믿는 주님은 초대교회 당시나 지금이나 동일한 한 성령이심을 기억하시길 바랍니다. 그 동일한 성령이 복음을 선포하고 영혼이 구원 받도록 도우신다는 사실을 잊지 마시길 바랍니다.

그러니 바라기는 성령과 함께 걸어가는 우리를 통해 많은 영혼이 성령으로 세례를 받게 되고, 성령의 역사하심으로 인하여 놀라운 인생의 변화를 경험하게 되는 가운데, 하나님의 뜻과 나라가 이 땅 위에 편만하게 펼쳐지길 주님의 이름으로 축원합니다.

기도 제목

1. 이방인의 오순절 사건의 역사 이후 성령 세례는 지금도 활발하게 펼쳐지고 있음을 기억하며, 우리가 받은 성령을 소멸하는 일이 없도록

2. 성령을 받은 그리스도인답게 성령의 음성에 순종하여 복음 전도를 활발하게 하도록

3. 성령이 복음을 선포하고 영혼이 구원 받도록 도우신다는 사실을 잊지 않도록

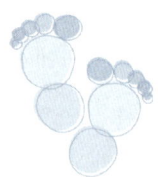

12

성령으로 보호하심

(사도행전 12장 7절)

> **7** 홀연히 주의 사자가 나타나매 옥중에 광채가 빛나며 또 베드로의 옆구리를 쳐 깨워 이르되 급히 일어나라 하니 쇠사슬이 그 손에서 벗어지더라

진실로 보혜사 성령님은 우리를 보호하여 지켜 주시고 은혜를 베풀어 주십니다. 보혜사 성령님의 다른 의미는 '변호자'인데, 마치 변호사가 피고인의 권리를 보호해 주듯이 성령님은 죄 된 우리를 변호하시어 진노에서 벗어나게 해주시는 것입니다. 우리는 그러한 보혜사 성령님의 보호하심과 지켜 주심 덕분에 악한 세상에서 안전하게 믿음 생활을 영위할 수 있습니다.

더불어 우리에게 내려 주신 "복음의 확장"이라는 사명을 성취하는 길 가운데서도 성령님의 보호하심이 절실합니다.

왜입니까?

사단은 복음이 확장되는 것을 끔찍이도 싫어하기 때문입니다. **복음의 확장은 곧 사단의 영역의 축소를 의미하기에** 기를 쓰고 복음이 전파되지 못하도록 막는 것입니다.

그러나 하나님은 사단의 방해를 능히 물리치시고 복음이 널리 확장되도록 성도와 교회를 돕고 보호해 주십니다.

1. 하나님의 보호에 대한 확신

먼저 사도행전 12장 7절의 말씀입니다.

> **7** 홀연히 주의 사자가 나타나매 옥중에 광채가 빛나며 또 베드로의 옆구리를 쳐 깨워 이르되 급히 일어나라 하니 쇠사슬이 그 손에서 벗어지더라

주의 사자가 감옥에 갇힌 사도 베드로를 풀어 주었습니다. '일어나라'는 명령을 받은 뒤, 베드로의 손에 묶인 쇠사슬이 벗겨지는 놀라운 기적이 일어났습니다. 힘있게 복음을 전하던 베드로는 헤롯왕의 핍박에 의해 이제 하룻밤만 자고 일어나면 곧 사형을 당할 위기에 처해 있었습니다. 헤롯왕은 사도 야고보를 죽이고 난 뒤, 그다음 순서로 사도 베드로를 죽일 작정이었습니다.

헤롯왕의 지지 기반은 유대인들이었고 야고보를 죽인 일로 유대인들의 환심을 얻자마자, 자신의 힘을 과시하기 위해 베드로까지 사형시키려고 했던 것입니다. 즉시로 죽이지 못하고 감옥에 잠시 가둔 것은 유대인들의 절기인 무교절 기간에는 재판이나 처형을 금하고 있기 때문에, 그 이후에 베드로를 감옥에서 끌어내어 죽일 작정이었습니다.

옥에 갇힌 베드로를 위해 교회는 간절히 하나님께 기도했습니다. 베드로가 죽기 하루 전날, 베드로는 두 군인 틈에서 쇠사슬에 매여 자고 있었고 이를 파수꾼들이 지키고 있었습니다. 사도행전 12장 6절의 말씀입니다.

> **6** 헤롯이 잡아 내려고 하는 그 전날 밤에 베드로가 두 군인 틈에서 두 쇠사슬에 매여 누워 자는데 파수꾼들이 문 밖에서 옥을 지키더니

이제 베드로는 내일이면 사형에 처해질 것입니다. 그런데 그가 선택한 것은 누워 자는 것입니다.

어떻게 이런 일이 가능합니까?
어떻게 하면 이렇게 죽음 앞에서도 담대하고 평안할 수 있는 것일까요?
만일, 우리라면 어떻겠습니까?

사형까지는 아니라도 내일 당장 중요한 일이 있다고 생각해 보시길 바랍니다. 준비가 잘 되어 있다고 하더라도 긴장이 되고 떨리는 것이 사람입니다. 그런데 불가항력적으로 처하게 될 일이 내일 벌어진다고 하면, 더욱 더 두렵고 떨리며 내일이 오지 않기를 바라는 마음에 잠조차 이루지 못하는 것이 사람입니다.

하물며 사형을 앞두고 있는데!
그것도 억울하게 죽임을 당하게 될 날이 바로 코앞인데!
어떻게 이런 일이 가능한 것입니까?
어떻게 베드로는 죽음 앞에서 이토록 담대하고 평안했을까요?

하나님의 보호하심을 확신하는 자들은 위기 속에서도 평안히 자고 일어날 수 있습니다. 우리가 누워 자고 깨는 것은 하나님께서 우리를 붙드시기에 가능한 것입니다.

하지만, 위기 상황에서 하나님을 의지하지 못하는 자들은 불안합니다. 공포 속에서 뜬눈으로 밤을 지새우거나 잠자리에서 뒤척거리며 초조해합니다.

그렇지만 하나님을 절대적으로 믿고 의지하는 자들에게 **"하나님의 보호에 대한 확신"** 은 불안과 초조함을 극복하게 하는 힘이 됩니다.

하나님의 보호에 대한 확신은 공포를 평안으로 변화시키는 능력입니다. 우리 안에 계신 성령님은 참으로 성도의 안전을 살피시고 구원의 길에서 이탈되지 않도록 보호하시며 그들을 영생으로 인도하십니다.

베드로는 최초의 순교자 스데반처럼 죽음을 개의치 않고 사나 죽으나 자신의 영혼을 책임져 주실 하나님만을 신뢰하였습니다.

스데반이 순교할 때의 모습을 기억하십니까?

돌에 맞아 죽기 직전까지 스데반의 영혼은 순결했고 평안했습니다. 그는 십자가에 달리신 예수님처럼 그의 영혼을 하나님께 맡기고 죄인들에 대한 용서를 구하며 순교했습니다. 사도행전 7장 59절과 60절의 말씀입니다.

> [59] 그들이 돌로 스데반을 치니 스데반이 부르짖어 이르되 주 예수여 내 영혼을 받으시옵소서 하고
> [60] 무릎을 꿇고 크게 불러 이르되 주여 이 죄를 그들에게 돌리지 마옵소서 이 말을 하고 자니라

성경에는 하나님의 보호에 대한 확신을 가진 자들, 그리하여 상황을 초월한 평안을 경험한 자들이 많이 있습니다.

사도 바울은 어떻습니까?

바울은 전도여행 중에 말로 다 할 수 없을 정도의 고통과 고난을 받았습니다. 그에게 닥친 상황은 평안과는 거리가 멀었습니다. 바울 앞에는 늘 불안정하고 위험한 일들이 도사리고 있었습니다. 강의 위험과 동족의 위험, 이방인의 위험, 시내의 위험, 광야의 위험, 바다의 위험과 거짓 형제의 위험을 당한 자가 바울입니다. 또 수고하고 애쓰고 여러 번 자지 못하고 주리며 목마르며 여러 번 굶고 춥고 헐벗었다고 고백한 바울은(고후 11:25-26) 넘치도록 수고할 뿐 아니라 옥에 갇히기도 했습니다.

바울도 베드로와 같은 상황에 처했던 때가 있었습니다. 바울 역시 빌립보에서 전도할 때 감옥에 갇혔고 죽음을 앞둔 상황에서 실라와 함께 기도하고 찬송하는 담대함을 보였습니다. 사도행전 16장 25절과 26절의 말씀입니다.

> ²⁵ 한밤중에 바울과 실라가 기도하고 하나님을 찬송하매 죄수들이 듣더라
> ²⁶ 이에 갑자기 큰 지진이 나서 옥터가 움직이고 문이 곧 다 열리며 모든 사람의 매인 것이 다 벗어진지라

바울의 이러한 기도와 찬송 이후에 갑자기 큰 지진이 나서 옥터가 움직이고 문이 열리는 놀라운 역사가 일어났습니다.
할렐루야!
바울을 감옥에서 구해 주시고 악한 세력들로부터 보호하신 하나님, 그 하나님께서 바울을 지켜 주셨습니다. 그리고 그 하나님께서 베드로를 지키고 보호하여, 죽임을 당할 위기를 모면하게 해주신 것입니다. 오늘의 본문인 사도행전 12장 7절의 말씀입니다.

> ⁷ 홀연히 주의 사자가 나타나매 옥중에 광채가 빛나며 또 베드로의 옆구리를 쳐 깨워 이르되 급히 일어나라 하니 쇠사슬이 그 손에서 벗어지더라

이로써 베드로는 감옥에서 구출되는 기적을 경험하기 됩니다. 베드로의 구출 사건은 마치 이스라엘 백성들의 애굽에서의 구출 사건을 연상시킵니다. 베드로의 탈옥은 천사의 직접적인 개입으로 인한 '신적 구원 사건'입니다.
누가 개입하였습니까?

주의 사자, 하나님의 보냄을 받은 천사가 직접적으로 개입한 것입니다. 이처럼 **하나님은 우리 삶에 개입하심으로 우리를 보호해 주십니다.** 이 세상에 안전지대란 없습니다.

하지만, 하나님은 당신의 자녀들의 삶에 이 모양 저 모양으로 개입하셔서 그분의 자녀들이 가장 안전하고 살기 좋은 곳으로 나아가 살도록 도와주십니다. 사람들의 도움의 손길이 미치지 않는 곳에서도 당당하게 살아갈 수 있는 것은 우리를 붙드시는 하나님의 손길이 있음을 믿기 때문입니다. 망하기 직전, 파멸 직전에 놓인 듯해도, 우리 안에 계신 성령의 안위하심으로 인해 안전합니다. 실패해도, 병이 들어도 문제가 되지 않습니다. 성령님은 우리를 위로해 주시며 모든 범죄와 사고, 질병과 재난, 재해로부터 보호해 주십니다.

궁극적으로 성령님은 우리를 구원의 길로 인도하심으로 영원한 생명을 누리도록 완벽하게 보호하시는 것입니다. 시편 145편 20절의 말씀입니다.

> [20] 여호와께서 자기를 사랑하는 자들은 다 보호하시고 악인들은 다 멸하시리로다

2. 헤롯의 죽음

하나님은 자기를 사랑하는 주의 백성들을 보호하시되, 악인들은 멸하시는 분이십니다. 저와 여러분은 하나님께서 사랑하시는 그분의 백성입니다. 하나님께서 성령을 우리 마음에 보내 주셔서 우리가 성령으로 말미암아 하나님을 아버지로 부를 수 있게 되었습니다. 성령이 아니고는 하나님을 알 수 없고, 그리스도를 영접할 수 없습니다. 따라서, 하나님을 아버지로 부를 수가 없습니다.

성령을 소유한 자, 하나님께 속한 자들은 의와 평강과 희락 가운데 살아갑니다. 성령을 소유한 자들은 하나님을 더욱 사랑하게 됩니다. 성령을 소유한 저와 여러분은 성령의 음성을 듣고 그분의 인도하심과 보호하심을 얻을 수 있는 것입니다(롬 14:17). 반면에 악인들은 성령의 보호하심을 받을 수 없습니다.

왜입니까?

악인들의 마음에는 죄와 시기와 악독이 가득하고 선하신 성령을 소유하지 못했기 때문입니다. 베드로를 핍박한 악인 헤롯왕도 악한 마음이 가득한 자이기에 성령의 보호하심을 받지 못하는 것입니다. 하나님은 베드로를 감옥에 가둬 죽이려고 한 악한 자, 헤롯왕을 멸하셨습니다. 사도행전 12장 23절의 말씀입니다.

> [13] 헤롯이 영광을 하나님께로 돌리지 아니하므로 주의 사자가 곧 치니 벌레에게 먹혀 죽으니라

사랑하는 여러분, 헤롯의 죽음은 성령의 역사와 복음의 능력을 거부하고 교회와 하나님을 대적하는 자의 최후가 얼마나 비참한지를 보여 주고 있습니다. **성령은 사단의 방해로부터 보호하여 교회와 성도를 지켜 주시는 것입니다.** 그러니 우리가 나서서 악인을 멸할 필요가 없습니다. 의로움에 가득 차서 이 세상의 모든 악한 것과 죄악을 없애겠노라고 자부해 보아도 그것은 불가능합니다.

우리 주변에는 가끔 자신이 가장 공평한 잣대와 판단 기준이 되는 것처럼 구는 자들이 있습니다. 누구는 뭐가 잘못되었고, 누구는 무엇이 문제고, 누구에게는 무엇이 부족하다고 비난하며 불평하고 원망합니다. 내가 하면 괜찮지만, 남이 하면 불쾌합니다. 상대의 싫은 행동을 보면, 험담할 것이 아니라 자신을 돌아보고 상대를 반면교사 삼아야 함에도 불구하고, 자기

의 의만 드러냅니다. 하지만, 하나님은 악인으로부터 우리를 지키고 보호하시는 분이시기 때문에, 우리의 판단과 평가는 겸손히 그분 앞에 내려놓아야 함을 기억하시기 바랍니다.

베드로가 헤롯을 적대시하였습니까?

베드로가 부당한 대우를 받아 옥에 갇혔다고 억울해 하며 스스로 탈옥을 결심했습니까?

베드로는 그저 쇠사슬에 매어 누워 자고 있었습니다. 잠잠히 **하나님이 하실 일을 기대하며 기다렸습니다.** 그때 성령은 베드로의 삶에 개입해 주셔서, 복음의 확장을 막는 사단의 세력을 꺾으시고, 성령의 사람들을 핍박한 헤롯을 죽음에 처하게 하였습니다.

3. 신적 개입

사랑하는 여러분, 여러분의 삶에서 사라졌으면 하는 악한 자가 있습니까?

내 옆에 다가오지 않았으면 좋겠고, 멀리서 들려오는 소식을 듣는 것조차 치가 떨릴 정도로 싫은 사람이 있습니까?

나를 속여 사기를 친 자, 나에게 피해를 입히고는 사과조차 하지 않고 떠난 자, 우리 가족과 사랑하는 친구를 괴롭히고 해한 자, 이러한 자들은 악한 자의 유형입니다.

성경은 목을 곧게 한 패역한 자, 말씀에 불순종한 자, 그 마음에 하나님을 두기 싫어하는 자들을 악인이라고 하고 있습니다. 로마서 1장 29절부터 32절의 말씀입니다.

²⁹ 곧 모든 불의, 추악, 탐욕, 악의가 가득한 자요 시기, 살인, 분쟁, 사기, 악독이 가득한 자요 수군수군하는 자요

³⁰ 비방하는 자요 하나님께서 미워하시는 자요 능욕하는 자요 교만한 자요 자랑하는 자요 악을 도모하는 자요 부모를 거역하는 자요

³¹ 우매한 자요 배약하는 자요 무정한 자요 무자비한 자라

³² 그들이 이같은 일을 행하는 자는 사형에 해당한다고 하나님께서 정하심을 알고도 자기들만 행할 뿐 아니라 또한 그런 일을 행하는 자들을 옳다 하느니라

하나님은 악인의 결말을 무엇이라고 말씀하고 계십니까?

사형입니다. 아무리 헤롯왕이 자신의 정치적 권력을 이용해 성령의 사람 베드로를 사형에 처하려고 한다고 한들, 이루어질 리 만무합니다. 성령의 보호하심을 확신하는 베드로의 삶에 하나님은 "신적 개입"을 하심으로, 베드로를 사형 직전에 건져주셨습니다.

저와 여러분도 성령의 보호하심의 은혜를 받고 있는 자들입니다. 그러나 우리가 처음부터 이 은혜 가운데 살아갈 수 있었던 존재는 아닙니다. **우리도 본래 사형을 면할 수 없는 죄인이었습니다.** 시편 51편 5절의 말씀은 우리의 본래 처지에 대해 이렇게 증거하고 있습니다.

⁵ 내가 죄악 중에서 출생하였음이여 어머니가 죄 중에서 나를 잉태하였나이다

사형을 면할 수 없는 죄인이었던 우리가 예수 그리스도의 십자가 피로 말미암아 무죄로 석방 받아서 죽음에서 건지심을 받았습니다. 죽어 마땅한 죄인들이 예수 그리스도로 말미암아 거듭나 새사람이 되고 의인으로 인정받게 된 것입니다. 우리 주님은 사형이 예정된 자들에게 자신의 생명을 선물로 주시고, 그리스도의 이름을 믿는 자들에게 성령을 인쳐주심으로 구원에 이르기까지 성령의 완전한 보호 아래 거하게 하셨습니다.

사랑하는 성도 여러분, 하나님께서 우리의 삶에 개입하여 주셔서, 사형을 면하게 하셨음에 감사하시길 바랍니다. 여러분이 거하신 그곳에 성령님이 함께하십니다. 세상 끝날까지 우리와 함께하시며 구원의 완성에 이르기까지 보호하실 성령님, 그분께 감사하는 우리가 되길 바랍니다.

언제 어디서나 성령을 의지하시길 바랍니다. 죽음과 고통, 불안과 염려, 모든 환난에서 보호하실 성령님이 평생 우리와 함께 해주심을 기억하며, 어떤 상황에서도 좌절하지 말고 성령의 음성에 순종하며 세상이 줄 수 없는 평안 가운데 거하시길 주님의 이름으로 축원합니다.

기도 제목

1. 성령의 보호하심을 확신함으로, 위기 속에서도 평안할 수 있도록

2. 악인으로부터 보호하신다는 것을 믿고 하나님께서 우리 삶에 직접 개입하시도록 기대하며 기다릴 수 있도록

3. 사형을 면할 수 없는 죄인을 구원해주신 예수님께 감사하며 성령을 소멸하지 않도록

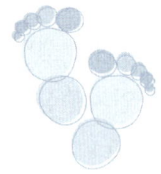

제3장

안디옥에서 로마까지의
복음 확장

13

성령의 보내심
(사도행전 13장 4절)

> **4** 두 사람이 **성령의 보내심**을 받아 실루기아에 내려가 거기서 배 타고 구브로에 가서

진실로 성령님이 우리의 발걸음을 인도하십니다. 세상은 험한 물결이 출렁이는 바다와 같지만, 우리는 물에 빠져 헤매는 자들이 아닙니다. 빛을 찾아 헤매는 자들이 아닙니다. 우리는 작은 등불을 켜서 험한 바다를 비추고 인생의 등대되어 주시는 주님께로 나아가는 자들입니다. 비록 한 주간 세상 속으로 보냄을 받아 수고하고 애쓰고 질고를 당했지만, 우리 주님은 이렇게 다시 충만한 은혜와 사랑으로 우리를 위로해 주십니다.

오늘 우리 주님께서 당신의 사랑하는 제자들에게, 믿음의 지체들에게 '내가 너희를 보냄이 양을 이리 가운데 보냄과 같으나'(눅 10:3), 성령이 영원히 함께하사 우리를 끝까지 도우시고 보호하실 것이라는 사랑의 음성을 들려주시는 것입니다.

사랑하는 여러분, 우리 주님은 한시도 우리를 잊지 않으시는 분이심을 믿으시길 바랍니다. 저와 여러분이 어디로 보냄을 받을지라도, 결국 우리가 돌아가야 할 곳은 예수님 품 안이라는 사실을 믿으시길 바랍니다.

1. 선교의 사명

오늘 본문 사도행전 13장 4절의 말씀입니다.

> ⁴ 두 사람이 성령의 보내심을 받아 실루기아에 내려가 거기서 배 타고 구브로에 가서

이 장면은 선교사 파송 장면입니다. 바나바와 사울이 성령의 보내심을 따라 실루기아에서 120킬로미터 떨어진 섬, 구브로 선교지를 향해 선교의 사명을 감당하려고 힘차게 나아가는 장면인 것입니다.

바나바와 사울은 **최초의 이방 교회이자 이방 선교의 전초 기지인 안디옥 교회**의 지도자들이었습니다. 그 가운데서도 영적 지도자로서 역량이 검증된 자들이었습니다. 그래서 주님은 그들의 검증된 역량에 걸맞게, 어떤 사명보다 중요한 교회의 첫 번째 목적인 선교의 사명을 허락하시고 거룩한 선교지로 파송해 주신 것입니다.

사랑하는 주님은 오늘 우리에게도 선교지를 허락해 주십니다. 어떤 사람은 복음이 척박한 민족에게로 들어가 예수님의 죽으심과 부활하심을 증거하게 하시고, 또 어떤 사람은 자신의 삶의 터전과 영역에서 미약하게나마 선교의 불을 지피게 하십니다.

여러분은 지금 살고 있는 이 순간이 선교의 시간임을 인식하고 계십니까?

우리가 주님의 시각으로 삶을 조망하지 못한다면, 어떤 목적과 가치를 두고 살아가야 하는지 정확하게 인지할 수 없게 됩니다. 나는 여기에 왜 서 있고, 누구와 함께하며, 무엇을 위하여 참고 인내하며 수고하는지, 나의 땀과 눈물이 궁극적으로 어떠한 선한 결과로 화할지 전혀 눈치채지 못하는 아둔함을 보일 뿐입니다.

하지만 바나바와 사울은 달랐습니다. 구브로의 유대인 회당에는 복음을 전해 들어야 할 영혼이 있었고 전도 대상자인 총독 서기오 바울이 있었기에, 바나바와 사울은 성령의 보내심을 받아 그 예비된 영혼을 직접 맞이하였습니다.

하나님께서 우리를 선교지로 보내실 때는 그곳에 예비된 전도 대상자가 있기 때문입니다. 눈을 들어 우리의 도움이 되어 주실 주님을 **바라볼 때, 비로소 우리가 만나야 할 영혼이 눈에 보이기 시작합니다.** 사도행전 13장 5절과 12절의 말씀입니다.

> ⁵ 살라미에 이르러 하나님의 말씀을 유대인의 여러 회당에서 전할새 요한을 수행원으로 두었더라
>
> ¹² 이에 총독이 그렇게 된 것을 보고 믿으며 주의 가르치심을 놀랍게 여기니라

이 두 구절은 사도행전 13장이 사도행전 전체에서 갖는 무게와 의미를 알게 하는 중요한 구절입니다.

사도행전 1장부터 12장에서는 예루살렘 교회가 태동하고 예루살렘 교회에서 퍼져 나간 복음이 유대와 사마리아, 팔레스타인 전역으로 확장되었다면, 사도행전 13장부터는 안디옥에서 로마까지 복음이 전파되는 새로운 국면에 들어서게 됩니다. 시기상으로는 A.D. 47년부터 49년 사이, 사도 바울의 제1차 전도 여행 시점입니다. 12장까지는 유대인의 사도인 베드로에 의한 예루살렘 교회 중심의 복음 사역이 이뤄졌다면, 13장부터는 이방인의 사도인 바울에 의한 이방 선교 중심의 사역으로 전환되는 것입니다.

복음이 예루살렘이라는 장소의 한계를 넘어 안디옥 교회를 중심으로 아시아와 유럽, 로마까지 확장하게 됩니다. 복음이 제한된 장소의 틀을 깨고 확장됩니다.

사랑하는 성도 여러분, 혹시 하나님께서 가라고 명하신 그곳이 이전에는 내가 갈 수 없었고, 갈 필요도 없는 곳이라 생각하는 것은 아닙니까?

하나님은 우리에게도 제한된 지역적 틀을 깨라고 명하실 때가 있습니다. 우리 주님이 하시는 일들 중에 선하지 않은 일은 없습니다. 그분이 나를 보내실 때는 목적과 선한 뜻이 있습니다. 반대로 나에게 누군가를 보내셨을 때도 이유가 있습니다. 그것이 일이든 사역이든 사람이든 하다못해 물건이든, 기쁨이든 슬픔이든 이유가 있습니다.

바나바와 사울이 성령의 보내심을 받지 못했다면 그들은 복음 전도의 사명을 잘 완수하지 못했을 것입니다.

2. 마술사 바예수, 엘루마

바나바와 사울이 구브로에서 총독 서기오 바울에게 복음을 전했을 때, 마술사 바예수(Bar-jesus), 즉 엘루마는 바나바와 사울의 사역을 방해하며 총독 서기오 바울이 예수님을 믿지 못하도록 훼방을 놓았습니다. 유대인 거짓 선지자인 마술사 엘루마 바예수(Bar-jesus)는 구원 받기로 예정된 영혼이 예수님을 믿지 못하도록 방해했습니다(행 13:8).

하지만, 성령께서 바울을 인도하셨습니다. 성령 충만한 바울의 눈이 악령에 사로잡힌 마술사 엘루마 바예수를 바라보게 하시고, 그를 향해 선포하게 하셨습니다. 그리고 **성령의 능력으로 바예수 엘루마를 꺾으셨습니다.**

사도행전 13장 9절부터 11절까지의 말씀입니다.

> ⁹ 바울이라고 하는 사울이 성령이 충만하여 그를 주목하고
> ¹⁰ 이르되 모든 거짓과 악행이 가득한 자요 마귀의 자식이요 모든 의의 원수여 주의 바른 길을 굽게 하기를 그치지 아니하겠느냐

¹¹ 보라 이제 주의 손이 네 위에 있으니 네가 맹인이 되어 얼마 동안 해를 보지 못하리라 하니 즉시 안개와 어둠이 그를 덮어 인도할 사람을 두루 구하는지라

바울이라고 하는 사울이 악령에 사로잡힌 엘루마를 바라보며 말을 마치자마자 하나님의 심판이 임하여 그가 얼마 동안 맹인이 되었습니다.

'바울이라고 하는 사울.' 사울은 이 일로 명실공히 이방인을 향한 선교사로 인정받게 됩니다. 물론, 바울은 로마식 이름으로 태어날 때부터 사울에게 주어진 이름이지만, 이방인에게 익숙한 바울로 명명됨으로써 그의 정체성이 명확하게 드러나게 된 것입니다.

그렇다면 예수님을 믿지 못하도록 훼방한 엘루마 바예수는 어떻습니까?

엘루마 바예수, 바예수라는 이름은 '여호수아의 아들'이라는 의미입니다. 그는 그 이름대로라면 이스라엘을 가나안 땅 정복 전쟁을 승리로 이끈 여호수아처럼 **하나님 앞에 자랑이 되는 자**의 삶을 살았어야 마땅합니다.

그런데 바예수는 정통 유대인이었음에도 불구하고 거짓 선지자요 마술사로, 구브로 총독 서기오 바울 곁에서 일하며, 신비 종교 마술로 사람을 미혹하여 돈을 벌고 있었습니다. 하나님이 불러 주신 선민 이스라엘, 구별된 하나님의 백성답게 살지 못하고, 속임수와 깊이 없는 학문으로 경솔하고 파렴치하게 총독 서기오 바울과 구브로 사람들을 끊임없이 농락해 왔던 것입니다. 예수 그리스도와 복음을 대적하고 훼방하는 마귀의 자식으로 살고 있었습니다. 바울을 통해 총독 서기오 바울에게 전해진 복음이 자리잡지 못하도록 거짓말과 감언이설을 아무렇지도 않게 내뱉었습니다.

오늘날에도 하나님의 말씀이 전파될 때, 복음을 혼란하게 하고 사람들이 믿음의 길에서 이탈하도록 미혹하는 사단과 그의 권세 아래에서 조종받는 하수인들이 있습니다.

저와 여러분은 그러한 사악한 계획을 쳐부수어 주의 복음이 바르게 전달되도록 힘써야 할 것입니다.

바울은 성령의 보내심에 따라 순종하여 그에게 보내 주신 영혼인 총독 서기오 바울에게 복음을 전하였습니다. 이를 막는 대적자인 엘루마 바예수에게는 하나님의 형벌이 임하여, 그는 얼마 동안 앞을 보지 못하는 자로 살게 되었습니다. 사람들을 영적으로 잘못 인도한 영적 소경인 엘루마 바예수는 진짜 앞을 보지 못하는 진짜 시각 장애를 얻게 되었습니다. 이 일로 총독 서기오 바울은 마술사 엘루마 바예수에게 벌어진 일이 마술이 아닌 하나님의 능력으로 된 것을 믿고 구원에 이르게 되었습니다.

3. 평강과 기쁨의 역사

사랑하는 성도 여러분, 지금 사도 바울이 한 일이 무엇입니까?
그는 그저 성령의 보내심을 믿고 순종하였습니다. 자기의 이름이나 의를 드러내지 않고, 오직 복음만을 전했습니다. **진실로 성령의 보내심에는 하나님의 선한 뜻하심과 계획이 있음을 잊지 마시길 바랍니다.**
이 일을 방해하고 영적으로 공격하는 자들이 있을 수 있습니다.
그러나 그러한 공격에도 우리가 믿음으로만 반응한다면!
우리의 인간적인 생각과 언행을 내려 놓고 믿음으로 끝까지 순종하여 사명을 오롯이 감당한다면!
어떤 공격이나 방해도 결국 하나님의 계획을 이루는 도구가 된다는 사실을 믿으시길 바랍니다.
진실로 하나님께서는 우리에게 예수님을 선물로 보내 주셨습니다. 예수님은 하나님으로부터 하나님 나라의 복음을 전하라고 보냄을 받으셨습니다. 누가복음 4장 43절의 말씀입니다.

⁴³ 예수께서 이르시되 내가 다른 동네들에서도 하나님의 나라 복음을 전하여야 하리니 나는 이 일을 위해 보내심을 받았노라 하시고

그 예수님이 하늘에 오르사 하나님 우편에 앉아 우리를 위해 간구하고 계시며, 성령을 선물로 보내 주셔서 늘 동행하게 하시는 축복을 내려 주셨습니다. 하나님께서는 당신의 정하신 뜻에 따라 구원할 자를 선택하여 주십니다. 만일, 그들이 목이 굳은 백성으로 소망 없이 살고 있다고 해도, 돌이킬 수 있는 여지를 두시고 영적 소경들을 주의 밝은 빛 된 삶으로 인도하십니다.

하나님께서 우리에게 주시는 것이 마음의 기쁨이든, 시련이든, **우리가 주를 의지하고 믿기만 하면!**

그래서 순종하여 행하기만 한다면!

우리로 하여금 사탄의 유혹이 아닌 **오직 주의 뜻을 따라 살게 하실 것입니다.** 하나님의 놀라운 사역을 이루는 데 귀하게 사용하실 것입니다.

우리가 가는 이 길이 성령의 보내심을 따른 것이라면, 설령 그 길에 훼방하는 자나 험한 풍파가 있다 해도, 우리는 주의 품에 있기에 다칠 염려가 없습니다. 온갖 대적과 원수가 있다고 하더라도, 감히 우리를 해치지 못할 것입니다. 순종의 결단 뒤에는, 아직 일어나지 않는 일에 대한 염려와 걱정으로 가득하던 우리 마음에 **주의 은혜로 말미암은 영광스러운 참된 평화가 임하는 것입니다.**

우리가 가는 길이 성령의 보내심을 따른 것이라면, 참된 평화가 찾아옵니다.

참된 평화는 무엇입니까?

예수 그리스도를 영접함으로 하나님과 화목하게 되는 것입니다. 예수님을 통해 하나님과 올바른 관계를 맺을 때 생기는 구원과 충만한 은혜, 진정한 기쁨입니다. 평강의 왕이신 예수님은 당신이 평화의 왕임을 선포하

는 위대한 사역에 그의 제자들을 사용하십니다. 그리하여 이전에는 보지 못했던 것을 주목하게 하심으로, 그분의 평강이 임하는 사역에 동참하게 하십니다.

누가복음 19장을 보면, 예수님이 제자 둘을 보내어 평강의 왕으로 예루살렘에 입성하실 때 쓰실 나귀 새끼를 만나게 하신 일이 기록되어 있습니다. 나귀 새끼는 그냥 매어 있을 때는 나귀 그 이상도 이하도 아닙니다.

하지만, 주님께서 쓰겠다 하시면 왕의 입성식에 쓰이는 귀한 도구가 되는 것입니다. 누가복음 19장 32절의 말씀입니다.

> ³² 보내심을 받은 자들이 가서 그 말씀하신 대로 만난지라

예수께서는 제자 둘을 보내어 나귀 새끼를 만나게 하셨습니다. 나귀 새끼의 주인은 제자들이 위임 받은 예수님의 권위에 순종하여 순순히 나귀 새끼를 내어 줍니다.

실제로 예수님께서 나귀 새끼를 타고 예루살렘에 입성하실 때 어떠한 반응이 있었습니까?

누가복음 19장 38절의 말씀입니다.

> ³⁸ 이르되 찬송하리로다 주의 이름으로 오시는 왕이여 하늘에는 평화요 가장 높은 곳에는 영광이로다 하니

작고 연약한 나귀 새끼는 왕의 즉위식에 사용되었습니다.

우리의 영원하고 유일한 왕이신 예수님은 오늘날 이러한 힘없는 나귀 새끼같이 작은 우리도 사랑으로 바라보아 주시고, 사용하여 주십니다. 주님은 여전히 믿음이 없어 예수님을 그저 이스라엘을 회복할 정치적 임금으로만 기대했던 제자들에게 성령을 보내셔서 말씀하시고, 그들의 시선을

바꿔 주의 일과 사역을 바라보게 하십니다.

우리 예수님의 복음 전파 사역에는 보내심과 보내심을 받은 자들이 반드시 있습니다. 우리 주님은 오늘날 우리가 앉고 서는 일에도 따뜻한 시선으로 바라보시며, 성령의 보내심을 통해 영적이고 특별한 만남들을 예비하여 주십니다.

하나님께서 성령을 통한 보내심을 허락하신 것은 우리 인생이 그의 섭리와 작정하심 가운데 있기 때문입니다.

우리는 오늘 성령의 보내심을 받은 바나바와 바울이 복음이 척박했던 구브로 지역에서 거짓 선지자 바예수의 대적을 성령의 능력으로 꺾고 총독 서기오 바울을 구원한 것을 알게 되었습니다. 성령의 보내심을 받은 두 사도가 전한 복음을 듣고 안디옥 지방에 사는 이방인들이 구원을 받는 **평강과 기쁨의 역사**가 일어났습니다. 사도행전 13장 48절의 말씀입니다.

> 13 이방인들이 듣고 기뻐하여 하나님의 말씀을 찬송하며 영생을 주시기로 작정된 자는 다 믿더라

사랑하는 성도 여러분, 영생을 주시기로 작정된 자는 다 예수님을 믿는 것입니다. 주님은 우리에게 귀한 영혼, 영생을 주시기로 작정된 축복된 영혼을 보내 주셨습니다. 우리들에게 붙여주신 한 분, 한 분은 성령의 보내심을 받은 자들임을 확신하며 감사하시길 바랍니다.

성령의 보내심을 받은 자들은 기쁨과 성령이 충만합니다. 평강의 왕이신 예수님으로 말미암아 슬픔과 죄악의 질고를 벗어버리고 주 안에서 진정한 기쁨이 가득 넘쳐납니다. 사도행전 13장의 마지막 절인 52절은 이렇게 말씀합니다.

> 52 제자들은 기쁨과 성령이 충만하니라

진정으로 성령의 보내심을 받은 자마다 기쁨과 성령이 충만할지어다!

이러한 기쁨과 성령의 충만함이 우리 모든 성도님의 평생과 매일의 삶에 더욱 가득하길 주님의 이름으로 축원합니다.

기도 제목

1. 성령의 보내심에는 하나님의 선한 뜻하심과 계획이 있음을 깨닫도록

2. 주를 의지하고 믿으면 오직 주의 뜻을 따라 살게 될 것을 믿도록

3. 보내심을 받은 자마다 기쁨과 성령이 충만하다는 것을 기억하도록

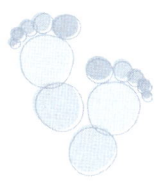

14

성령의 담대하심
(사도행전 14장 3절)

> ³ 두 사도가 오래 있어 주를 힘입어 담대히 말하니 주께서 그들의 손으로 표적과 기사를 행하게 하여 주사 자기 은혜의 말씀을 증언하시니

사랑하는 성도 여러분, 우리가 눈 뜨고 일어나고 서고 걷는 모든 일 중에 '하나님의 간섭하심'이 없는 부분은 단 하나도 없습니다. 우리의 작은 눈짓, 한숨조차 우리 주님께서 눈동자와 같이 지켜 보호하여 주시기 때문입니다.

여러분과 저는 주님의 손에 붙들려 있습니다. 우리 인생의 어느 한 부분도 한 사람의 '일기'나 '전기'로 끝날 수 있는 부분은 없습니다.

"그동안 살아온 인생 전체의 퍼즐 조각 가운데 한두 개 정도는 버리고 싶다. 그 일은 나한테 일어나면 안 됐어!" 라고 생각하는 그 한 피스조차 우리 주님의 권능으로 붙드신 사건이었음을 믿으시길 바랍니다.

그런 우리의 범사를 담대하게 하실 이!

우리의 범사를 확증하실 이는 오직 성령님이십니다.

1. 그리스도의 이름

사도행전 14장 3절의 말씀입니다.

> ³ 두 사도가 오래 있어 주를 힘입어 담대히 말하니 주께서 그들의 손으로 표적과 기사를 행하게 하여 주사 자기 은혜의 말씀을 증언하시니

바울과 바나바가 담대하게 말할 수 있는 것은 다른 데 있지 않습니다.
주를 힘입어!
주를 힘입는 일이 매우 중요합니다.
성경에 등장하는 담대하고 용기있는 인물 중에 주의 힘을 덧입지 않고 큰일을 이룬 자가 있습니까?
단 한 명도 없습니다.
골리앗을 무찌른 다윗의 담대함과 용기는 말해 무엇합니까?
사무엘상 17장 45절의 말씀을 한 번 보시길 바랍니다. 어린 아이들부터 다 큰 성인들까지 누구나 좋아하며 힘을 얻는 말씀입니다.

> ⁴⁵ 다윗이 블레셋 사람에게 이르되 너는 칼과 창과 단창으로 내게 나아 오거니와 나는 만군의 여호와의 이름 곧 네가 모욕하는 이스라엘 군대의 하나님의 이름으로 네게 나아가노라

우리 믿는 자들은 세상이 모욕하는 바로 그 이름, 하나님의 이름으로 멸망과 저주가 예정된 세속의 무리와 속된 권세들을 향해 나아갑니다. 주의 일을 훼방하는 미혹의 영들과 악한 영들을 향해 복음의 진리를 선포하며 담대히 하나님의 이름을 전파해야 합니다.

사랑하는 여러분, 우리의 자랑은 세상의 자랑과 다릅니다. 그들은 명예와 권력, 물질과 인기같이 썩어질 것을 자랑하지만, 우리는 은과 금이 아닌 예수 그리스도의 이름을 자랑합니다.

우리의 담대함은 전능하신 하나님의 이름에서 나옵니다. 주의 이름으로 치욕을 당할지라도, 그 일은 명예롭고 하나님을 드높이는 일이기에 영광스럽습니다. 베드로전서 4장 14절의 말씀입니다.

> ¹⁴ 너희가 그리스도의 이름으로 치욕을 당하면 복 있는 자로다 영광의 영 곧 하나님의 영이 너희 위에 계심이라

사랑하는 성도 여러분, 그리스도의 이름을 위해 살아가는 자들 위에 하나님의 영이 함께하십니다.

믿음을 가지고 나아가는 우리들 위에 그 위대한 하나님의 영이! 성령이! 늘 함께하심을 믿으시길 바랍니다.

진실로 성령이 우리 위에 있으면 담대합니다. 무슨 일을 하든지 주저함이 없습니다. 확신 가운데 거하며 당당합니다. 거리낌이 없습니다.

왜입니까?

나의 입술에 주님이 할 말을 주시고, 나의 행동에 하나님이 담대한 힘과 권능을 주시며, 나의 행함 끝에 이뤄질 열매와 결과가 하나님의 선한 뜻 가운데 아름답게 맺혀질 것을 알고 신뢰하기 때문입니다.

오늘 본문의 바울과 바나바를 보시길 바랍니다.

그들이 이고니온에서 복음을 전할 때, 무슨 일이 일어났습니까?

핍박이 있었지만, 성공적으로 복음을 전파했습니다!

복음 전파의 사명을 감당할 때, 핍박이 늘 따라 옵니다. 어려움이 존재합니다. 그러나 그 복음 전파는 결코 중단되지 않습니다. 아니, 핍박이 거셀수록 더욱 복음은 더 활발하게, 더 넓게 전파됩니다. 그것도 성공적으로

전파됩니다.

　우리가 지금 본문으로 살펴보고 있는 사도행전 14장은 그 앞선 13장에서 이어지는 내용입니다.

　13장 말미에 무슨 일이 있었습니까?

　바울 일행이 비시디아 안디옥을 떠나 이고니온으로 선교지를 옮기게 되었습니다.

　바울 일행이 왜 선교지를 옮겼습니까?

　복음을 훼방하는 유대인들이 아주 집요할 정도로 핍박하고 방해했기 때문입니다. 그리고 이러한 유대인들의 선동에는 주관 없이 부화뇌동한 고위지도층의 방해 공작이 있었습니다. 그렇기 때문에 바울과 그 일행은 안디옥을 떠나 이고니온으로 올 수밖에 없었던 것입니다.

　그런데 핍박을 피하려는 목적만 있었을까요?

　아닙니다. "하나님의 계획과 뜻이 있어서" 이고니온에 온 것입니다.

　사랑하는 여러분, 우리의 떠남과 향함에는 하나님의 계획하심과 작정이 있습니다. 내가 새로운 길과 분야를 개척하여 나간 것 같아도, 우리의 일거수일투족을 알고 계시고 우리 마음의 중심을 꿰뚫고 계신 주님께서 때가 되면 우리가 가야 할 곳을 알게 하시고 할 일을 깨닫게 하심을 믿으시길 바랍니다.

　우리 위에 누가 계시기에 이러한 일들이 가능합니까?

　하나님의 영, 성령이 우리 위에 계십니다.

　할렐루야!

　그렇습니다. 바울과 그 일행 위에 계신 하나님의 영, 성령께서 그들의 사역지를 안디옥에서 이고니온으로 옮겨 주셨습니다.

　우리 주변에는 새롭게 예수님을 만난 신자도 있지만 더 뜨겁게 예수님을 알고 만나기 위해 이전 신앙의 무기력함을 떨쳐내고 새 마음 새 뜻으로 주님을 섬기고자 하시는 분들도 계십니다.

그러한 성도님들을 누가 이끄신 것입니까?

성도님들 위에 계신 하나님의 영, 성령님이 도와주신 줄 믿으시길 바랍니다.

어떠한 이유로 이끌어 주시는 것입니까?

이전에 있던 고난과 핍박을 피하라고?

매일매일 꿈결 같이 세상 좋은 일만 가득하라고 사명의 장소를 옮기신 것입니까?

단연코 아닙니다.

2. 안디옥을 떠나 이고니온으로

바울과 바나바가 이고니온으로 왔을 때, 안디옥에서 있었던 것과 같이 변함없이 많은 핍박이 있었습니다.

그러나 이들의 사역은 성공했습니다. 핍박의 유무는 사역지를 옮겨야 할 주요한 이유가 되지 않습니다.

"하나님의 뜻과 계획"이!

"성령님"이!

믿는 자들의 삶 위에 역사하신다는 것을 믿으시길 바랍니다.

사도행전은 어떤 책입니까?

하나님의 뜻과 계획이!

성령님이!

어떻게 역사하시는지 보여 주는 책이 아닙니까?

사도행전은 예루살렘에서 교회가 설립되고 확장되어 유대와 사마리아, 팔레스타인 전역을 넘어 안디옥까지 그리고 땅 끝을 향해 점점 복음이 멀리 퍼져 가는 과정을 보여줍니다.

사도행전은 총 28장으로 구성되어 있습니다. 그리고 사도행전 13장부터는 새로운 기점에 들어온 것입니다. 사도행전 1장부터 7장은 예루살렘 교회 설립과 확장을, 8장부터 12장은 유대와 사마리아와 팔레스타인 전역을 넘어 수리아 안디옥까지, 13장부터는 수리아 안디옥을 중심으로 땅 끝까지 본격적인 이방인 선교를 시작하는 것입니다.

사도행전 전체를 봤을 때, 지금 바울과 바나바는 복음이 확장되는 과정을 잘 밟아나가고 있는 중이라고 해석될 수 있습니다. 일부분을 보면 바울과 바나바의 움직임이 잘 이해되지도, 쉽게 해석되지도 않습니다.

하지만, 하나님의 구속사 관점에서 전체를 보면, 바울과 바나바는 사도행전 1장 8절의 말씀이 성취되는 과정을 잘 걸어가고 있음을 알 수 있습니다. 사도행전 1장 8절의 말씀입니다.

> [8] 오직 성령이 너희에게 임하시면 너희가 권능을 받고 예루살렘과 온 유대와 사마리아와 땅 끝까지 이르러 내 증인이 되리라 하시니라

바울과 바나바는 성령의 권능을 받고, 핍박의 유무와 상관없이, 그리스도의 증인으로서 안디옥을 떠나 복음 사역을 하기 위해 이고니온에 왔습니다. 사도행전 14장 1절의 말씀입니다.

> [1] 이에 이고니온에서 두 사도가 함께 유대인의 회당에 들어가 말하니 유대와 헬라의 허다한 무리가 믿더라

1절에 중요한 단어가 나옵니다. '함께.' 이 단어는 우리가 일반적으로 알고 있듯이, 바울과 바나바가 같이 하였다는 의미가 있고, 또 한가지는 '**평소와 같이, 평소처럼**'의 의미도 가지고 있습니다.

바울과 바나바가 안디옥에서 이고니온으로 사역지를 옮겼다고 해서 별다른 특별한 일을 한 것이 아닙니다. 안디옥에서와 같이, 안디옥에서 평소 하던 대로 이고니온에서도 했습니다.

안디옥에서 하던 일이 무엇입니까?

유대인 회당에서 복음을 증거하는 일이었습니다. **바울과 바나바는 안디옥의 여러 회당을 다니며 복음을 전했던 것과 동일하게 이고니온에 있는 유대인의 회당에 들어가 복음을 전했습니다.** 회당은 유대인들과 유대교로 입교한 이방인을 상대로 그리스도의 복음을 전하기에 아주 적합한 장소였습니다.

바울과 바나바가 그리스도의 복음을 전하자, 유대인과 헬라인 무리들이 주 예수 그리스도를 믿었습니다. 사도행전 14장 3절의 말씀입니다.

> ³ 두 사도가 오래 있어 주를 힘입어 담대히 말하니 주께서 그들의 손으로 표적과 기사를 행하게 하여 주사 자기 은혜의 말씀을 증언하시니

우리가 주 예수 그리스도의 이름을 힘입어 담대하게 선포할 때 믿음의 역사가 일어납니다. 바울과 바나바가 담대하게 말하는 바로 그때, 우리 주님은 그들의 손을 통해 표적과 기사가 일어나도록 행하셨고, 더욱 풍성한 은혜가 넘치는 복음의 말씀을 증거하게 하셨습니다. 바울과 바나바는 오직 주를 위해 복음을 담대하게 전했습니다.

주님은 바울과 바나바가 힘있게 복음을 전하도록 표적과 기사를 행하게 하셨습니다. 이들이 전한 복음이 진리인 것을 확증하는 수단으로 표적과 기사를 행하게 하신 것입니다. 더 나아가 바울과 바나바가 전한 예수가 진

리인 것을 믿게 하시려고 주님은 각종 표적과 기사가 많이 일어나게 하신 것입니다.

바울과 바나바의 사역에 반대하는 자, 대적하는 자들이 없었습니까?

항상 그래왔던 것처럼 바울과 바나바의 사역에는 방해가 도사리고 있었습니다. 사도행전 14장 2절과 4절, 5절의 말씀입니다.

> ² 그러나 순종하지 아니하는 유대인들이 이방인들의 마음을 선동하여 형제들에게 악감을 품게 하거늘
>
> ⁴ 그 시내의 무리가 나뉘어 유대인을 따르는 자도 있고 두 사도를 따르는 자도 있는지라
>
> ⁵ 이방인과 유대인과 그 관리들이 두 사도를 모욕하며 돌로 치려고 달려드니

3. 주를 힘입어 담대히 말하니

사랑하는 성도 여러분, 이 세상 어디에도 복음 전도 사역이 방해 없이 이뤄지는 경우는 없습니다.

왜입니까?

세상은 사단 마귀가 왕 노릇하는 곳입니다. 믿음을 거부하고 불순종하며 예수를 비웃고 멸시하는 세력들이 이 세상에서 왕 노릇하고 있습니다.

안디옥에서 그랬던 것처럼, 이고니온에서도 인본주의적 유대교에 집착하는 자들의 집요한 방해 공작이 끊이질 않았습니다. 유대인들은 이방인들을 선동하여 바울과 바나바가 전한 복음을 믿지 못하도록 했습니다. 복음에 대해 악감정과 적의를 품도록 이방인들을 조종했습니다.

그 결과 어떤 무리는 이고니온 회당에서 선포된 복음을 믿었고, 어떤 무리는 믿지 않았습니다. 바울과 바나바, 두 사도를 따라 복음을 듣고 자신들도 주의 복음을 이방에 전하는 선교적 사명을 받은 자들도 생겨났

습니다.

할렐루야!

안디옥과 이고니온에서 핍박과 방해에 아랑곳하지 않고 복음을 전했던 바울과 바나바는 루스드라와 더베에서도 변함없이 전도 사역을 힘있게 감당합니다. 사도행전 14장 6절과 7절의 말씀입니다.

> ⁶ 그들이 알고 도망하여 루가오니아의 두 성 루스드라와 더베와 그 근방으로 가서
> ⁷ 거기서 복음을 전하니라

사랑하는 여러분, 바울과 바나바는 어떻게 복음에 순종하지 않는 자들의 방해에도 불구하고 담대하게 복음을 전할 수 있었습니까?

사도행전 14장 3절의 말씀을 다시 한번 보시길 바랍니다.

> ³ 두 사도가 오래 있어 **주를 힘입어 담대히 말하니** 주께서 그들의 손으로 표적과 기사를 행하게 하여 주사 자기 은혜의 말씀을 증언하시니

"주를 힘입어 담대히 말하니!"

이 말씀을 절대 잊지 마시길 바랍니다.

주를 힘입어 담대히 말하는 것!

이것은 저와 여러분의 사명이자 삶의 목적이 되어야 합니다. 우리는 그리스도의 편지요, 복음을 증거하는 주의 사자요, 그리스도를 나타내는 주님의 향기로 부르심을 받은 자들입니다.

지금 우리 위에 계신 분이 누구라고 말씀드렸습니까?

하나님의 영, 성령님이십니다. 사도행전 28장 31절의 말씀입니다.

> ³¹ 하나님의 나라를 전파하며 주 예수 그리스도에 관한 모든 것을 **담대하게** 거침없이 가르치더라

이 구절은 사도행전 총 28장의 마지막 구절입니다. 우리가 사도행전 시리즈 28주간의 행군 가운데 절대 잊어서는 안 되는 마음이 '**담대함**'입니다. 복음을 들고 믿지 않는 불신 영혼과 복음이 척박한 이 세상에 나아갈 때 꼭 붙들고 나아가야 하는 것이 주를 힘입은 담대함입니다. 성령의 담대함입니다.

언제 우리가 담대함을 가질 수 있습니까?

내가 하는 일에 어떠한 오류나 잘못된 것이 없이, 옳고 바른 것이라는 확신이 있을 때, 당당하고 담대한 태도를 가질 수 있습니다. 내적인 확신과 행함에 있어 어떠한 거리낌이나 부끄러움이 없을 때 당차게 앞으로 나아갈 수 있습니다.

우리가 믿고 전하는 복음은 진리입니다. 이 복음은 알파와 오메가요, 스스로 있는 자요, 영원히 살아 계신 하나님의 아들 예수 그리스도로부터 나와 그리스도의 확증을 받은 살아있는 생명과 진리 자체요, 영생의 길이요 구원의 첩경입니다.

이렇게 확실한 복음을 증거하는 일에 어찌 부끄러움이 있겠습니까?

어찌 우리 주님께서, 하나님의 영이신 성령께서 허락하신 담대하심이 사라질 수 있겠습니까?

우리가 나아가는 이 길, '성령으로 걸어가라!'

이 길에는 주를 힘입은 담대함이 있습니다. 세상의 핍박과 거짓의 유혹에 당당히 맞서 복음을 증거하는 일에 어떠한 주저함도 없길 바랍니다.

여러분 위에 항상 계신 하나님의 영, 성령님이 이 모든 일에 증인이 되어 주십니다. 그러니 모든 행군에 오직 주님을 힘입어 담대하게 나아가는, 성령의 담대하심으로 나아가는, 주님의 자랑이자 칭찬이 되시는 모든 성도님이 되시길 주님의 이름으로 축원합니다.

기도 제목 _____

1. 올 한 해 우리의 삶에 개입하시고 간섭해 주신 하나님께 감사하도록

2. 성령의 함께하심과 주님의 도우심에 힘입어 담대하게 행하고 모든 일에 용기를 잃지 말도록

3. 하나님의 뜻과 계획이 우리를 통해 이뤄지도록, 받은 사명을 담대함으로 감당하도록

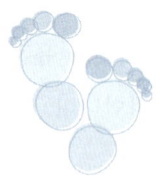

15

성령의 인도하심

(사도행전 15장 28절)

>²⁸ 성령과 우리는 이 요긴한 것들 외에는 아무 짐도 너희에게 지우지 아니하는 것이 옳은 줄 알았노니

우리는 살아가면서 결정할 일이 많습니다. 결정의 순간에 "무엇을 할까?"라며 생각하는 시간을 갖기보다는 눈에 보이는 일들, 우선 급하게 처리할 일들을 먼저 하게 됩니다. 아니면 타성에 젖어서 매일 반복되는 일들을 하나씩 해치우듯 해 나갈 때가 많습니다. '눈에 잘 띄니까, 매일 하던 것이니까.'

그런데 믿는 우리가 '어떤 일들을 먼저 할까?'라며 결정하고 실행에 옮기기 전에, 가장 우선적으로 고려할 사항이 있습니다.

"하나님은 우리가 무엇을 가장 먼저 행하기를 원하실까?"

이 질문을 던지면 어김없이 성령님이 해서는 안 될 일과 적극적으로 할 일, 거리끼는 일과 당당하게 할 일을 구분할 수 있는 지혜를 허락해 주실 줄 믿으시길 바랍니다. 성령의 인도하심을 받기 위해서는 먼저 그분께 구하고 분별하는 것이 중요합니다.

그렇다면 성령의 인도하심이 무엇입니까?

그 인도하심을 성령의 뚜렷한 소리라고 생각해서는 안 됩니다. 갑자기 근엄한 목소리로 하나님이 내 귀에 직접 대고 말씀하시는 것처럼 선명하게 하나님의 음성이 임하는 것이 결코 아닙니다. 성령의 음성을 듣기 위해, 신비주의나 신사도운동가들의 명상의 도움을 받아서도 안 됩니다.

"말씀의 인도함을 받는 것"이 "성령의 인도하심을 받는 것"과 동일하다는 것을 잊지 마시길 바랍니다.

그러므로 우리의 이성과 감정과 정서, 육체, 전인격적인 모든 부분을 동원하여 하나님을 알고 깨닫기를 기뻐하며 '말씀이 삶에 실제가 되는 성령의 인도하심' 가운데 살아야 합니다.

1. 성령의 사역

사도행전 15장 28절의 말씀입니다.

> ²⁸ 성령과 우리는 이 요긴한 것들 외에는 아무 짐도 너희에게 지우지 아니하는 것이 옳은 줄 알았노니

"성령과 우리는 아무 짐도 너희에게 지우질 않았다."

"어? 이 말씀과 성령의 인도하심과 무슨 상관이 있습니까?"라는 질문을 하실 수 있습니다.

오늘 본문인 사도행전 15장 28절의 말씀은 **예루살렘 공의회 결정이 성령의 인도하심으로 되었다는** 것을 나타내 주는 구절입니다.

당시 '이방인의 할례 문제'가 대두되자 바울과 바나바와 그 일행은 이 문제를 예루살렘 공의회 의결에 부칩니다. 유대 율법주의자들은 복음 외에 할례를 받아야 구원 받는다는 입장을 굽히지 않고 있었는데, 이들의 주

장을 수용한다면 복음의 진리에서 멀어지는 것이 됩니다.

그래서 바울과 그 일행은 '이방인의 할례 문제'를 가장 공신력 있는 기관인 예루살렘 교회의 공의회에서 논의되도록 하였고, 다행히 공의회는 이방인들에게 '할례'라는 짐을 지우지 않기로 결정하였습니다.

그렇습니다. 예루살렘 공의회가 이방인들에게 '할례'의 짐을 지우지 않기로 결정한 데는 '성령의 인도하심'이 있었습니다.

사랑하는 여러분, 우리는 바울과 바나바 일행이 성령의 인도하심을 받아 '이방인의 할례 문제'를 결정하였던 과정을 살펴봄으로써, 일상 중에 성령의 인도하심을 어떻게 받아야 할지 배우고 깨달을 수가 있습니다.

성령의 인도하심을 받는 것은 '성령의 사역'과 연관이 있습니다. 성령은 천지만물을 창조하시고 유지하는 사역을 하십니다. 하나님께서 천지를 창조하셨을 때 성령은 예수 그리스도와 함께하셨고, 하나님께서 전지하심과 전능하심으로 천지만물에 일일이 간섭하시는 것처럼, 성령의 역사하심은 천지만물에 미치게 되는 것입니다.

첫째, 성령은 죄를 억제하고 선을 장려하십니다. 이를 위해 재능과 능력을 부여하시고, 구속의 역사에 기여하도록 고양하고 성장시키십니다.

둘째, 말씀 선포와 기록에 있어서 성령은 성경 신구약이 완성될 때까지 계속되었습니다. 오늘날 성령으로 영감된 하나님의 말씀은 인간이 임의대로 가감할 수 없고, 항상 마음에 두고 묵상함으로 삶의 기준으로 삼아야 합니다.

셋째, 성령은 그리스도의 탄생과 그분의 생애 동안 하나님의 뜻과 계획을 이루도록 늘 함께하셨습니다. 이 성령이 지금 우리와 동행하시며 그리스도의 하신 일과 그분의 말씀이 기억나도록 도와주십니다. 지칠 때 위로자가 되시며, 위험한 순간에 보호자가 되어 주시고, 악한 일에 연루되거나 불의한 일을 당할 때, 우리를 변호해 주시는 분이 우리 안에 있는 성령이십니다.

넷째, 무엇보다 영혼의 구원에 이르기까지 구원의 전 과정에 함께하시사 우리를 거듭나게 하십니다. 하나님의 자녀가 되도록 인치시고 죄사함의 구속을 얻게 하여 구원의 완성에 이르도록 우리를 철저하게 보호하시는 분이 우리 성령이십니다.

지금 말씀드린 성령의 사역을 보면 어떤 생각이 드십니까?
예수 그리스도께서 부활하여 승천하신 다음, 우리 성도들 곁에 항상 계시도록 하여 하나님과 예수 그리스도와 동행하는 기쁨을 얻게 하여 주셨음이 믿어지십니까?
성령의 사역을 기억하시면서, 사도행전 15장에서 '이방인 할례 문제'를 어떻게 성령의 인도하심을 받아 결정하였는지 살펴보고, 그에 따른 교훈을 얻고 삶 속에서 성령의 인도하심을 경험하시길 바랍니다.

2. 이방인의 할례 문제

그렇다면 이방인 할례 문제가 구체적으로 무엇입니까?
오늘 본문에서 유대에서 온 어떤 사람들, 바리새파였다가 개종한 사람들이 이방인도 할례를 받아야 한다고 주장한 데서 비롯됩니다. 사도행전 15장 1절과 5절의 말씀입니다.

> [1] 어떤 사람들이 유대로부터 내려와서 형제들을 가르치되 너희가 모세의 법대로 할례를 받지 아니하면 능히 구원을 받지 못하리라 하니
> [5] 바리새파 중에 어떤 믿는 사람들이 일어나 말하되 이방인에게 할례를 행하고 모세의 율법을 지키라 명하는 것이 마땅하다 하니라

유대에서 온 어떤 사람들, 곧 바리새파였다가 기독교로 개종한 사람들은 복음을 받아들였지만 여전히 유대 전통에 자부심을 가지고 있었습니다. 그래서 이방인 개종자들도 할례를 받고 모세의 율법을 지켜야만 구원을 받을 수 있다는 말을 안디옥 교회에 퍼트리고 다니며 교회 내부를 혼란에 빠뜨렸습니다.

그리하여 안디옥 교회는 이방인 할례 문제를 해결하기 위해 바울과 바나바를 예루살렘 교회로 파송하였습니다. 그곳에서 역사상 최초로 사도들과 장로들이 모인 기독교 종교 회의인 예루살렘 공의회가 열리게 되었고, 회의 결과 이방인들이 할례를 받지 않아도 구원 받음에 아무런 문제가 되지 않음이 결정되었습니다.

사도들과 장로들이 만장일치로 단번에 해결을 보았을까요?

아닙니다. 그들은 오래도록 변론을 벌였습니다(행 15:7). 많은 변론이 있은 후에, 베드로가 이방인 할례 문제를 '믿음의 시각과 기준'에 의해 해결할 것을 주장합니다. 사도행전 15장 7절부터 9절의 말씀입니다.

> [7] 많은 변론이 있은 후에 베드로가 일어나 말하되 형제들아 너희도 알거니와 하나님이 이방인들로 내 입에서 복음의 말씀을 들어 믿게 하시려고 오래 전부터 너희 가운데서 나를 택하시고
>
> [8] 또 마음을 아시는 하나님이 우리에게와 같이 그들에게도 성령을 주어 증언하시고
>
> [9] 믿음으로 그들의 마음을 깨끗이 하사 그들이나 우리나 차별하지 아니하셨느니라

베드로는 자신들이 예수 그리스도를 믿어 사도가 되었고, 그 복음을 이방인들에게 전할 때 성령이 인도하심에 따라 구원을 확증 받은 사실을 변론하였습니다.

그렇습니다. 하나님께서는 베드로를 창세 전부터 택하사 이방인들에게 복음을 전할 사도로 불러 주셨습니다. 하나님은 베드로에게 성령을 주사

그분의 자녀로 삼아 주셨습니다.

구원은 할례와 같은 외적 표시가 아니라, 오직 믿음으로 정결함을 입어 성령을 소유한 자에게 주어지는 하나님의 선물입니다. 이러한 복음의 진리가 미치는 데 있어 유대인이나 이방인의 차별이 없습니다.

그렇습니다. 성령의 인도하심을 받기 위해서는 믿음의 유무가 중요합니다.

3. 성령의 인도하심을 받기 위해

성령의 인도하심을 받기 위해서는 무엇이 필요할까요?

첫째, 믿음을 점검하라!
이방인들의 구원에 있어, 유대의 전통에 따른 할례의 시행 여부보다 중요한 것은 예수 그리스도를 믿음으로 깨끗하게 하심을 받았느냐는 것이었습니다. 9절을 다시 보시길 바랍니다.

> ⁹ 믿음으로 그들의 마음을 깨끗이 하사 그들이나 우리나 차별하지 아니하셨느니라

믿음으로 깨끗하게 된 자들, 예수 그리스도의 피로 정결함을 입은 자들은 하나님께서 받으실 만한 사람이 되었습니다. 때문에 베드로는 하나님의 약속 밖에 있던 외인이자 이방인들도 성령의 인치심을 받아 하나님의 약속의 자녀가 되었고 오직 믿음으로 구원 받았음을 말하고 있는 것입니다.

믿음으로 마음이 정결하게 된 자들만이 하나님께서 받을 만한 영혼의 상태가 된다는 사실을 기억하시길 바랍니다. 성령은 우리가 하나님의 뜻

을 받을 만한 영혼의 상태가 되도록 간섭하시고 우리의 마음을 주장하십니다. 성령은 죄를 억제하고 선을 장려하십니다. 성령의 인도하심을 받기 위해서는 죄악된 사망의 길이 아닌, 믿음의 길로 걸어가야 합니다. 인간의 죄 된 본성이 죄악을 기뻐하려고 발 빠르게 움직일 때, 우리는 단연코 성령께서 우리를 주장하셔서 믿음으로 거룩하게 되는 역사를 행하실 수 있도록 해야 합니다.

성령이 인도하시는 길은 믿음의 길입니다. 성령은 우리를 자녀로 인쳐주시고, 매순간 천지만물의 창조와 유지에 관여하는 것과 같이 우리 모든 삶에 역사하십니다. 성령은 우리 성도님들이 구원의 완성에 이르도록 늘 함께하사 매순간 힘들고 어려운 결정을 내려야 할 순간에도 믿음의 길로 인도하신다는 것을 기억하시길 바랍니다.

"**성령님! 나를 믿음의 길로 인도하소서**"라고 매일 기도하시길 바랍니다.

둘째, 말씀의 근거를 찾아라!

말씀에서 근거를 찾는 우리가 되어야 합니다. 베드로의 변론을 듣고 예루살렘 공의회의 의장 격인 야고보가 결론을 내릴 때, 구약 선지자들의 예언과 부합한다는 옹호 발언을 하게 됩니다. 사도행전 15장 14절과 15절의 말씀입니다.

> [14] 하나님이 처음으로 이방인 중에서 자기 이름을 위할 백성을 취하시려고 그들을 돌보신 것을 시므온이 말하였으니
> [15] 선지자들의 말씀이 이와 일치하도다 기록된 바

하나님께서 이방인을 자기 백성으로 삼으시려고 시몬 베드로에게 이방인 고넬료 사건을 허락해 주신 일이 선지자들이 예언한 '**남은 자들과 이방인의 구원**'과 일치한다는 것입니다. 그러면서 구체적으로 아모스 9장 11-12절 말씀을 인용합니다. 사도행전 15장 16절부터 18절의 말씀입니다.

¹⁶ 이 후에 내가 돌아와서 다윗의 무너진 장막을 다시 지으며 또 그 허물어진 것을 다시 지어 일으키리니

¹⁷ 이는 그 남은 사람들과 내 이름으로 일컬음을 받는 모든 이방인들로 주를 찾게 하려 함이라 하셨으니

¹⁸ 즉 예로부터 이것을 알게 하시는 주의 말씀이라 함과 같으니라

예루살렘 공의회의 수장 야고보는 시몬 베드로가 증언한 이방인 고넬료 회심 사건이 우연한 일이 아니라, 이미 하나님께서 선지자들을 통해 예언하신 말씀과 부합되는 일이라는 사실을 강조하였습니다. 야고보는 이방인의 구원에 대한 '경험적 사실'에만 근거를 두지 않고, '성경 말씀'에 비추어 타당성을 검토하였고, 그 결과 베드로의 변론에 '성경적 권위'를 부여해 주었습니다.

사랑하는 성도 여러분, 여러분이 어떠한 일을 결정할 때, 성령의 인도하심을 받기 위해서는 그 결정이 성경 말씀에 부합하는지 점검해 보아야 합니다. 만약에 성경 말씀에 비추어 맞는 결정이라면, 여러분의 선택에는 '성경의 권위'가 부여된다는 사실을 믿으시길 바랍니다. 절대 진리요 영원히 변함없는 진리인 성경이 성령의 인도하심을 받을 수 있도록 도와줍니다.

성령은 여러분이 중요한 선택의 기로에서 고민하는 과정에 역사하시사, 성경 말씀을 생각나게 하시고 '말씀 따라! 성령 따라!' 합리적이고 바른 결정을 하도록 도우실 것입니다.

셋째, 영혼의 유익과 기쁨이 있는지 점검하라!

무슨 일에든 영혼에 유익과 기쁨이 있는지 점검함으로 성령의 선하고 바른 인도하심을 받기를 바랍니다.

오늘 본문에서 예루살렘 공의회가 내린 최종 결의 내용이 안디옥 교회에 전달되자, 안디옥 교회 성도들이 크게 기뻐했다고 나옵니다.

예루살렘 공의회의 결의 사항은 야고보의 제안을 따른 것으로, 이방인들에게 할례를 받지 않도록 한다는 것과 우상에게 바쳐진 제물과 음행, 목매어 죽인 동물의 고기, 피를 멀리하라는 최소한의 의무 규정 외에 아무런 율법 준수의 짐을 지우지 않기로 한다는 내용입니다.

사도행전 15장 29절부터 31절의 말씀입니다.

> ²⁹ 우상의 제물과 피와 목매어 죽인 것과 음행을 멀리할지니라 이에 스스로 삼가면 잘되리라 평안함을 원하노라 하였더라
> ³⁰ 그들이 작별하고 안디옥에 내려가 무리를 모은 후에 편지를 전하니
> ³¹ 읽고 그 위로한 말을 기뻐하더라

위로한 말을 듣고 기뻐하였다고 합니다.

이방인 중에 개종한 자들이 예수 그리스도를 믿어 구원함을 받은 줄 알았다가, 유대에서 온 바리새파 사람들로부터 "너희도 우리처럼 유대 전통을 따라 할례를 받아야 해, 할례 없이 복음만으로는 부족해!"라는 말을 듣고 얼마나 마음에 상처를 받았겠습니까?

"예수님만 믿으면 다야? 나처럼 많이 배워야 해. 재산이 넉넉하게 있어야지. 부모님의 신앙 유산도 없이 네가 참 잘도 믿겠다." 이런 비아냥거림에 초신자들은 마음의 상처를 받습니다.

예수만으로는 차별 없이, 복음 전파가 되기 힘든 것입니까?

아닙니다. 예수로만 가능합니다. 차별 없는 복음에 뭇 영혼은 기뻐하며 예수께로 돌아올 것입니다.

오늘 본문인 사도행전 15장 28절의 말씀입니다.

> ²⁸ 성령과 우리는 이 요긴한 것들 외에는 아무 짐도 너희에게 지우지 아니하는 것이 옳은 줄 알았노니

이 말씀이 결론입니다. 성령의 인도하심을 받는 데에는 반드시 영혼의 유익과 기쁨이 있습니다.

성령과 우리는!
성령과 사도들과 장로들은!
이 요긴한 것들, 야고보가 제안한 최소한의 의무 규정 외에, 아무런 율법적 짐을 이방인들에게 지우지 않겠다!

이것이 성령의 인도하심을 받은 예루살렘 공의회의 최종 결정이었습니다. 할례 문제에서 자유로워졌다는 결정은 안디옥교회 성도들에게 더할 나위 없는 큰 기쁨을 안겨 주었습니다. 이제 이방인들과 유대인들의 관계가 서먹하지 않게 되었습니다. 그동안 율법이라는 유대인의 전통이 이방인과 유대인을 가르는 차별의 잣대였다면, 이제는 그 둘이 하나가 되어 신앙의 바른 성장을 함께 도모하게 된 것입니다.

이처럼 복음은 이 세상의 모든 차별을 불식시키고 예수 안에서 하나가 되는 기쁨을 안겨줍니다. 성령은 차별이 난무한 세상에 예수님 안에서 하나가 되고 연합할 수 있도록 성령의 띠를 매어주십니다.

사랑하는 성도 여러분, 성령의 인도하심이 무엇인지 알 수 없습니까?

영혼의 유익과 기쁨이 있는 곳에 성령의 인도하심이 있다는 것을 기억하시길 바랍니다.

성령의 인도하심을 받기 위해 이 세 가지를 잊지 마십시오. 어려운 선택의 순간에 믿음을 점검하고, 말씀에 근거를 찾아, 영혼의 유익과 기쁨이 있는 곳으로 마음을 모으십시오.

그곳에 성령의 인도하심이 있고, 우리의 생명이 '영원의 영역'으로 들어가게 됨으로 말미암아 주 예수와 함께 천국을 경험하게 될 것입니다.

이를 믿는 모든 분에게 성령이 주시는 기쁨과 감사가 흘러 넘치시길 주님의 이름으로 축원합니다.

기도 제목 _____

1. 성령의 인도하심을 받기 위해 믿음을 점검하도록

2. 말씀에 근거를 찾아 영혼의 유익과 기쁨이 있는 성령님의 인도하심을 사모하도록

3. 성령의 인도하심이 있는 곳이 우리가 경험하게 되는 천국임을 믿도록

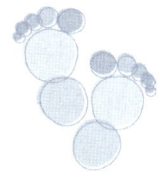

16

성령의 허락하심
(사도행전 16장 6-7절)

> ⁶ 성령이 아시아에서 말씀을 전하지 못하게 하시거늘 그들이 브루기아와 갈라디아 땅으로 다녀가
> ⁷ 무시아 앞에 이르러 비두니아로 가고자 애쓰되 예수의 영이 허락하지 아니하시는지라

누구의 허락과 허가를 받아야 할 때, 우리는 상대 결정권자에게 기준을 맞춰 준비합니다. 회사에 기안이나 보고서를 제출한다고 생각해 보십시오. 결정권자의 생각이나 의중이 매우 중요해질 것입니다.

대학에서의 과제물나 학위를 받기 위한 논문을 제출할 때는 어떻습니까?

교수님과의 논의 과정에서 나온 기준에 합당한 결과물들을 가지고 가야 패스가 되지 않겠습니까?

국회에서 입법을 한다든지, 사귀는 남녀가 결혼 승낙을 받는다든지, 어떠한 일이든 누군가의 허락이 있어야 하는 것입니다.

사랑하는 성도 여러분, 저는 아델포이교회 담임목사로 하나님께서 저를 불러 주시고 그 직임을 맡아 맡겨진 양무리들을 말씀으로 잘 지도하도록 허락해 주신 것에 감사합니다. 여기 계신 성도 한 분 한 분을 아델포이교

회 공동체의 귀한 일원으로 허락해 주신 하나님께 감사합니다.

이러한 허락하심에는 반드시 성령님의 역사하심이 있는 것입니다.

마찬가지로 말씀을 전하는 모든 과정에도 성령의 허락하심이 있어야 합니다. 성령이 막는다면 그것은 그것대로, 합당한 이유가 있습니다. 가지 말아야 할 이유가 있습니다.

성령의 허락하심을 무시하고 갈 때 맞닥뜨릴 좋지 않은 일들을 미연에 방지하기 위해, 하나님은 우리가 어떤 일들을 행하거나, 거처를 옮기거나 이직이나 이사를 할 때도, 전도 사역지를 정할 때도, 성령의 허락하심을 받기를 원하시는 것입니다.

1. 아시아에서 유럽으로

사도행전 16장 6절과 7절의 말씀입니다.

> ⁶ 성령이 아시아에서 말씀을 전하지 못하게 하시거늘 그들이 브루기아와 갈라디아 땅으로 다녀가
> ⁷ 무시아 앞에 이르러 비두니아로 가고자 애쓰되 예수의 영이 허락하지 아니하시는지라

사도 바울이 그의 충직한 제자인 디모데와 소아시아 여러 곳에서 교회의 부흥을 일군 다음에, 아시아로 가려고 했을 때 성령은 이를 허락하지 않음을 알 수 있습니다. 브루기아와 갈라디아 땅에 이르러 무이사에서 비두니아로 가고자 했으나, 예수의 영이 허락하지 않았습니다.

바울 일행은 소아시아 지역에서 사역의 성공을 거두고 있었습니다. 계속해서 아시아 내륙 중심으로 들어가 복음 전도 활동을 하려고 하였으나 성령의 허락이 없었기 때문에, 그들의 사역지는 유럽 쪽으로 바뀌게 되었

습니다.

사실 오늘 본문의 사도행전 16장 6절은 바울의 아시아 전도 사역이 유럽으로 전향되는 "유럽 복음화의 출발이 되는 아주 중요한 구절"입니다.

바울 일행은 성령의 허락하심이 아시아가 아닌 유럽에 있음을 알고 성령의 뜻에 순종할 수밖에 없었습니다.

바울이 아시아가 아닌 유럽 쪽으로 선교의 방향을 전환하게 된 데는 결정적인 사건이 있었습니다. 바울이 드로아로 간 그날 밤에 하나의 환상을 보게 됩니다. 사도행전 16장 9절의 말씀입니다.

> ⁹ 밤에 환상이 바울에게 보이니 마게도냐 사람 하나가 서서 그에게 청하여 이르되 마게도냐로 건너와서 우리를 도우라 하거늘

바울이 본 환상은 당신의 뜻을 알리기 위해 바울에게 내리신 하나님의 계시였습니다.

그 환상의 내용이 무엇입니까?

마게도냐 사람이 이곳 마게도냐로 건너와서 우리에게 복음을 전해달라고 울음 섞인 호소를 한 것입니다.

한마디로 하면 "제발 유럽에 와서 복음을 전해줘!"입니다.

아직도 지구 곳곳에는 복음의 소리를 전해 들어야 할 잠재적인 그리스도인이 있습니다. 그러나 우리 그리스도인들은 그들의 외침에 무신경하거나 무감각해져 있습니다. 모든 그리스도인은 선교적 사명이 있습니다. 또 모든 교회는 선교적 사명이 있습니다. '선교'는 교회의 여러 기능 중 하나가 아닙니다. 하나님은 당신의 선교를 위해 교회를 설립하신 것입니다.

따라서, 교회는 영혼 구원의 방주가 되어 저주와 멸망으로 치닫는 불쌍한 영혼에게 부지런히 복음을 전해야 합니다.

이러한 복음 전파에는 성령의 허락하심이 없으면 불가능합니다.

'어느 지역으로 갈지'를 묻는 것은 '하나님께서 지금 복음을 전해 들어야 할 영혼을 어디에 예비해 두셨는가?'를 묻는 것입니다.

우리는 어디에 누가 지금 복음을 전해 들어야 하는지 알 수 없습니다. 때를 얻든지 못 얻든지 전할 뿐입니다.

그러나 지금 우리가 살펴보고 있는 사도행전을 통해, 하나님이 친히 당신의 선교 역사를 써내려 가시며 하나의 거대한 과정을 보여 주고 계심을 확인할 수 있습니다.

하나님께서 복음을 전해 들어야 할 영혼이 어디에 있는지 성령의 허락하심을 통해 친히 인도하고 계시는 것입니다.

사도행전 13장부터 28장 끝까지 무슨 내용이 기록되어 있습니까?

이방인의 사도로 택정된 바울의 사역을 중심으로, 복음과 교회가 안디옥에서 로마까지 확장되는 과정을 담고 있습니다. 사도행전 13장과 14장에 기록된 바울의 1차 선교 여행은 '소아시아 중심'으로 이루어졌고, 15장부터 18장까지는 바울의 2차 선교 여행으로 복음이 '소아시아 지역을 넘어 유럽으로 확장된 과정'이 나와 있습니다.

아시아에서 유럽으로 복음이 확장되게 하시는 것!

이것이 하나님께서 하시고자 한 선교였습니다. 그렇기 때문에 성령은 사도 바울이 하나님의 뜻에 따라 나아갈 수 있도록, 그 길을 열어 주기도 하시고 막기도 하시는 것입니다.

진실로 그리스도를 믿는 우리들의 가장 좋은 길은 하나님의 뜻에 따라 걸어가는 길임을 기억하시길 바랍니다. 하나님은 우리들에게 언제나 선하고 바르고 좋은 길을 예비하십니다.

2. 성령의 허락하심

마찬가지로 성령은 우리에게 이런 것들을 허락하십니다.

1) 성령은 우리에게 좋은 것을 허락하십니다

역대상 17장 26절의 말씀입니다.

> **26** 여호와여 오직 주는 하나님이시라 주께서 이 좋은 것으로 주의 종에게 허락하시고

다윗에게 영원한 왕국을 약속하시고 온갖 축복과 은혜를 허락하신 하나님께서, 영원한 왕 예수 그리스도를 우리에게 허락하여 주사 하나님을 아버지로 모시고 예수님과 한 형제가 되게 하셨습니다. 그리고 하늘 나라에서 영원히 왕 노릇하며 살게 해 주셨습니다.

우리에게 가장 좋은 길, 의롭고 합당한 길은 구원의 길인 줄 믿으시길 바랍니다.

2) 성령은 우리에게 소원을 주시고 그것을 이루도록 허락하십니다

시편 20편 4절의 말씀입니다.

> **4** 네 마음의 소원대로 허락하시고 네 모든 계획을 이루어 주시기를 원하노라

하나님은 당신의 사랑하는 자녀들에게 뜻과 계획을 알려주시고 이루시고자, 한 가지 의미있는 일을 행하십니다. 우리 마음에 소원을 허락하시는 것입니다.

사랑하는 성도 여러분, 여러분에게는 어떠한 소원이 있습니까?

하나님께서 사랑하는 당신의 자녀들에게 소원을 허락하셨음을 믿으시길 바랍니다. 하나님께서 여러분 각자의 마음과 가슴에 심어 두신 소원은, 그 소원을 이루시고자 하시는 뜻과 계획이 있기 때문에 주신 것입니다. 만약에 여러분이 가지신 소원이 하나님께로부터 왔다면, 그 소원은 하나님 안에서 반드시 이뤄질 것을 믿으시길 바랍니다.

3) 성령은 우리의 실족함과 요동함을 허락하지 않으십니다

시편 66편 9절과 시편 55편 22절의 말씀입니다.

> **9 그는 우리 영혼을 살려 두시고 우리의 실족함을 허락하지 아니하시는 주시로다**
> **22 네 짐을 여호와께 맡기라 그가 너를 붙드시고 의인의 요동함을 영원히 허락하지 아니하시리로다**

사랑하는 성도 여러분, 여러분의 영혼을 주님께 맡기십시오. 세상의 모든 짐과 무거운 마음의 고통까지 주님을 의뢰하고 신뢰함으로 전부 그분께 맡기십시오.

성령은 여러분이 걸어가는 길 가운데 실족하거나 요동치는 것을 결코 허락하지 않으십니다. 성령께 붙들린 자들에게는 실족함이 없습니다.

성령께서 거룩한 주의 백성들을 붙드사 요동하지 않고 하나님 품에 안전하게 거하도록 도우실 것입니다.

성령은 결단코 여러분들이 요동하는 것을 허락하지 않으시되, 영원히 허락하지 않으신다는 것을 믿으시길 바랍니다.

4) 성령은 감당치 못할 시험을 허락하지 않으십니다

고린도전서 10장 13절의 말씀입니다.

> ¹³ 사람이 감당할 시험 밖에는 너희가 당한 것이 없나니 오직 하나님은 미쁘사 너희가 감당하지 못할 시험 당함을 허락하지 아니하시고 시험 당할 즈음에 또한 피할 길을 내사 너희로 능히 감당하게 하시느니라

혹시 시험 당하고 있다고 여기는 분이 계십니까?

시험에는 우리가 믿음을 시험받는, 일종의 TEST와 같은 시험이 있고 시련이나 유혹과 같은 시험이 있습니다. 그 시험이 무엇이든 간에, 하나님은 여러분이 감당할 만한 시험만 허락하십니다. 성령님은 감당하지 못할 시험을 아예 허락하지 않으신다는 것입니다.

성령은 우리가 구원의 완성에 다다르도록 돕는 분이십니다. 기도할 바를 몰라 낙심될 때, 우리를 대신해 간구하는 분이십니다.

그런 성령께서 구태여 무엇 때문에 우리가 시험에 들어, 힘들어 하고 시험에 통과하지 못하여 낙제하게 하시겠습니까?

감당치 못할 시험은 허락하지 않으시는 은혜를 베풀어 주시는 성령으로 인해, 우리는 어떠한 어려움과 고통도 넉넉히 이길 것을 믿으시길 바랍니다. 그렇기 때문에, 우리는 성령의 허락하심이 있다면 무조건 순종하여 그 길을 따라가야 하는 것입니다.

사도 바울 역시, 성령의 허락하심이 아시아가 아니라, 마게도냐, 즉 유럽에 있음을 알고 즉시 순종하였습니다. 사도행전 16장 10절의 말씀입니다.

> ¹⁰ 바울이 그 환상을 보았을 때 우리가 곧 마게도냐로 떠나기를 힘쓰니 이는 하나님이 저 사람들에게 복음을 전하라고 우리를 부르신 줄로 인정함이러라

마게도냐인의 환상을 통해 성령의 허락하심이 있는 선교지가 유럽에 있다는 것을 알아차린 후, 바울이 한 일은 두 가지입니다.

첫째, 마게도냐로 가기를 힘쓴 일입니다.
둘째, 환상을 통해 보여 주신 하나님의 계시에 자신의 이성을 순종시켜 인정하는 단계에 이르게 한 일입니다.

환상만 보고 '아하! 그렇구나!' 하고 바로 인정할 수는 없습니다. 우리의 이성은 환상을 보고 곧바로 순종하는 것이 불가능합니다. 인정이라는 단계를 반드시 거쳐야 하는 것입니다. 그래서 바울은 하나님께서 보여 주신 계시에 그의 이성을 결합시키는 단계인 '인정'이라는 단계를 거쳤습니다. 이성을 설득시키는 과정이 있었던 것입니다.

사도 바울 일행은 이성을 통해 마게도냐인의 환상을 받아들이고 이것을 하나님의 뜻으로 결론지었습니다. 그리고 지체 없이 마게도냐로 향했습니다.

3. 기도의 힘

바울 일행이 마게도냐의 빌립보에 도착한 다음 어떠한 복음 전도 사역이 일어났습니까?

그들이 빌립보에서 복음을 전할 때, 루디아라는 자주 장사가 회심하는 역사가 일어났습니다. 사도행전 16장 14절과 15절의 말씀입니다.

> ¹⁴ 두아디라 시에 있는 자색 옷감 장사로서 하나님을 섬기는 루디아라 하는 한 여자가 말을 듣고 있을 때 주께서 그 마음을 열어 바울의 말을 따르게 하신지라

> ¹⁵ 그와 그 집이 다 세례를 받고 우리에게 청하여 이르되 만일 나를 주 믿는 자로 알거든 내 집에 들어와 유하라 하고 강권하여 머물게 하니라

이것이 바울 일행이 빌립보 지역에서 거두어들인 첫 열매입니다. 바울이 만약에 유럽 쪽으로 방향을 틀지 않고, 오직 개인의 지식과 경험에 의존했다면, 루디아라는 영혼이 복음을 듣고 영접하는 일은 일어나지 않았을 것입니다.

우리가 무슨 일을 결정할 때 그동안 삶에서 경험한 일과 배운 지식에 의존하는 경우가 많습니다. 하지만, 그리스도인들은 기도와 말씀보다 앞서지 말아야 합니다. 성령의 허락하심이 있는지 확인하는 믿음의 절차, 신앙의 과정이 필요합니다. 사실 루디아 전도에 앞서 바울 일행이 했던 것은 기도였습니다. 사도행전 16장 13절의 말씀입니다.

> ¹³ 안식일에 우리가 기도할 곳이 있을까 하여 문 밖 강가에 나가 거기 앉아서 모인 여자들에게 말하는데

전도가 시급하다고 해서 기도 없이 문밖을 나서면 되는 것입니까?
안 됩니다. 가장 급선무는 기도입니다.

사도행전 곳곳에는 기도의 저력이 계속 나타나고 있습니다. 루디아의 회심 이후, 사도행전 16장에 매우 중요한 사건 하나가 나옵니다.

바울과 실라가 감옥에서 기도하고 찬양하는 장면입니다.

바울 일행이 기도하는 장소로 이동하던 중에, 주인에게 큰 수입을 안겨 주던 한 귀신 들린 여종을 만납니다. 바울은 예수의 이름으로 여종에게서 귀신이 떠나도록 해주었습니다. 그러자 그 여종으로부터 더이상 이익을 얻지 못하게 된 주인들이 바울을 모함하여 고소하고, 결국 감옥에 갇히게 되었습니다. 그냥 갇힌 것도 아닙니다. 매를 맞은 다음에 아주 깊은 지하

감옥에 가두고 발에는 차꼬까지 채워 두었습니다.

그때 바울과 실라가 옥중에 기도하고 찬송하였습니다. 사도행전 16장 25절의 말씀입니다.

> [25] 한밤중에 바울과 실라가 기도하고 하나님을 찬송하매 죄수들이 듣더라

사랑하는 여러분, **기도의 힘은 놀랍습니다.** 우리의 기도는 만방이 듣습니다. 우리 하나님이 제일 먼저 들으십니다.

하지만, 오늘 본문에서처럼 죄수들도 듣습니다. 아이러니하게 사단도 우리의 기도를 듣습니다.

분명 **기도는 역사하는 힘이 큽니다.** 야고보서 5장 16절의 말씀입니다.

> [16] 그러므로 너희 죄를 서로 고백하며 병이 낫기를 위하여 서로 기도하라 의인의 간구는 역사하는 힘이 큼이니라

사랑하는 성도 여러분, 기도하기를 힘쓰십시오. 기도하되 성령으로 기도하십시오. 유다서 1장 20절의 말씀은 이렇게 증거합니다.

> [20] 사랑하는 자들아 너희는 너희의 지극히 거룩한 믿음 위에 자신을 세우며 성령으로 기도하며

주님의 사랑을 받는 모든 성도 여러분은 거룩한 믿음의 소유자이십니다. 그러니 여러분이 기도할 때, 성령께서 반드시 하나님의 기쁜 뜻을 알게 하시고 예수님이 가르치신 모든 일을 기억나게 하실 것입니다. 성령은 여러분들에게 가장 좋은 것을 허락하실 뿐 아니라, 마음에 소원을 허락하시고 그 소원이 이루어지도록 도우실 것입니다.

선교의 비전이 있던 바울에게 아시아를 넘어 유럽으로 복음이 확장되도록 허락하신 성령은 오늘날 거룩한 비전과 꿈을 가진 성도들이 그 비전과 꿈에 더 가까이 갈 수 있도록 인도해 주실 줄 믿으시길 바랍니다. 그리고 그 길 가운데 실족함과 요동함을 허락하지 않으시고 감당하지 못할 시험도 허락하지 않으실 것입니다.

그러니 우리는 부지런히 성령 안에서 기도해야 합니다. 에베소서 6장 18절의 말씀입니다.

> ¹⁸ 모든 기도와 간구를 하되 항상 성령 안에서 기도하고 이를 위하여 깨어 구하기를 항상 힘쓰며 여러 성도를 위하여 구하라

기도하되 성령 안에서 길 잃고 방황하는 영혼을 위해!
믿음의 성도들을 위해!
간구하는 모든 성도님이 되시길, 한 주간 성령의 허락하심 안에서 풍성한 은혜 가운데 거하시길 주님의 이름으로 축원합니다.

기도 제목

1. 성령이 허락하시는 것은 좋은 것, 선하고 바르고 의로운 길이라는 사실을 기억하도록
2. 성령은 실족함과 요동함, 감당하지 못할 시험을 허락하지 않으심을 믿도록
3. 성령 안에서 기도하고 우리 마음에 품은 소원을 이뤄 주실 것을 기대함으로 나아가도록

17

성령의 운행하심
(사도행전 17장 24-25절)

> ²⁴ 우주와 그 가운데 있는 만물을 지으신 하나님께서는 천지의 주재시니 손으로 지은 전에 계시지 아니하시고
> ²⁵ 또 무엇이 부족한 것처럼 사람의 손으로 섬김을 받으시는 것이 아니니 이는 만민에게 생명과 호흡과 만물을 친히 주시는 이심이라

1977년 미국 나사(NASA)가 발사한 보이저 1호가 있습니다. 보이저 1호는 현재 지구에서 가장 멀리 날아가, 태양계를 벗어난 상태로 무려 47년 동안 우주에서 운행하고 있습니다. 지금도 우주를 관측하며 그 정보를 지구로 열심히 보내고 있습니다. 참으로 기특한 일을 해내고 있습니다. 그런데 우주를 탐사하며 열심히 운행 중인 보이저 1호보다 더 대단한 운행이 있습니다.

바로 **성령의 운행하심**입니다. 창세기 1장 2절에는 '흑암 중에 성령이 수면 위에 운행하셨다'고 나옵니다. 살피신 것입니다. 관찰하며 지켜보고 계신 것입니다. 아무것도 없이 텅빈 곳에 생명을 불어넣기 위해, 하나님의 창조의 영향력이 미치도록 성령은 사전 작업을 하셨습니다.

오늘도 성령은 우리를 그렇게 살피시고 계십니다. 어두움에 갇힌 영혼이 예수님을 만날 수 있도록, 흑암에 놓인 영혼 주위를 선회하며 진리의

빛이 비추도록 그들을 살피며 운행하고 계십니다.

성령의 영향력이 미치지 않는 곳은 세상 어디에도 없습니다. 온 세상 만물이 하나님의 주권 아래, 예수님의 권세 아래 있듯이, 성령은 우리의 삶에 운행하고 계십니다.

사도행전 17장이 바로 이 점을 말합니다. 바울은 우상이 판치는 아덴에서 힘차고 강하게 설파하였습니다.

1. 아덴에서의 증거

사도행전 17장 24절과 25절의 말씀입니다.

> [24] 우주와 그 가운데 있는 만물을 지으신 하나님께서는 천지의 주재시니 손으로 지은 전에 계시지 아니하시고
> [25] 또 무엇이 부족한 것처럼 사람의 손으로 섬김을 받으시는 것이 아니니 이는 만민에게 생명과 호흡과 만물을 친히 주시는 이심이라

본문은 성령의 허락하심 하에, 아시아가 아닌 유럽으로 간 바울이 **아덴의 아레오바고 법정에서 변론한 내용**입니다.

"창조주 하나님께서는 당신이 손수 지으신 세계에 사는 우리들에게 생명과 호흡과 만물을 주시는 분이십니다. 우리가 만든 성전에 제한적으로 임하는 분이 아니라, 온 세상에 두루 비치는 빛과 같이 편재해 계시며 성령의 운행하심을 통해 역사하십니다."

바울은 이 사실을 힘있게 증거하였습니다. 창조주 하나님이 만든 만물과 유한한 인간이 만든 성전을 대조해 본다면, 우리가 크다고 생각하는 교회도 광대하신 하나님에 비하면 보잘 것 없는 작은 터전에 불과합니다.

바울은 이 점을 잘 알고 있었기 때문에, 우상이 가득한 아덴에서 복음 증거에 더욱 열심을 낼 수 있었습니다. 사도행전 17장 16절입니다.

> [16] 바울이 아덴에서 그들을 기다리다가 그 성에 우상이 가득한 것을 보고 마음에 격분하여

바울은 유럽 마게도냐의 수도인 데살로니가에서 베뢰아를 거쳐, 유대인들의 박해를 피해 아덴으로 피신하여 들어왔습니다. 아덴에 머물게 된 바울이 동역자인 실라와 디모데를 기다리고 있다가, 아덴에 우상이 가득한 것을 보고 거룩한 분노가 격하게 일어났습니다. 아덴은 신전의 도시이자 우상의 도시입니다. 아덴에 있는 아크로폴리스 광장에는 파르테논 신전과 에레크데움 신전 등이 자리잡고 있었습니다. 오늘날 그리스 아테네 여행 필수 코스라고 하여 관광객들이 자주 찾는 곳이기도 합니다.

우상 신전이 가득한 아덴의 사람들은 하나님에 대해서는 무지했으며 다만 인간적인 헛된 종교심이 강했습니다. 그래서 뭐든지 새로운 신이 있으면, 그 신을 위한 제단이나 신전을 만들어 섬기기 바빴습니다. 그러나 안타깝게도 아덴 사람들이 섬기는 우상은 진정한 신이 아니었습니다.

그렇기 때문에 바울은 회당이나 장터를 막론하고 아덴의 어디를 가나 복음을 전했습니다. 바울이 예수 그리스도를 전한 대상은 유대인과 개종한 이방인과 같은 경건한 사람들 그리고 믿지 않는 이방인들과 철학자들도 포함되어 있었습니다.

바울과 논쟁을 펼친 철학자들은 크게 두 부류가 있었는데 그 하나는 **스토아 학파**로 이들은 '이성을 중시'하며 '엄격한 금욕주의'와 세계에 존재하는 모든 것이 신이라는 '범신론적 입장'을 취하고 있었습니다. 이들의 지적 교만은 하나님 앞에 겸손해야 할 죄인들이 절대 따라 해서는 안 되는 사상이었습니다.

바울이 논쟁을 펼친 또 다른 철학자들은 **에피쿠로스 학파**였습니다. 이들은 '쾌락을 중시'하며 '신들은 인간의 삶에 전혀 무관심하다고 주장'하였습니다. 에피쿠로스 철학자들은 '원자로 구성된 세상은 자연법칙에 의해 운행'되기 때문에 인간은 신의 간섭에서 벗어나 감각적인 쾌락을 추구하는 것이 맞다고 하였습니다.

여기서 질문을 하나 던져 보겠습니다. 세상이 자연법칙에 의해 저절로 운행된다고 하면, 그 법칙은 스스로의 능력으로 생성된다는 말이 됩니다.

그렇다면 그 자연법칙은 무엇을 위해 존재하는 것일까요?

이를테면 가정에는 가훈이나 규율이 있고 사회에는 사회법과 규칙이 있습니다.

이러한 가훈, 규율과 법 규칙은 왜 생겨났겠습니까?

이것을 지켜야 할 목적이 있기 때문입니다. 사람이 가정과 사회에서 인간답게 살 수 있도록 하기 위해 규율이나 법칙을 만들어 놓은 것입니다.

2. 우주 만물을 창조하신 하나님

사랑하는 여러분, 세상에는 자연법칙이 있습니다.

자연법칙이 스스로 생겼다면, 무엇 때문에 자연법칙이 만들어졌습니까?

자연법칙은 왜 존재하는 것입니까?

사과나무에서 사과가 떨어지는 것을 보고 뉴턴은 모든 물체가 서로 잡아당기는 힘인 '만유인력의 법칙'을 발견해 냈습니다. **자연법칙이 있다는 것은, 우주에는 일정한 질서와 목적이 있다는 것을 의미합니다.** 자연법칙이 '질서'를 가지고 작용해야 하는 '목적'은 우주가 잘 운행되도록 하기 위함입니다.

자연법칙이 무슨 능력이 있어서 우주의 원활한 운행이라는 '목적'을 스스로 달성할 수 있겠습니까?

자연법칙 자체가 생각할 '힘'이 있습니까?

무엇을 새롭게 만들어내고 유지할 '능력'이 있습니까?

아닙니다.

결론적으로 말씀드리면, 하나님께서 우주 만물을 창조하셨고 이들이 '질서' 있게 운행되기 위한 '목적'을 달성하기 위해 자연법칙을 만드신 것입니다.

지금 세상의 자연법칙을 왜 이렇게 장황하고 자세하게 설명을 한 것입니까?

에피쿠로스학파 철학자들에 맞서기 위해서입니까?

아닙니다. 허탄한 우상을 숭배하며 지적 우월감에 빠진 철학자들과의 논쟁을 단 한 방으로 끝낼 방법은 오직 하나님께서 우주 만물을 창조하셨다는 진리를 선포하는 것이기 때문입니다.

우리의 신앙은 "삼위일체 하나님이 천지를 창조하셨다는 진리"를 믿는 것에서 출발해야 합니다.

태초에 천지를 창조하셨을 때, 성부와 성자와 성령이 함께 계셨습니다. 창세기 1장 1절부터 3절의 말씀입니다.

> [1] 태초에 하나님이 천지를 창조하시니라
> [2] 땅이 혼돈하고 공허하며 흑암이 깊음 위에 있고 하나님의 영은 수면 위에 운행하시니라
> [3] 하나님이 이르시되 빛이 있으라 하시니 빛이 있었고

하나님이 천지를 창조하셨을 때, 공허하고 텅 빈 상태로 아주 깊은 어두움만이 자리하고 있었습니다. 성령은 곧 이루어질 하나님의 창조의 능력

과 영향력이 미치도록 수면 위를 운행하시며 살피고 계셨습니다.

하나님은 "빛이 있으라"(창 1:3)는 말씀으로 빛을 창조하셨습니다. 이 말씀은 예수 그리스도이십니다.

바울은 우주 만물을 창조하신 하나님께서 인간의 손으로 만든 전에 거하지 않으시고, 인간의 손으로 섬김을 받지도 않는다고 선포했습니다. 사도행전 17장 24절의 말씀입니다.

> ²⁴ 우주와 그 가운데 있는 만물을 지으신 하나님께서는 천지의 주재시니 손으로 지은 전에 계시지 아니하시고

우주 만물을 지으신 하나님은 당신의 주권과 권능으로 전 우주와 모든 만물을 친히 운행하고 계십니다. 지구를 포함한 우주의 모든 별이 태양계를 중심으로 운행되는 것도 하나님이 우주 만물을 붙드시고 돌보시는 법칙 중의 하나에 불과합니다. 하나님은 아덴의 사람들이 섬기는 우상들, 헛된 신들과는 비교조차 할 수 없는 분이십니다.

아덴 사람들은 이름을 '알지 못하는 신'을 위해서도 제단을 만들어 섬기던 허무한 사람들이었습니다. 만일 그들이 우주 만물을 창조하고 붙드시며 천지를 운행하는 실체이자 존재 자체이신 하나님을 알고 있었다면, 우상을 위한 신전을 만드는 헛되고 망령된 행동을 했을 리 만무합니다.

창조주 하나님은 인간들에게 생명과 호흡과 만물을 주시는 분이십니다. 사도행전 17장 25절의 말씀입니다.

> ²⁵ 또 무엇이 부족한 것처럼 사람의 손으로 섬김을 받으시는 것이 아니니 이는 만민에게 생명과 호흡과 만물을 친히 주시는 이심이라

하나님은 우리 인간을 위해 만물을 만들어 주셨을 뿐만 아니라 우주를 당신의 질서와 목적에 맞게 운행하시므로 우리의 범사를 주관하시고 계십니다. 성령은 진실로 저와 여러분 가까이에서 살피시며 돌봐주고 계십니다.

이것이 인간을 향한 하나님의 사랑과 은혜의 증거인 성령의 운행하심입니다. 성령은 멀리 계시지 않습니다. 가까이에서 우리를 돌보아 주십니다. 예레미야애가 3장 50절의 말씀입니다.

> **50** 여호와께서 하늘에서 **살피시고 돌아보실** 때까지니라

우리 평생에 항상 근거리에서 지켜보시는 성령의 운행하심 덕분에 하나님의 선하심과 인자하심이 우리 삶에 깊은 영향력을 미치게 되는 것입니다. 시편 23편 6절의 말씀입니다.

> **6** 내 평생에 선하심과 인자하심이 반드시 나를 따르리니 내가 여호와의 집에 영원히 살리로다

하나님께서 저와 여러분을 만들어 주셨다는 사실을 믿으십니까?

만일, 하나님이 인간을 만드시고 저 우주 멀리 달아나셔서 리모컨이나 무선 수신기 같은 기계로 조종하시고, 우리의 기도를 들으시는 통로조차 만들어 주지 않으셨다면 어떻겠습니까?

일방적으로 지시하면서, 말 안 들으면 혼내고 벌주는 분이시라면, 그분을 유일한 나의 구주, 나의 하나님 아버지로 믿고 따를 수 있겠습니까?

하나님은 우리가 살 수 있는 터전을 만들어 주시고, 때에 맞춰 당신이 주시고자 하시는 풍성한 은혜와 감당하기 어려운 무조건적인 사랑을 베

풀어 주고 계십니다. 하나님은, 하나님의 영인 성령은 우리와 멀리 계시지 않습니다. 사도행전 17장 27절의 말씀입니다.

> ²⁷ 이는 사람으로 혹 하나님을 더듬어 찾아 발견하게 하려 하심이로되 그는 우리 각 사람에게서 멀리 계시지 아니하도다

3. 성령의 운행하심

사랑하는 성도 여러분, 성령은 멀지 않은 곳, 우리와 아주 가까이 계시며 모든 역사 가운데 함께하고 계십니다. 이것이 '성령의 운행하심'입니다. 마치 어미 독수리가 사랑과 관심을 갖고 새끼를 지키고 돌보듯, 언제나 그 위를 날아다니듯, 성령님도 우리 위를 운행하고 계십니다. 새끼 독수리가 실수하거나 힘없는 날갯짓으로 땅으로 떨어질까 봐 끊임없이 살피고 있는 어미 독수리처럼, 성령님도 우리 주위에서 항상 살피고 계신 것입니다.

우리가 부르짖을 때 우리의 고통을 돌보시는(시 106:44) 성령이십니다.

사람이 무엇이기에 성령께서 우리를 생각하며 돌보시는(시 8:4) 것입니까?

그는 우리의 하나님이시요, 우리는 그가 기르시는 백성이며 그의 손으로 돌보시는 양이기 때문입니다(시 95:7). 신명기 32장 11절과 12절의 말씀입니다.

> ¹¹ 마치 독수리가 자기의 보금자리를 어지럽게 하며 자기의 새끼 위에 너풀거리며 그의 날개를 펴서 새끼를 받으며 그의 날개 위에 그것을 업는 것 같이
> ¹² 여호와께서 홀로 그를 인도하셨고 그와 함께 한 다른 신이 없었도다

사랑하는 성도 여러분, 성령의 운행하심이 없다면 우리는 삶을 잘 운영할 수도 없고, 원활하게 기동하여 일하고 사랑하는 일, 믿음을 가지고 살아가는 일이 불가능합니다. 우리는 성령의 운행하심 속에서 하나님을 힘입어 살아가는 존재입니다.

그러나 아덴 사람들은 복잡한 철학적 지식을 자랑하느라 정작 지혜와 지식의 원천이신 하나님을 몰랐고, 모른 척했습니다.

아덴 사람들이 아크로폴리스 광장에 만든 하늘 높이 치솟은 파르테논 신전 안에 있다고 믿는 허탄한 우상은 인간에게 아무런 영향을 미치지 못하는 상상 속의 죽은 그림자이며 허깨비일 뿐입니다.

바울은 아시아를 떠나 마게도냐의 수도인 데살로니가에서 베뢰아를 거쳐 아덴에서 사역하는 모든 순간에 창조주 하나님을 증거하였고, 그 하나님의 아들인 예수 그리스도의 죽으심과 다시 살아나심을 변증하였으며, 핵심적인 복음의 진리들을 설교하였습니다.

아덴 시민들은 바울이 전파하는 새로운 종교에 대한 단순한 지적 호기심 때문에 바울을 일종의 시민 법정과 같은 아레오바고 법정에 세웠습니다. 바울의 훌륭한 변증에도 불구하고, 아덴 사람들의 단순한 지적 호기심으로는 하나님에 대한 믿음에 이를 수 없었습니다. 사도행전 17장 32절의 말씀입니다.

> [32] 그들이 죽은 자의 부활을 듣고 어떤 사람은 조롱도 하고 어떤 사람은 이 일에 대하여 네 말을 다시 듣겠다 하니

예수 그리스도는 깊고 진한 어두움에 덮여 죄와 사망의 저주에서 슬피 울며 이를 가는 죄인들에게 친히 찾아와 주셨습니다. 오직 사랑으로 죄인들을 덮으사 당신의 밝고 환한 빛으로 이끄사, 죽음을 이기고 승리하신 부활의 주님을 믿게 해주셨습니다.

그러나 우상 숭배에 빠진 아덴 사람들은 이러한 진리를 조롱할 뿐, 믿지 않았습니다. 믿어도 아주 일부만 믿었을 뿐입니다.

오늘날 깊은 죄의 어둠 속에 파묻힌 세상 사람들 역시 바울이 전한 부활의 기쁜 소식을 알지 못하고 조롱하기에 바쁩니다. 성령의 운행하심으로 움직이고 그 힘으로 지탱하고 있는 땅을 밟고 살아가고 있음에도 불구하고, 그들은 모든 움직임의 근원에 계신 성령의 능력을 체험하지도 맛보지도 못하고 있습니다.

사랑하는 성도 여러분, 성령은 날개를 펴서 새끼 독수리를 업는 어미 독수리처럼 특별한 사랑과 관심으로 우리를 돌보고 계심을 믿으시길 바랍니다. 영적 새생명의 탄생을 열망하며 소중히 우리를 감싸 안으시는 성령께서 저와 여러분의 모든 삶의 영역을 관찰하시고 친히 운행하고 계심을 믿으시길 바랍니다.

하나님의 형상대로 지음 받은 우리가 주님의 소유요 기업으로 살아갈 수 있도록 깊은 관심으로 소중하게 돌보고 계시는 성령의 운행하심이 여러분의 평생에 큰 은혜와 사랑으로 깃들기를 주님의 이름으로 축원합니다.

기도 제목

1. 진리의 빛을 비추어 흑암에 놓인 영혼 주위를 살피시고 운행하시는 성령님을 의지하도록

2. 지적 교만을 내려놓고 창조주 하나님의 질서와 목적에 순응하는 자들이 될 수 있도록

3. 우리를 돌보시는 성령의 운행하심 안에서 주님의 깊은 사랑과 은혜를 체험할 수 있도록

18

성령께 붙들리심
(사도행전 18장 5절)

> ⁵ 실라와 디모데가 마게도냐로부터 내려오매 바울이 하나님의 말씀에 붙잡혀 유대인들에게 예수는 그리스도라 밝히 증언하니

요즘 여러분의 주 관심사는 무엇입니까?
조금의 여유가 있다면 무엇에 시간을 활용하는 편이십니까?
일 중독자들은 매일 일에 붙들려 살아갑니다. 인생의 쓰디쓴 실패를 맛보고 있는 자들은 좌절감에 붙들려 있습니다.
그러나 우리가 붙들려야 할 것은 일과 부정적인 생각과 악한 세력들이 아닙니다. 이사야 41장 13절의 말씀처럼 우리는 하나님의 손에 붙들려 살아가는 존재들입니다.

> ¹³ 이는 나 여호와 너의 하나님이 네 오른손을 **붙들고** 네게 이르기를 두려워하지 말라 내가 너를 도우리라 할 것임이니라

우리는 세상 자랑과 명예와 권력에 매이지 않고, 오직 주 예수 그리스도와 그분의 말씀에 사로잡혀 믿음만을 가지고 나아가는 자들입니다. 성령의 지배하심을 받아 성령께 붙들려 복음만을 증거하는 주님의 충성된 일

꾼이 바로 우리입니다.

1. 말씀과 성령께 붙잡힌 인생

오늘 본문 사도행전 18장 5절의 말씀입니다.

> ⁵ 실라와 디모데가 마게도냐로부터 내려오매 바울이 하나님의 말씀에 붙잡혀 유대인들에게 예수는 그리스도라 밝히 증언하니

빌립보와 데살로니가 지역에서 각각 사역하던 실라와 디모데는 고린도에서 다시 바울과 합류하였습니다. 실라는 빌립보 교회의 소식과 모금한 헌금을 가지고 왔고, 디모데는 데살로니가 교회의 소식을 가지고 왔습니다. 이러한 동역자들의 헌신과 노력으로 인해 바울은 다른 데 신경쓰지 않고 오로지 복음 전파 사역에 전념할 수 있었습니다.

바울은 하나님의 말씀에 붙잡혀 있었습니다. 바울은 말씀 전파 사역에 완전히 미친 사람이었습니다. 당시 보통의 전도자들은 성도들로부터 물질의 후원을 받아 생활하였지만, 바울은 복음의 사역이 훼방 받지 않도록 자신의 선교 방침에 따라 스스로 천막 만드는 일을 하면서 생계를 유지하였습니다. 바울에게 있어 복음이 전해지는 일 외에 다른 어떤 일도 중요하지 않았습니다.

우리는 어떻습니까?

하루 종일 말씀만 생각하고, 말씀이 없는 세상을 꿈꿀 수조차 없어 말씀이 전부인 삶을 살아내고 있습니까?

성령께 붙잡힌 인생이 되어야 합니다. 초대교회는 성령께 완전히 사로잡힌 교회였습니다. 성령께 붙잡힌 인생과 교회만이 하나님의 뜻과 계획

을 성취할 수 있는 것입니다.

바울은 이방인의 사도였으나, 어떤 지역을 가든지 가장 먼저 유대인들이 있는 회당을 찾아가 복음을 증거하였습니다. 유대인들을 향해 예수는 그리스도라고 증거하였습니다.

지금 저와 여러분에게 예수가 그리스도가 되신다는 데에는 어떤 타협도 중간지대도 없습니다. 흔들림 없이 '예수가 그리스도시다'라는 말을 증거하는 자들이 저와 여러분이며 믿는 그리스도인입니다.

그러나 당시 유대인들은 자신들이 십자가에 매달아 죽인 예수가 그리스도라는 사실이 믿기지 않았습니다. 유대인들이 바라는 메시아는 자신들의 삶을 개선하고 더 나은 행복을 가져다 줄 정치적인 메시아였습니다. 그들을 로마의 압제에서 해방시켜 줄 메시아를 고대하고 있었습니다. 고린도전서 1장 23절의 말씀입니다.

> [23] 우리는 십자가에 못박힌 그리스도를 전하니 유대인에게는 거리끼는 것이요 이방인에게는 미련한 것이로되

유대인들의 생각에 예수는 저주와 수치의 상징인 십자가에 못박혀 죽은 범죄자이지, 자신들이 고대하던 메시아는 아니었습니다. 그래서 바울이 전하는 복음을 받아들일 수 없었습니다. 십자가에 못박힌 예수가 그리스도라는 사실은 너무 거슬리고 거리끼는 것이었습니다.

사랑하는 성도 여러분, 어떤 사람에게 매우 거리끼는 일이 있고 그 일 때문에 난감해 하는 것을 여러분이 알고 있다고 생각해 보십시오.

그럼에도 불구하고 그 사람에게 가서 아무렇지 않게, 쉬지 않고 그 일을 이야기할 수 있겠습니까?

우리는 언제 거리낌을 느낍니까?

하지 말았어야 하는 일, 잘못된 일을 하면 마음이 불편하고 거리낌을 느끼는 것입니다. 유대인들은 예수를 십자가에 못박아 죽인 일로 인해 양심에 거리낌이 있었습니다. 그래서 누구도 그 사실을 건드리거나 밖으로 누설하지 않기를 바랐습니다. 쉬쉬하며 잊어버리고 싶은 일이 바로 예수를 십자가에 못박은 일이었던 것입니다.

그런데 바울이 이 사실을 끊임없이 쉬지 않고 증거하며 돌아다니고 있는 것입니다. 그래서 유대인들은 바울의 복음 증거가 매우 못마땅했습니다. 어떻게든 복음을 증거하지 못하도록 훼방하고 바울을 배척하였습니다. 사도행전 18장 6절의 말씀입니다.

> 6 그들이 대적하여 비방하거늘 바울이 옷을 털면서 이르되 너희 피가 너희 머리로 돌아갈 것이요 나는 깨끗하니라 이 후에는 이방인에게로 가리라 하고

성령께 붙들린 사람은 담대하게 복음을 전할 수 있습니다. 바울은 유대인들이 자신이 전한 복음을 받아들이든지 받아들이지 않든지 아무런 상관이 없었습니다. 전하는 자는 자신이지만, 듣는 이들을 변화시켜 믿게 하는 것은 하나님께 달린 일이었기 때문입니다.

바울은 자신이 증거하는 복음을 배척하는 유대인들에 대해서는 발에 묻은 먼지를 떨듯이(막 6:11) 하였습니다. 미련을 두지 않았습니다. 유대인이 받아들이지 않는다면 이방인들에게로 가서, 자신의 사명인 복음 증거를 계속 이어 나가면 되는 것이었습니다.

바울은 복음에 대해 강퍅한 마음을 가지고 있는 고린도 지역의 유대인들 앞에서 구원의 길을 제시하였으나 그들의 반응은 배척이고 훼방이었습니다.

2. 복음을 배척하고 훼방하는 자

사랑하는 성도 여러분, 복음을 배척하고 훼방하는 자들의 결말은 하나님의 엄중한 심판임을 믿으시길 바랍니다. 하나님은 복음을 배척하고 훼방하는 악한 자들을 결코 붙들어 주지 않으십니다. 욥기 8장 20절입니다.

> [20] 하나님은 순전한 사람을 버리지 아니하시고 악한 자를 **붙들어** 주지 아니하시므로

하나님은 악한 자를 붙들어 주시지 않음으로 파멸에 이르게 합니다. 물론 이 말은 욥의 친구 빌닷이 욥의 파멸을 악인의 파멸과 같다고 한 것으로 분명 잘못된 판단이지만, **악인의 파멸** 자체는 틀린 말이 아닙니다.

"악한 자를 붙들어 주지 않는다"는 것은 악을 행하는 자들의 손을 강하게 만들지 않는다는 뜻입니다. 히브리어에서 '손'은 능력과 권력을 상징합니다. 악을 행하는 자들은 하나님께 능력과 권력, 강하게 하는 힘을 얻을 수 없다는 뜻입니다.

악을 행하는 자들은 하나님께서 강하고 형통한 삶을 허락하지 않으신다는 것입니다. 성령께 붙들리지 않은 자들은 하나님 안에서 경험할 수 있는 능력과 힘을 결코 누리지 못합니다.

왜입니까?

악한 자들은 권능의 말씀을 배척하는 자들이요 훼방하는 자들이기 때문에, 말씀이 이끄는 형통하고 평탄한 삶과 멀어질 수밖에 없기 때문입니다. 여호수아 1장 8절의 말씀입니다.

> [8] 이 율법책을 네 입에서 떠나지 말게 하며 주야로 그것을 묵상하여 그 안에 기록된 대로 다 지켜 행하라 그리하면 네 길이 **평탄**하게 될 것이며 네가 **형통**하리라

평탄한 길을 원하십니까?

형통한 삶을 기대하십니까?

그렇다면 말씀이 여러분의 삶에서 떠나지 않도록 하시길 바랍니다. 하나님은 말씀을 다 지켜 행하는 자들을 당신의 강한 팔로 붙들어 평탄하고 형통한 길로 인도하실 것입니다. 우리 안에 내주하시는 성령은 우리를 도우시며 생명의 길로 인도하는 분이십니다. 시편 54편 4절의 말씀입니다.

> **4** 하나님은 나를 돕는 이시며 주께서는 내 생명을 **붙들어** 주시는 이시니이다

시편 기자는 말씀만이 우리 인생의 축복과 영원한 생명의 소망이 된다는 것을 알고 말씀에 붙들린 삶을 원하고 바랐던 것이 아닙니까?

119편 105절과 116절의 말씀입니다.

> **105** 주의 말씀은 내 발에 등이요 내 길에 빛이니이다
>
> **116** 주의 말씀대로 나를 **붙들어** 살게 하시고 내 소망이 부끄럽지 않게 하소서

3. 말씀을 따라 순종하는 삶

사랑하는 여러분, 악한 세대와 악인들과 사단이 득세하는 세상 가운데 우리에게 승리를 주는 것은 다름 아닌 복음입니다. 구원과 영생으로 인도하는 하나님의 말씀입니다. 우리는 매일의 삶 가운데 믿는 자들만이 누리는 힘과 능력을 덧입고자 성령 충만을 구합니다. 성령께서 우리의 삶을 완전히 지배해 주시기를 간절히 바랍니다. 성령 충만과 성령의 지배를 받는 것, 성령께 붙들린 것은 다른 것이 아닙니다.

온몸에 짜릿한 전율과 감동이 전해지는 것이요?

나도 모르게 충만하고 풍성한 기운에 사로잡혀 이전에는 느끼지 못한 기쁨과 즐거움을 갖게 되는 것이요?

왜 성령 충만, 성령의 지배하심에 느낌과 감정만을 강조합니까?

성령께 붙들린 삶은 하나님의 말씀을 따라 순종하는 삶이란 사실을 기억하시길 바랍니다. 에베소서 6장 17절의 말씀입니다.

> **17 구원의 투구와 성령의 검 곧 하나님의 말씀을 가지라**

하나님의 말씀이 무엇입니까?

성령의 검입니다. 그리스도의 군사가 가져야 할 것은 성령의 검, 구원의 검, 오직 말씀입니다. 성령께서 말씀에 능력을 부여하시어 혼과 영과 관절과 골수를 쪼개기까지 하시며 마음과 생각과 뜻을 감찰하시는 것입니다. 히브리서 4장 12절부터 14절입니다.

> **12** 하나님의 말씀은 살아 있고 활력이 있어 좌우에 날선 어떤 검보다도 예리하여 혼과 영과 및 관절과 골수를 찔러 쪼개기까지 하며 또 마음의 생각과 뜻을 판단하나니
> **13** 지으신 것이 하나도 그 앞에 나타나지 않음이 없고 우리의 결산을 받으실 이의 눈 앞에 만물이 벌거벗은 것 같이 드러나느니라
> **14** 그러므로 우리에게 큰 대제사장이 계시니 승천하신 이 곧 하나님의 아들 예수시라 우리가 믿는 도리를 굳게 잡을지어다

하나님의 아들 예수 그리스도를 믿는 믿음으로 성령의 검인 말씀을 붙잡는 우리가 되어야 합니다. 그리스도인들이라면, 하나님의 창조의 능력인 말씀으로 무장해야 합니다. 성령의 검, 하나님의 말씀을 통하여 하나님

의 능력이 나타난다는 사실을 평생 기억하는 우리가 되어야 합니다.

사도 바울은 성령의 검, 말씀이 주는 능력을 힘입어 타락이 판치는 고린도 지역에서 강력하게 복음을 증거할 수 있었던 것입니다. 실로 고린도 지역은 마게도냐와 로마 제국을 복음화하기 위한 전략적 요충지였습니다. 복음이 전세계적으로 전파되기 위해서 우선적으로 복음이 전해져야 할 곳이 바로 고린도 지역이었습니다.

고린도는 무역의 중심지로 사람들이 부를 축적하며 도덕적 타락과 성적 쾌락이 가득한 도시였습니다. 당시 헬라 세계에서 '고린도 사람처럼 행동하다'는 것은 음탕하다는 욕과 같은 말이었습니다. 바울은 인구 75만 명의 대도시, 무역과 상업의 중심지인 고린도 지역의 특성을 활용해 복음의 확장을 꾀하고자 한 것입니다.

바울은 고린도 지역에서 약 1년 반을 머물며 사역의 결실을 맺었습니다. 사도행전 18장 8절부터 10절의 말씀입니다.

> 8 또 회당장 그리스보가 온 집안과 더불어 주를 믿으며 수많은 고린도 사람도 듣고 믿어 세례를 받더라
> 9 밤에 주께서 환상 가운데 바울에게 말씀하시되 두려워하지 말며 침묵하지 말고 말하라
> 10 내가 너와 함께 있으매 어떤 사람도 너를 대적하여 해롭게 할 자가 없을 것이니 이는 이 성중에 내 백성이 많음이라 하시더라

사랑하는 성도 여러분, 우리가 성령에 붙들린 바 된다면, 더이상 세상을 두려워하지 않아도 됩니다. 침묵하지 말고 말해야 합니다. 우리 주님은 성령에 붙들린 자들과 함께하시어, 대적으로부터 오는 핍박과 어려움을 능히 이기게 하시고 생명을 보호해 주십니다.

오랜 전도 여행의 피로와 말씀 전파 사명을 위협하는 유대인의 박해로 인해 사도 바울의 심령이 얼마나 위축되어 있었겠습니까?

하지만, 바울을 향한 주님의 사랑과 위로의 말씀이 그의 지친 몸과 마음에 활력을 주고 힘을 주셨습니다. 그리하여 바울은 고린도 지역에서 귀한 열매를 거둘 수 있었습니다. 뵈뵈(롬 16:1), 더디오(롬 16:22), 에라스도(롬 16:23), 구아도(롬 16:23), 글로에(고전 1:11), 가이오(고전 1:14), 스데바나(고전 16:15), 브드나도(고전 16:17), 아가이고(고전 16:17). 고린도 출신 성도들의 이름입니다. 로마서와 고린도전서 곳곳에 이들의 이름이 기록되어 있습니다.

바울은 성령의 검, 하나님의 말씀을 가르치는 일에 전념하였습니다. 사도행전 18장 11절의 말씀입니다.

> **11** 일 년 육 개월을 머물며 그들 가운데서 하나님의 말씀을 가르치니라

이 땅의 모든 성도는 이미 십자가에 세상 모든 욕심을 못박고, 예수와 함께 죽고, 예수와 함께 다시 살리심을 받은 자들입니다. 그렇기 때문에, **우리가 앉고 서는 것, 머물고 떠남은 오직 말씀과 사명을 위해 결정되어야 한다는** 사실을 기억하시길 바랍니다.

바울은 이를 알았기 때문에 타락의 온상지인 고린도 지역에서 1년 6개월 동안 말씀 가르치는 사역에 온 마음과 뜻을 집중했던 것입니다.

우리는 무엇을 기준 삼아 앉고 일어섭니까?
무엇을 근거로 머물고 떠남을 결정합니까?
이직의 문턱에 있습니까?
새로운 일을 계획하고 계십니까?
이사철을 맞아, 삶의 근거지를 옮기려고 지역을 물색하고 있습니까?

소돔과 고모라와 같은 타락한 도시마다 우리의 복음 증거 사역과 말씀을 가르치는 사역이 필요하다는 것을 인식하시길 바랍니다.

만약에 바울이 고린도 지역을 거점 삼아 말씀을 가르치고 전하는 사역을 하지 않았다면, 우리가 지금 이렇게 편하게 예배드릴 수 없었을 것입니다. 오늘날에도 바울과 같이 복음 증거 사명을 감당할 자, 주님의 십자가를 짊어질 자들이 필요합니다. 누가복음 23장 26절의 말씀입니다.

> ²⁶ 그들이 예수를 끌고 갈 때에 시몬이라는 구레네 사람이 시골에서 오는 것을 **붙들어** 그에게 십자가를 지워 예수를 따르게 하더라

로마 군병들은 구레네 사람 시몬을 붙잡아 예수님 대신 십자가를 지게 하여 예수님을 따르게 하였습니다.

우리가 예수님의 제자가 되어 그분의 뒤를 따르는 것이 이와 같습니다. 자기 자신을 부인하며 십자가를 지고 예수님을 따르는 삶이, 바로 후일에 유명한 주의 제자가 되었던 구레네 사람 시몬의 삶이요, 우리 모두의 삶인 줄 믿으시길 바랍니다.

성령에 붙들린 자들은 말씀에 매인 삶을 살아갑니다. 말씀이 인도하는 대로, 말씀을 삶에 최우선 순위에 두고, 말씀이 '가라' 하는 곳으로 가고 말씀이 '머물라' 하는 곳에 머물게 되는 것입니다.

사랑하는 성도 여러분, 말씀이 있는 곳에 저와 여러분의 마음이 머물기 원합니다. 말씀이 있는 곳에 여러분의 발걸음이 임하길 바랍니다.

성령의 검인 말씀이 저와 여러분을 형통하고 평탄한 삶, 구원과 영생이 보장된 인생으로 이끄심을 믿으시고 오직 성령께 붙들리심으로써 하나님의 놀라운 사랑과 예수 그리스도의 충만한 은혜가 가득한 삶을 사시길 주님의 이름으로 축원합니다.

기도 제목

1. 성령의 검, 말씀에 순종하여 하나님의 뜻과 계획을 성취할 수 있도록

2. 성령님께 붙들리어 하나님 안에서 경험되는 능력과 힘을 누리도록

3. 우리가 앉고 서는 것, 머물고 떠남은 오직 말씀과 사명을 위해 결정되어야 한다는 사실을 기억하도록

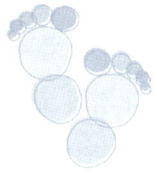

19

성령의 능력
(사도행전 19장 11절)

> **11** 하나님이 바울의 손으로 놀라운 능력을 행하게 하시니

우리는 능력 있는 삶을 원합니다. 세상을 이길 능력, 어려움과 난관을 헤쳐 나갈 능력, 미래를 조망하고 주님이 주실 소망과 비전을 키워 나갈 능력이 가득하기를 바랍니다. 믿는 자들이 삶의 어려움 중에도 힘차게 뻗어 나갈 수 있는 것은 하나님께서 주신 능력 덕분입니다.

우리는 빌립보서 4장 13절의 "내게 능력 주시는 자 안에서 내가 모든 것을 할 수 있느니라"는 말씀을 하나님의 말씀으로 믿습니다. "오직 부르심을 받은 자들에게는 유대인이나 헬라인이나 그리스도는 하나님의 능력이요 하나님의 지혜니라"(고전 1:24)는 말씀을 내게 주시는 하나님의 말씀으로 믿습니다. 진실로 그리스도는 하나님의 능력입니다.

우리가 누구 안에서 모든 것을 할 수 있다고 말씀하십니까?

네, 하나님의 능력이 되시는 그리스도 예수 안에서 모든 것을 할 수 있다는 사실을 믿어야 합니다. 예수님은 부활하여 하늘에 올라가셔서 우리의 처소를 예비하고 계십니다. 우리가 궁극적으로 가야할 저 천성에 우리의 집이 예비되어 있음을 믿으시길 바랍니다.

하지만, 이런 질문을 하는 분도 계실 것입니다.

"목사님, 저 천성에서 하나님 얼굴을 마주보며 살 것을 믿습니다!
그런데 지금은요?
천국 가기까지 어떻게 견딥니까?"

이러한 우리의 필요와 갈급함을 위해 성령을 보내 주셨습니다. 성령의 능력은 악이 판치는 세상 속에서도 우리가 거룩하고 순결한 주의 신부로서 흠없이 살아가도록 도우십니다.
그렇다면 성령의 능력이란 무엇입니까?

1. 신적 능력

하나님은 믿는 우리에게 신적 능력을 주십니다. 사도행전 19장 11절의 말씀입니다.

> [11] 하나님이 바울의 손으로 놀라운 능력을 행하게 하시니

하나님은 바울이 하는 일에 신적인 권능이 임하게 역사하여 주셨습니다. 성경에 나타난 모든 이적과 기사는 본래 초자연적인 일을 가리킵니다.
그런데 사도 바울을 통해 나타난 능력은 그동안 사람들이 목격하지 못한, 아주 특별하고 상상을 뛰어넘는 일이었습니다.
바울이 손만 대면 사람들의 병이 나았습니다. 심지어 바울이 사용했던 손수건이나 앞치마를 병든 사람들과 귀신 들린 사람에게 올려놓기만 해도, 놀라운 일이 벌어졌습니다.

어떤 일이 벌어졌습니까?

중병이라도 떠나는 놀라운 능력이 일어나는 것입니다. 할렐루야!
바울에게 나타난 이 놀라운 능력, 누가 머릿속에 떠오르십니까?
예수님이 생각나지 않으십니까?

열두 해 동안 혈루병을 앓던 여인이 있었습니다. 그 여인은 낫고자 하는 열망으로 예수님의 옷자락을 만졌습니다. 옷이라도 붙잡고 늘어지는 것입니다. 혈루병을 고침 받기 원하는 강한 열망은 예수님의 옷자락에 묻은 작은 능력이라도 자신에게 미치길 바라는 '터치, 작은 행위'로 나타났습니다.
뭐라도 하는 것입니다. 예수님의 능력이 임하도록 하기 위해 지푸라기라도 잡는 심정으로, 단 하나의 행동이라도 실천하는 것입니다. 가만히 있지 않았습니다. 열망을 표출했습니다.
그러자 예수님의 능력이 옷자락을 타고 혈루병을 앓던 여인에게 전달되었고 아주 놀랍게도 치유 받는 결과를 얻게 되었습니다.
예수님의 능력과 기적은 예수님을 따르던 사도 바울에게도 동일하게 나타났습니다. 요한복음 14장 12절의 말씀입니다.

> [12] 내가 진실로 진실로 너희에게 이르노니 나를 믿는 자는 내가 하는 일을 그도 할 것이요 또한 그보다 큰일도 하리니 이는 내가 아버지께로 감이라

"나를 믿는 자는 내가 하는 일을 그도 할 것이요." 우리에게 이러한 믿음이 있어야 합니다.
이 믿음은 어떤 믿음입니까?
"예수님을 믿는 나는 예수님이 하신 일을 할 수 있다!"
예수 그리스도는 세상의 미련한 방법인 십자가의 도를 통해 우리를 구원하기 원하시는 하나님의 뜻과 능력을 드러내셨습니다. 고린도전서 1장 18절의 말씀입니다.

> **18** 십자가의 도가 멸망하는 자들에게는 미련한 것이요 구원을 받는 우리에게는 하나님의 능력이라

우리는 이미 하나님께 능력을 받았습니다. 저주와 멸망, 죽음이 예정된 자들에게 예수 그리스도의 십자가는 수치와 고난이 아닌, 구원과 영광이 되었습니다. 사람들이 버린 돌은 모퉁이의 머릿돌이 되었습니다. 십자가의 도는 멸망하는 자들에게는 미련하고 지혜 없는 것처럼 여겨졌을지라도, 예수 그리스도를 믿고 그분의 말씀의 능력을 신뢰하는 자들에게는 권능으로 임하게 되는 것입니다.

우리 주님께서 십자가에서 이미 다 이루셨음을 믿어야 합니다. 요한복음 19장 30절의 말씀입니다.

> **30** 예수께서 신 포도주를 받으신 후에 이르시되 다 이루었다 하시고 머리를 숙이니 영혼이 떠나가시니라

예수께서 십자가 죽음을 통해 무엇을 이루셨습니까?

예수 그리스도의 십자가를 통해 창세 전에 계획된 전 인류와 온 우주에 대한 구속 사역이 성취되었습니다. 예수님의 십자가 죽음으로 인해 이 일은 단번에, 영원히 이루어졌습니다.

죄로 인해 하나님과 단절된 우리에게 영원한 생명과 구원의 선물이 주어진 것은 하나님과 화목하게 할 직분을 감당하신 예수님의 십자가 죽음 덕분입니다. 이에 관해 로마서 6장 10절의 말씀은 이렇게 증거하고 있습니다.

> **10** 그가 죽으심은 죄에 대하여 단번에 죽으심이요 그가 살아 계심은 하나님께 대하여 살아 계심이니

우리가 죄에 대해 죽은 자들이며 예수 안에서 살아 있는 자로 여김을 받기 위해서는, 옛 본성과 습관을 버리고 성령 안에서 새롭게 거듭나 오직 믿음 안에 살아야 합니다.

죄에 대해 죽은 자들은 죄를 멀리하고 주님의 선하신 능력 안에 거함으로, 죄가 우리 몸을 지배하지 못하도록, 몸의 욕심을 이루지 못하도록 해야 합니다. 우리의 몸을 죄에게 내어 주지 말고, 오직 하나님의 의의 무기로 하나님께 드려야 합니다. 그러할 때만이 하나님의 능력, 성령의 능력을 경험할 수 있습니다.

2. 하나님의 주권에 복종하는 자

하나님의 주권에 복종하는 자들에게만 성령의 능력이 임합니다. 빌립보서 4장 13절의 말씀이 우리의 삶 곳곳에서 이뤄지고 펼쳐지길 바랍니다.

> [13] 내게 능력 주시는 자 안에서 내가 모든 것을 할 수 있느니라

하지만, 사랑하는 성도 여러분, 우리에게 능력 주시는 자 안에서 모든 것을 하기 위해서 반드시 먼저 전제되는 일, 선행되어야 하는 일이 있습니다.

그것이 무엇입니까?

하나님이 이미 주신 줄 알고 자족하며 감사하는 마음, 하나님의 "주권 앞에 순복하는 복종의 마음이 선행된 자들에게 우리 주님은 믿음의 역사를 일으키셔서, 당신의 능력을 덧입어 모든 일을 행하게 하시는 것입니다.

하나님의 주권에 복종하는 자들에게만이 성령의 능력이 임합니다. 이것이 믿음의 원리입니다. 먼저 그분을 인정해야 합니다. 그분이 우리를 만드

셨고 행하시고, 우리보다 앞서 가셔서, 우리의 구원을 이루시는 것을 믿어야 합니다.

하나님의 능력이 그리스도의 십자가에 임하였습니다. 하지만, 이 진리를 알기만 하고, 믿지 않는 자들에게는 성령의 능력이 역사하지 않습니다. 하나님의 능력이 온전히 드러난 십자가의 도를 믿고 따르지 않는다면, 예수 그리스도의 십자가에 복종하지 않는다면, 하나님의 역사는 결코 일어나지 않습니다. 만일, 바울이 십자가에서 죽고 다시 살아나신 예수님을 믿지 않았다면, 사도 바울의 전도는 힘있게 행해질 수 없었을 것입니다.

사도행전 19장은 바울의 3차 선교 여행의 일부에 속합니다. 바울의 3차 선교 여행은 사도행전 18장 23절부터 21장 16절에 기록되어 있기 때문입니다. 바울의 3차 선교 여행은 A.D. 53년경부터 6년 정도 걸렸습니다. 바울은 이 기간 동안 에베소를 중심으로 전도 사역을 활발하게 펼쳤습니다. 3차 선교 여행의 주요한 사건은 에베소의 두란노 서원에서 약 2년간 강론한 것을 들 수 있고(행 19:1-4), 이 시기에 바울이 고린도전후서, 갈라디아서, 로마서를 기록한 것이 특히 주목할 만한 일이 됩니다.

또한, 3차 선교 여행 때 바울은 밀레도에서 에베소 장로들에게 고별 설교를 하였는데(행 20 :17-38), 그것은 오늘날 목회자들이 어떠한 사랑과 관심의 모습으로 성도들을 대해야 할지를 알려주는 귀중한 지표가 되어 주고 있습니다.

이 모든 하나님의 사역은 오직 예수 그리스도를 믿고 복종하는 자들에만 임하시는 "놀라운 하나님의 능력, 힘있게 역사하는 성령의 능력으로만 가능"했음을 믿으시길 바랍니다.

성령은 진실로 믿는 우리들에게 무한한 영광과 능력을 부어 주십니다. 바울은 이 사실을 너무나 잘 알고 있었습니다. 그래서 바울은 믿는 성도들에게 성령이 충만하게 임하여 영광과 능력이 넘쳐나기를 중보하였던 것입니다.

에베소서 3장 16절의 말씀입니다.

> ¹⁶ 그의 영광의 풍성함을 따라 그의 성령으로 말미암아 너희 속사람을 능력으로 강건하게 하시오며

사랑하는 성도 여러분, 이것은 여러분을 향한 저의 간절한 기도이기도 합니다. 모든 사역자는 구원의 진리를 선포하는 데 그치는 것이 아니라, 성도들의 영적 강건과 충만을 위해 무시로 범사에 기도해야 합니다.

사랑하는 성도 여러분, 하나님은 우리 인간을 구원하시는 일에 당신의 지혜와 능력과 은혜를 무한하게 활용하고 계십니다. 그리고 결국 그것이 하나님의 영광으로 귀결되는 것입니다. 그렇기 때문에 풍성한 하나님의 영광은 성도들을 영적으로 강건하게 하는 무한한 자원이 되는 것입니다.

진실로 성령은 우리의 속사람을 능력으로써 강건하게 만들어 주십니다. 우리의 속사람을 사랑과 성령의 충만으로 채워주심으로 영적인 강건함을 허락하시는 것입니다. 성령께서 임재하시는 자리인 우리 속사람은 날로 새로워지며 우리의 전인격은 날로 강건해진다는 것을 기대하며 감사하시길 바랍니다.

예수님을 믿는 믿음이 있는 자들에게는 이러한 일들이 매일 매순간 일어나는 것입니다. 오직 하나님의 말씀을 믿는 믿음으로, 성령의 능력과 충만한 영광을 경험하시는 모든 성도님이 되시길 바랍니다. 갈라디아서 3장 5절의 말씀입니다.

> ⁵ 너희에게 성령을 주시고 너희 가운데서 능력을 행하시는 이의 일이 율법의 행위에서냐 혹은 듣고 믿음에서냐

오직 믿는 자만이 하나님의 역사를 경험할 수 있습니다.

오늘 바울이 행한 놀라운 이적과 능력은 다른 데서 임한 것이 아닙니다. 성령의 능력입니다. 손만 대면 병이 낫는 바울의 능력은 성령의 능력, 그 이상도 그 이하도 아닙니다.

바울이 사용했던 손수건이나 앞치마를 병든 사람들과 귀신 들린 사람에게 올려놓기만 해도 즉시 중병이 치유되는 놀라운 능력은 무슨 능력입니까?

성령의 능력입니다. 믿음이 없이는, 하나님의 역사에 대한 경험과 구원의 온전한 성취가 불가능합니다. 바울에게 임한 하나님의 놀라운 역사를 체험하기를 원하신다면 먼저, 하나님을 믿는 자가 되시기를 바랍니다. 하나님의 능력을 믿지도 않으면서, 하나님이 역사하지 않으신다고 불평하는 어리석은 자가 되어서는 안 됩니다. 아무리 어렵고 불가능한 일이라 할지라도 하나님께서 능히 그 일을 이루실 것이라고 믿고, 그 믿음을 따라 행할 때, 반드시 하나님의 크고 놀라운 능력을 체험하게 될 줄 믿으시길 바랍니다.

3. 하나님의 사역을 감당할 힘과 능력의 원천

사랑하는 여러분, 성령은 하나님의 사역을 감당할 힘과 능력의 원천입니다. 출애굽기 9장 16절의 말씀입니다.

> 16 내가 너를 세웠음은 나의 능력을 네게 보이고 내 이름이 온 천하에 전파되게 하려 하였음이니라

창조와 구원을 이루신 전능하신 하나님은 능력의 하나님이십니다. 하나님은 오늘날 예수님의 십자가의 도와 그 능력을 믿는 자들이 효과적인 사

역을 수행하도록 성령의 능력을 허락하여 주십니다. 우리의 사역은 하나님의 궁극적인 목적을 이루는 방향으로 나아가야 합니다.

하나님께서 세상 만물을 창조하심이 자신의 영광을 드러내어 피조물에게서 찬양을 받으시기 위함이었던 것과 같이, 의인의 구원과 악인의 심판의 목적도 궁극적으로는 하나님의 영광과 능력을 밝히 드러내기 위함입니다. 그러므로 하나님의 사역과 믿는 도리를 붙잡고 살아가는 우리의 인생이 바로 하나님의 목적에 부합해야 합니다.

진실로 하나님의 영광을 세상에 전파함으로써 우리 생의 목적이 성취됨을 잊지 않아야 합니다. 그리하여 오직 성령의 능력을 의지하여 주어진 사명을 완수하시는 모든 성도님이 되시길 주님의 이름으로 축원합니다.

기도 제목

1. 예수님을 믿는 우리도 예수님이 하신 일을 할 수 있다는 확신을 갖도록
2. 성령의 충만으로 채워주시는 영적인 강건함을 소망하도록
3. 성령은 하나님의 사역을 감당할 힘과 능력의 원천임을 기억하도록

20

성령의 주장하심
(사도행전 20장 22절)

> ²² 보라 이제 나는 성령에 매여 예루살렘으로 가는데 거기서 무슨 일을 당할는지 알지 못하노라

여러분은 자기 주장이 강한 편이십니까?

아니면, 나의 분명한 주장이 있음에도 불구하고 내 생각이나 주장을 자주 숨기는 편이십니까?

'주장한다'는 것은 자신의 의견을 내세우는 것을 의미합니다. 성경에서의 '주장하다'라는 말은 '권리를 행사하다, 권세를 얻어 다스리거나 책임지고 맡아서 처리하다'라는 뜻을 가집니다(롬 6:9; 고전 7:4; 벧전 5:3).

'누가 권리 행사를 하느냐?

누가 주장하느냐?'

그러한 의미로 사용됩니다.

그렇다면 "성령이 우리를 주장한다"는 말은 무슨 뜻일까요?

성령이 "너에 관한 권리는 나한테 있어. 너는 아무 소리하지 말고 내가 하라는 대로 해!" 하고 겁박을 주는 상태가 성령의 주장하심입니까?

아닙니다. 성령은 우리를 성령의 음성과 인도하심에 매이게 하시지만, 결코 그것을 억지로 하게 하지 않으시고, 기쁨으로 결단하여 순종함으로

즐거이 행하게 하십니다.

나도 모르게 무언가의 힘에 이끌려 자연스럽게 그 길을 걷거나 어떤 일을 행하게 되는 경우가 있을 것입니다. 이렇듯 성령은 믿는 자들에게 하나님의 기쁘신 뜻과 계획을 알게 하시고, 능동적이고 적극적으로 주님이 먼저 걸어가신 십자가의 길을 우리도 자원하여 따라가게 하십니다.

오늘 우리가 어떠한 환경과 상황에서도 변함없이 교회에 나와 하나님께 예배드릴 수 있는 것 역시 성령의 주장하심이 있기 때문임을 기억하시길 바랍니다.

1. 성령의 주장하심이 있는 길

오늘 본문 사도행전 20장 22절의 말씀입니다.

> [22] 보라 이제 나는 성령에 매여 예루살렘으로 가는데 거기서 무슨 일을 당할는지 알지 못하노라

이 구절은 사도 바울이 에베소 교회 장로들을 밀레도에 소집하여 마지막 고별 설교 중에 한 말입니다.

사도 바울은 지금 성령에 매여 있습니다. 바울의 마음은 성령에 사로잡혀 있습니다.

바울은 3차 선교 여행 중에 있으며, 사도행전 20장에서의 행적은 에베소에서 마게도냐를 거쳐 드로아에서 밀레도에 이르는 여정입니다.

바울의 선교 여정과 그의 사역은 온통 성령에 매여 있었고 성령에 완전히 사로잡혀 있었습니다. 바울은 이제 자신이 가야 할 길을 예견하고 장로들과 눈물의 작별을 해야 하는 것입니다.

바울의 다음 행선지는 어디입니까?

예루살렘입니다.

예루살렘에 가면 어떠한 것들이 바울을 기다리고 있습니까?

환난입니다. 핍박입니다. 고난입니다. 결박 당함입니다. 그럼에도 불구하고 바울은 성령이 가라 하시면 어떠한 고통과 아픔이 기다리고 있다고 해도 자원하는 심령으로 기꺼이 그곳에 가고자 하였습니다.

바울은 예루살렘행을 결정한 지금만 성령에 매인 바 되어 성령이 주장하신 대로 따랐을까요?

아닙니다. 그는 언제나 성령의 주장하심이 있는, 바로 그곳에 가기를 갈망하였습니다.

사랑하는 성도 여러분, 성령의 주장하심이 있는 바로 그곳에 가기를 갈망하십니까?

내가 평소에 관심이 있고 가 보고 싶은 곳에 가고자 하는 것은 아닙니까?

성령이 막아도, 성령의 주장하심을 꺾고 내 의견을 내세우며 내가 원하는 곳을 고집하고 있는 것은 아닙니까?

성령이 주장하시는 곳이라면, 고통과 어려움이 있음을 알고도 기꺼이 가시겠습니까?

성령이 주장하시는 곳에 가더라도 어떤 역경이나 고난 없이 꽃길만 걷고자 하는 우리는 아닙니까?

아브라함처럼 갈 바를 알지 못하고 믿음으로 걸어가는 우리가 되어야 합니다.

아니! 설령 그 믿음의 길에 아픔이 있다고 해도 기꺼이 가야 합니다.

바울에게는 갈 바를 알지 못하고 나아갔던 아브라함과 같은 믿음이 있었습니다. 오늘 본문 사도행전 20장 22절의 후반절에는 이런 말씀이 기록되어 있습니다. "예루살렘으로 가는데 거기서 무슨 일을 당할는지 알지 못하노라." 이 부분을 잘 보시길 바랍니다.

과연 바울은 예루살렘에서 무슨 일을 당할지 알지 못했던 것입니까?

아닙니다.

바울의 고난과 핍박은 예견된 일이었습니다. 사도행전 20장 23절의 말씀입니다.

> ²³ 오직 성령이 각 성에서 내게 증언하여 결박과 환난이 나를 기다린다 하시나

바울은 성령의 계시를 통해 자신의 앞길에 결박과 환난이 기다리고 있음을 이미 알고 있었습니다. 바울의 기준은 고난의 유무가 아니었습니다. 세상의 많은 사람은 고통와 어려움이 없는 평탄하고 형통한 길을 원하지만, 바울은 고통과 어려움이 있을지라도 그 길이 **성령의 주장하심이 있는 길**이기를 원했습니다.

성령이 "가라!" 하시면 가고, 성령이 "이 길이 아니다!" 하시면 멈추고자 하였습니다.

아시아로 가고자 한 바울을 막아선 성령은 그를 유럽으로 인도하신 바 있습니다. 아시아에서 유럽으로 복음을 확장하시려는 성령의 계획하심에 순종하여 바울은 자신에게 주어진 복음 증거의 사명을 완수하였습니다.

지금도 마찬가지입니다. **바울은 '고난이 있느냐, 없느냐'를 기준 삼지 않았습니다.**

그에게는 **'예수님이 주신 사명을 완수할 수 있느냐 없느냐'가 기준이 되었습니다.** 바울은 "복음 증거의 사명을 완수하는 길"을 가고자 한 것입니다.

사도행전 20장 24절의 말씀입니다.

> ²⁴ 내가 달려갈 길과 주 예수께 받은 사명 곧 하나님의 은혜의 복음을 증언하는 일을 마치려 함에는 나의 생명조차 조금도 귀한 것으로 여기지 아니하노라

2. 십자가의 길

그리스도인이 걷는 길에는 고생과 수고가 뒤따르기 마련입니다. 사도 바울이 예수님께 받은 사명을 완수하는 데 있어 그가 당할 고생과 수고는 당연한 것입니다. 우리의 가는 길에도 반드시 고난의 십자가가 있습니다.

바울은 십자가의 길을 갈 때 자신의 생명까지 내어놓았습니다. 생명을 담보로 복음 증거 사역을 제한 없이 펼친 것입니다. 우리에게 바울이 말한 "복음 증거 사명을 마치는 데 생명도 아끼지 않겠다"는 결단까지는 없다고 할지라도, 고통과 아픔 없이, 어떠한 고난과 슬픔 없이, 사명 완수를 기대할 수는 없습니다.

왜입니까?

우리는 그리스도인입니다. 예수님이 걸어가신 십자가의 길을 따르는 자들이며, 그리스도의 남은 고난을 채우는 자들입니다. 이것이 우리의 정체성입니다. 우리는 고난의 십자가를 짊어지고 복음을 증거하는 그리스도인입니다. 우리가 믿는 예수님은 십자가의 고통을 알고 있으셨지만, 십자가 지는 것을 결단코 거역하지 않았습니다. 예수님은 십자가를 지기 위해 주저하지 않고 예루살렘으로 올라가셨습니다.

사랑하는 성도 여러분, 이미 성령님께서 저와 여러분에게 십자가를 지고 예루살렘으로 올라가고자 하는 마음을 주장하시고 계심을 믿으시길 바랍니다. 성령은 우리가 완수할 사명의 길, 십자가를 지고 그 길을 갈 수 있

게 우리를 주장하고 계십니다. 인간적으로는 피하고 싶고 마주하고 싶지 않은 예루살렘이지만 기꺼이 그곳에 가도록 예수님과 바울의 마음에 내주하신 성령께서 지금 저와 여러분의 마음을 주장하고 계십니다.

우리 모든 성도님은 사명을 가지고 사역에 임해야 합니다. 우리는 그리스도인의 정체성을 가지고 한 성령 안에서 힘써 그리스도의 사랑을 실천하고, 복음을 증거하는 사명을 감당함으로 하나님의 인정을 받는 성도요, 교회의 일원이 되어야 합니다.

그렇기 때문에 고난의 십자가를 절대로 피하지 말아야 합니다. 내가 져야 할 고난의 십자가를 마땅히 지고 가야 합니다. 내가 그 십자가를 짊어지는 것이 교회에 유익이 되고 많은 생명을 구원할 수 있다면, 우리는 바울과 같이 성령의 주장하심을 따라, 고난이 예견된 예루살렘을 향해 당당하게 걸어가야 합니다.

가끔 저에게 신앙 상담을 하는 분들이 있습니다.

"목사님, 제가 이런 저런 일을 계획하고 있습니다. 순탄하게, 순적하게, 아무런 어려움 없이 이루도록 기도해 주세요!

목사님, 제가 어떤 일을 시작했습니다. 제가 누구 누구랑 만나 교제하기 시작했습니다. 제가 어디 어디로 이사해서 살기 시작했습니다. 그런데 자꾸 힘든 일이 생깁니다. 혹시 이 길은 하나님이 인도하신 길이 아닌 것입니까?"

성도 여러분, 만약에 그 어려움을 이겨내고 견디는 것이 우리를 향한 하나님의 뜻과 계획이라면, 잠잠히 인내하며 순종하시겠습니까?

아니면, 하나님의 뜻과 계획에 상관없이, 무조건 힘들지 않게, 수월하게 할 수 있는 일만 취사선택하며 사시겠습니까?

우리의 육신은 편한 것을 좋아합니다. 그러나 편한 길이 죽음과 멸망의 길이라면, 그 길을 선택할 자는 우리 중에 없습니다. 마태복음 7장 13절과 14절의 말씀입니다.

> **13** 좁은 문으로 들어가라 멸망으로 인도하는 문은 크고 그 길이 넓어 그리로 들어가는 자가 많고
>
> **14** 생명으로 인도하는 문은 좁고 길이 협착하여 찾는 자가 적음이라

생명의 길이 아무리 좁고 협착하다 해도 우리는 그 길을 걸어야 합니다. 사도 바울은 이 원리를 잘 알고 있었습니다. 그래서 고별 설교를 통해, 이제 자신을 다시 볼 수 없으나, 에베소 교회의 장로들에게 성도를 맡기고 그들을 잘 경성하며 돌보기를 권면하고 있는 것입니다.

성령께서 바울에게 예루살렘에서의 일들을 예고하시고, 바울은 그 예고하심을 미리 알고도 당당히 그 길을 걷고자 하였습니다. 바울의 마음 상태는 자신이 앞으로 받을 환난과 핍박을 감수하겠다는 의지와 결단이 서 있는 것입니다.

"예루살렘에 가면 고생길이 훤하다"라고 예고되었다고 해서 바울의 결정이 바뀌는 것입니까?

아닙니다. 성령은 바울이 복음에 매인 삶을 결단하고 그 길을 행할 의지까지 주장하시기 때문에, 예루살렘에서 당할 어려움에 대한 예고를 듣는다고 할지라도, 이에 대해 바울은 아랑곳하지 않게 되는 것입니다.

사도행전 21장에 가면 아가보라 하는 선지자가 바울에게 이미 예루살렘에서 당하게 될 환난을 말하자 바울의 동료들은 가지 말라고 권합니다. 사도행전 21장 10절에서 12절의 말씀입니다.

> **10** 여러 날 머물러 있더니 아가보라 하는 한 선지자가 유대로부터 내려와

> ¹¹ 우리에게 와서 바울의 띠를 가져다가 자기 수족을 잡아매고 말하기를 성령이 말씀하시되 예루살렘에서 유대인들이 이같이 이 띠 임자를 결박하여 이방인의 손에 넘겨 주리라 하거늘
> ¹² 우리가 그 말을 듣고 그곳 사람들과 더불어 바울에게 예루살렘으로 올라가지 말라 권하니

아가보의 예언대로, 바울은 예루살렘에서 체포되어 이방인인 로마인들에게 넘겨지게 될 것입니다. 감옥에 갇히고 죄인의 신분으로 로마까지 가게 될 것입니다. 그렇게 바울은 로마 제국 수도에서 복음 증거 사명을 감당하게 됩니다.

성령은 이를 아가보 선지자를 통해 미리 알려주심으로 바울이 마음의 준비를 할 수 있도록 도와주셨습니다. 성령께서 바울의 마음까지 주장하시는 것입니다. 그렇기 때문에 동료들이 거듭 예루살렘행을 만류하였음에도 불구하고 바울의 대답은 한결같았습니다. 사도행전 21장 13절과 14절입니다.

> ¹³ 바울이 대답하되 여러분이 어찌하여 울어 내 마음을 상하게 하느냐 나는 주 예수의 이름을 위하여 결박 당할 뿐 아니라 예루살렘에서 죽을 것도 각오하였노라 하니
> ¹⁴ 그가 권함을 받지 아니하므로 우리가 주의 뜻대로 이루어지이다 하고 그쳤노라

복음 증거 사명의 완수를 위해 목숨조차 아끼지 않겠다는 바울의 결연한 의지 앞에, 인간적인 감정에서 비롯된 반대를 그치게 되는 것입니다. 바울의 예루살렘행을 만류하던 자들도 이제 주의 뜻대로 이루어지길 기도함으로 성령의 주장하심에 완전히 굴복하게 되는 것입니다.

3. 에베소에서의 마지막 당부

여러분 중에는 자식을 군대에 보내신 분이 계십니다. 학업을 위해 자녀를 타국에 떠나 보내신 부모님도 계십니다.

군대에서, 해외 유학 생활 가운데 우리 자녀들은 아무런 어려움이나 고통이 없을까요?
왜 자녀들이 군대에서, 해외 유학에서 힘들 것을 알고도 보내십니까?
성령의 주장하심에 따른 결과는 아닙니까?
힘든 순간이 엄습하고 고통의 시간이 다가올 것을 예견함에도 불구하고, 우리 자녀들에게 **하나님의 뜻이** 군대에서, 해외 유학에서 **이루어질 것을 믿고 하나님께 온전하게 의뢰하고 맡기신 것**은 아닙니까?
어쩔 수 없어서 체념한 채로 군대나 유학을 보내는 분이 계십니까?

결코 그렇지 않을 것입니다.
성령은 우리들에게 사명을 감당할 능력을 주시고, 그 사명을 이루는 일에 기쁨으로 동참하도록 우리의 마음과 생각을 주장하는 분이심을 기억하시길 바랍니다.
바울은 이제 에베소 장로들에게 마지막 고별 설교를 하고 복음을 증거하기 위해 고난도 마다하지 않고 예루살렘으로 떠날 것입니다. 성령의 주장하심을 따라 행하던 바울이 에베소 장로들에게 마지막으로 부탁한 일들은 그래서 더욱 가치가 있는 것입니다. 바울은 마지막 당부는 우리를 향한 부탁이기도 합니다. 사도행전 20장 29절과 30절의 말씀입니다.

[29] 내가 떠난 후에 사나운 이리가 여러분에게 들어와서 그 양떼를 아끼지 아니하며

> ³⁰ 또한 여러분 중에서도 제자들을 끌어 자기를 따르게 하려고 어그러진 말을 하는 사람들이 일어날 줄을 내가 아노라

에베소 교회에 이단이 들끓어 성도들을 미혹하고 배교의 길로 들어서게 할 것을 염려한 바울은 에베소 장로들에게 양떼를 경성하기를 바랐습니다. 말씀으로 양무리들을 잘 가르치기를 바랐습니다. 바울은 에베소 교회와 에베소 교회 성도들을 장로들에게 맡기면서 은혜의 말씀에 부탁하였습니다. 사도행전 20장 32절의 말씀입니다.

> ³² 지금 내가 여러분을 주와 및 그 은혜의 말씀에 부탁하노니 그 말씀이 여러분을 능히 든든히 세우사 거룩하게 하심을 입은 모든 자 가운데 기업이 있게 하시리라

장로들을 은혜의 말씀에 부탁한다는 것이 무슨 의미입니까?
에베소 교회를 잘 이끌 수 있도록 늘 은혜의 복음에서 떠나지 않도록 하라는 것입니다. 말씀은 살아있고 운동력이 있어 죄를 깨닫게 하고 바른 교훈과 주의 가르침대로 살게 합니다. 그러므로 은혜의 말씀이 에베소 교회와 장로들, 성도들을 세워 주시며 천국의 구원과 상급을 기업으로 받게 하실 것입니다.
이렇게 은혜의 말씀으로 든든히 세워진 자들은 범사에 약한 자를 돕고 주는 것에 인색하지 말아야 합니다.
사도행전 20장 35절의 말씀을 같이 읽겠습니다.

> ³⁵ 범사에 여러분에게 모본을 보여준 바와 같이 수고하여 약한 사람들을 돕고 또 주 예수께서 친히 말씀하신 바 주는 것이 받는 것보다 복이 있다 하심을 기억하여야 할지니라

사랑하는 성도 여러분, 약한 자들을 돕고 그들에게 나누어 주는 것을 기뻐하십시오. 성령의 주장하심을 따르십시오. 성령이 주장하심을 따르는 성도의 삶은 연약한 자를 세우고 주는 것에 인색하지 않은 삶이라는 것을 기억하시길 바랍니다.

세상의 눈으로 볼 때는 손해 보는 것 같고, 고생하고 수고하는 것 같아도 성령이 주장하시는 그 길을 갈 때, 말씀으로 든든히 세우사 기업이 있게 하실 것을 믿으시길 바랍니다.

고난과 핍박, 환난이 닥치더라고 예루살렘행을 결정한 바울의 모습이 자기 십자가를 지고 나아가는 우리 모든 성도님의 모습이 되길 바랍니다. 성령의 주장하심이 늘 우리들의 삶에 가득하길 주님의 이름으로 축원합니다.

기도 제목

1. 성령의 음성과 인도하심에 매이도록, 기꺼이 결단할 수 있도록

2. 고난과 핍박의 십자가를 지더라도, 성령이 주장하시는 좁고 협착한 길을 갈 수 있도록

3. 성령이 주장하시는 성도의 삶은 연약한 자를 세우고 주는 것에 인색하지 않는 삶이라는 것을 기억하도록

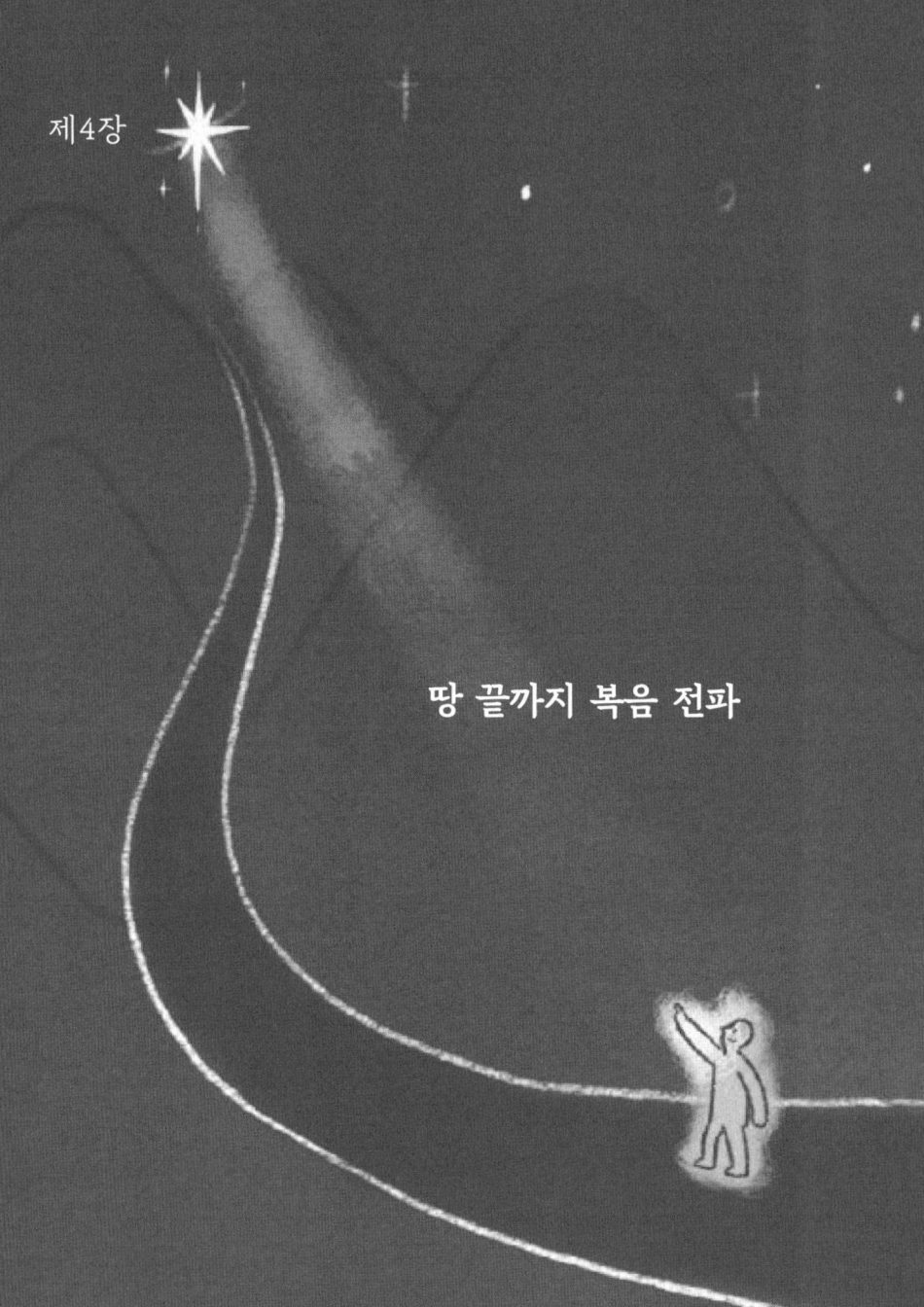

21

성령의 감동

(사도행전 21장 4절)

> ⁴ 제자들을 찾아 거기서 이레를 머물더니 그 제자들이 성령의 감동으로 바울더러 예루살렘에 들어가지 말라 하더라

우리가 믿는 성경은 성령의 감동으로 된 것입니다(딤후 3:16). 시므온은 성령의 감동으로 성전에 들어가 예수를 만났습니다(눅 2:27). 밧모섬의 사도 요한은 성령의 감동으로 예수 그리스도를 환상 중에 보았고(계 1:10), 성령의 감동으로 요한계시록을 기록하게 되었습니다(계 4:2).

다윗도 성령의 감동으로 예수를 그리스도라 칭하게 되었고 많은 시편을 기록하게 되었습니다(마22:43; 막12:36).

성령의 감동은 느낌이나 감정 그 이상입니다. **성령의 감동이란 성령 안에서, 성령을 통하여 역사하시는 예수 그리스도를 만나는 것입니다.** 우리는 성령의 감동으로 쓰여진 성경 안에서 성령의 감동하심에 따라 주를 만나고, 주를 그리스도로 인정하고 믿으며 따르게 된다는 사실입니다.

무엇보다도 우리가 성령의 감동으로 살아가길 소망합니다. 우리의 모든 삶과 예배가 성령의 감동하심으로 신령과 진정으로 드려지길 원합니다. 우리가 행하는 모든 일이 성령의 감동으로 이뤄지길 바랍니다.

1. 예루살렘에 들어가지 말라

사도행전 21장 4절의 말씀입니다.

> 4 제자들을 찾아 거기서 이레를 머물더니 그 제자들이 성령의 감동으로 바울더러 예루살렘에 들어가지 말라 하더라

제자들이 성령의 감동을 따라 바울에게 예루살렘에 가는 것을 만류하고 있습니다. 여기의 제자들이란 두로에 머물고 있는 제자들입니다.

지난 시간에 우리가 바울이 밀레도에서 장로들과 작별을 하고 떠난 것을 살펴보지 않았습니까?

바울은 밀레도를 떠나, 고스, 로도, 바다라, 베니게를 거쳐 지금 두로에 와 있습니다(행 21:1-3).

그렇다면 두로의 제자들은 바울이 예루살렘에서 죽어야 하는 것이 하나님의 뜻인 것을 알면서, 그것을 성령의 감동으로 알아차렸으면서 왜 바울의 예루살렘행을 만류했습니까?

오늘 본문을 다시 한번 보시길 바랍니다.

> 4 제자들을 찾아 거기서 이레를 머물더니 그 제자들이 성령의 감동으로 바울더러 예루살렘에 들어가지 말라 하더라

지금 두로의 제자들은 성령의 감동으로 바울이 예루살렘에서 당할 환난을 알게 된 것은 맞습니다. 하지만, 예루살렘으로 들어가지 말라는 것은 바울을 염려하는 인간적인 마음에서 한 말입니다.

사실 어떤 사람이 험난한 사역자의 길을 가려고 할 때, 선뜻 그 길을 축복만 해주기는 어렵습니다. 사역자들이 힘든 길을 가는 것에 대해 "하나님

의 축복이 예정된 길입니다. 축하합니다"라고 말하면서도, 되돌아서면 '어떡해, 힘들겠다'라는 생각이 절로 들게 마련입니다.

만약 사역자의 길을 걷는 자들이 나의 가족이나 자녀라면 더더욱 만감이 교차합니다.

"축하를 해줘야 돼? 말아야 해?" 이런 걱정이 앞섭니다.

왜입니까?

사역자의 길이 험난할 것을 미리 알기 때문입니다.

그래서 선뜻 "그 길로 직진해!"라고 말하기는 어렵습니다.

우리는 성령의 감동으로 하나님의 뜻과 계획을 알게 됩니다. 하지만, 그 길을 아는 것과 그 길을 직접 걸어가는 것은 다른 문제입니다. 하나님의 뜻과 계획을 알면서도 정작 그 뜻과 계획을 이루며 살아가는 자들이 많지 않습니다. 그렇기 때문에 사역자의 길이 축복임을 안다고 해도, 모두가 끝까지 사명 완수하며 나아가겠다고 결단하지는 못합니다.

하지만, 바울은 사람들의 제지와 반대를 무릅쓰고 자신의 사명을 완수하고자 했습니다. 성령의 감동으로 예루살렘에서의 고난을 알았을 뿐만 아니라, 아는 데서 그치지 않고 극심한 역경과 결박, 죽음의 위험이 도사린다고 해도 기꺼이 감당하고자 했습니다.

그렇습니다. **바울은 예루살렘에 예비되어 있는 환난과 핍박, 어려움과 고통, 결박과 죽음의 위기 앞에 놓여 있습니다.** 그래서 그가 예루살렘으로 가기 전에 방문한 곳마다, 제자들과 동역자들, 선지자들 모두 바울의 예루살렘행의 어려움을 미리 예견하고 가지 말라고 만류하기 바빴습니다.

두로의 제자들만 성령의 감동을 받았음에도 바울의 예루살렘행을 말린 것이 아닙니다. 바울이 두로를 떠나 돌레마이에서 하루를 묵고, 가이사랴에 있는 일곱 집사 중 하나인 빌립의 집에 머물 때도 **바울의 동료들은 예루살렘으로 가지 말라고 그를 붙잡았습니다.** 사도행전 21장 10절부터 12절의 말씀입니다.

> ¹⁰ 여러 날 머물러 있더니 아가보 하는 한 선지자가 유대로부터 내려와
>
> ¹¹ 우리에게 와서 바울의 띠를 가져다가 자기 수족을 잡아매고 말하기를 성령이 말씀하시되 예루살렘에서 유대인들이 이같이 이 띠 임자를 결박하여 이방인의 손에 넘겨 주리라 하거늘
>
> ¹² 우리가 그 말을 듣고 그곳 사람들과 더불어 바울에게 예루살렘으로 올라가지 말라 권하니

바울이 여러 날 머문 곳은 가이샤랴 지역에 있는 빌립 집사의 집입니다. 이 빌립 집사는 누구입니까?

초대교회에서 구제와 봉사를 위해 선출된 일곱 집사 중 한 명입니다. 그는 스데반 집사의 동료로 스데반 집사가 죽을 때, 바울이 적극적으로 가담한 것을 목격한 자였습니다.

때문에 바울과 빌립 집사는 지난 세월에 대한 회한이 들 수 있는 사이입니다. 스데반 집사의 순교를 보고 때늦은 후회와 슬픈 감정이 교차하는 두 사람입니다.

빌립은 초대교회 집사 중 하나였지만 이방인인 사마리아 사람들에게 복음을 전하였고, 에디오피아 내시에게 복음을 전한 자로서 오늘날 선교사와 같은 역할을 감당한 자였습니다. 그래서 사도행전 21장 8절은 빌립을 전도자로 칭합니다.

> ⁸ 이튿날 떠나 가이사랴에 이르러 일곱 집사 중 하나인 전도자 빌립의 집에 들어가서 머무르니라

바울은 성령의 감동으로 가이사랴에 교회를 개척한 빌립을 찾아 왔고 두로의 제자들과 마찬가지로, 그곳에 있는 동료들로부터 예루살렘행에 대한 만류를 받은 것입니다.

2. 바울의 결단

사랑하는 성도 여러분, 성령의 감동으로 하나님의 뜻을 알게 된 적이 있습니까?

하나님께서 힘들지만 서둘러 그 길을 가라고 미신 적이 있습니까?

성령의 감동을 받았음에도 불구하고 아직도 머뭇거리며 미적지근한 반응을 보이고 있는 것은 아닙니까?

오늘 성경에 기록된 바울의 결단을 보시길 바랍니다. 그는 예수 그리스도가 걸으신 그 험난하고 좁은 십자가의 길을 가고자 하였습니다. 사도행전 21장 13절의 말씀입니다.

> [13] 바울이 대답하되 여러분이 어찌하여 울어 내 마음을 상하게 하느냐 나는 주 예수의 이름을 위하여 결박 당할 뿐 아니라 예루살렘에서 죽을 것도 각오하였노라 하니

가이사랴를 떠나 얼마 후면 예루살렘에 도착하게 될 바울은 예루살렘 성전에서 유대인들의 폭동에 의해 죽임을 당할 위기에 처하고 이방인인 로마 천부장의 손에 넘겨질 것입니다.

하지만, 바울은 자신을 위해 십자가에 못박혀 죽으신 예수님의 남은 고난을 채우고자 예수님께서 걸어가신 고난의 길을 걸어가고자 했습니다. 예수 그리스도의 이름을 위해 로마 천부장에게 결박 당하고 유대인들이 죽이고자 달려드는 모든 상황을 감당하고자 한 것입니다.

바울이 왜 이렇게 했습니까?

성령의 감동대로 행하고자 한 것입니다. 하나님의 뜻을 아는 데에 멈추는 신앙이 아니라, "하나님의 뜻을 실천하고 행하는 진실한 믿음의 사람"으로 살기를 작정하였기 때문입니다.

믿음은 '아는 것'에 더해 '행함'을 이룰 때 비로소 완전해 집니다.
야고보 사도도 행함이 없는 신앙은 죽은 믿음이라고 하지 않습니까?
야고보서 2장 20절과 26절의 말씀입니다.

> ²⁰ 아아 허탄한 사람아 행함이 없는 믿음이 헛것인 줄을 알고자 하느냐
>
> ²⁶ 영혼 없는 몸이 죽은 것 같이 행함이 없는 믿음은 죽은 것이니라

"행함이 있는 살아 있는 믿음"의 선구자는 다름 아닌 우리 구주 예수 그리스도이십니다. 예수님은 성령의 감동으로, 하나님의 뜻에 따라 이방인인 대제사장과 서기관들의 손에 붙잡히게 될 것을 아셨고 십자가에서 죽게 될 것 또한 아셨습니다.

하지만, 예수님은 삼 일 후에 다시 살아나실 것도 미리 아셨습니다. 십자가의 수난 뒤에 있을 부활의 영광을 아셨기에, 예수님은 예루살렘 입성을 성령의 감동하심에 따라 당당하게 헤쳐 나가신 것입니다. 마태복음 20장 18절과 19절의 말씀입니다.

> ¹⁸ 보라 우리가 예루살렘으로 올라가노니 인자가 대제사장들과 서기관들에게 넘겨지매 그들이 죽이기로 결의하고
>
> ¹⁹ 이방인들에게 넘겨 주어 그를 조롱하며 채찍질하며 십자가에 못박게 할 것이나 제삼일에 살아나리라

만일, 우리가 성령의 감동으로 받은 일에 대해 주저함 없이 믿음의 확신과 결단으로 움직이고자 한다면, 반드시 고난 뒤에 받게 될 무한한 영광을 소망해야 합니다.

십자가의 고난 뒤에 찾아올 부활의 영광을 기대하지 않는 자는 결코 성령의 감동하심대로 살아갈 수가 없습니다. 현재 우리가 당하는 고난은 장

차 우리에게 예견된 영광의 크기와는 비교할 바가 못 됩니다(롬 8:18).

만약 저와 여러분이 그리스도인으로서 고난을 받게 되면 부끄러워할 것이 아니라, 도리어 하나님께 영광을 돌려야 합니다(벧전 4:16).

왜입니까?

그리스도의 이름으로 고난 받는 자들은 복이 있는 자들이라고 성경이 증언하고 있기 때문입니다. 베드로전서 4장 14절의 말씀입니다.

> **14** 너희가 그리스도의 이름으로 치욕을 당하면 복 있는 자로다 영광의 영 곧 하나님의 영이 너희 위에 계심이라

사랑하는 성도 여러분! 광야 시대 회막에 머물던 **하나님의 임재**가 오늘날 교회 위에, 그리스도의 이름으로 고난 받는 성도 위에 성령의 감동으로 충만하게 내려지고 있음을 믿으시길 바랍니다.

그렇기 때문에, 성령의 감동이 이끄는 길에 고난이 있다 해도, 그 고난은 끝내 저와 여러분을 온전하게 하고 굳건하게 하며 강하게 할 것을 믿고 당당하게 결단하며 나아가시길 바랍니다.

베드로전서 5장 10절의 말씀입니다.

> **10** 모든 은혜의 하나님 곧 그리스도 안에서 너희를 부르사 자기의 영원한 영광에 들어가게 하신 이가 잠깐 고난을 당한 너희를 친히 온전하게 하시며 굳건하게 하시며 강하게 하시며 터를 견고하게 하시리라

3. 성령의 감동대로 행함

예루살렘에 도착한 바울을 기다리고 있던 것은 오해와 갈등이었습니다. 극심한 고난의 서막이 활짝 열린 것입니다.

바울이 예루살렘에 있는 야고보 사도와 장로들에게 3차 선교 여행의 보고를 마치자 모두 하나님께 영광을 돌렸습니다. 동시에 수만 명의 유대인 중에 개종한 자들이 "바울을 오해하고 있다"는 말도 전했습니다.

여전히 이방인 선교에 대한 부정적인 인식이 사라지지 않고 있었습니다. 율법에 열성 있는 유대인 출신 성도들은 바울이 모세의 율법을 적대시하고 할례를 반대한다는 오해를 하고 있었습니다. 그래서 야고보 사도와 장로들은 바울에 대한 오해를 풀기 위해 하나의 방법을 제안했습니다.

그것은 무엇입니까?

바울이 모세의 율법을 존중한다는 것을 보여 주기 위해 직접 결례를 행하고, 결례를 서원한 자들의 비용도 대신 내주라는 것이었습니다. 사도행전 21장 23절과 24절의 말씀입니다.

> [23] 우리가 말하는 이대로 하라 서원한 네 사람이 우리에게 있으니
> [24] 그들을 데리고 함께 결례를 행하고 그들을 위하여 비용을 내어 머리를 깎게 하라 그러면 모든 사람이 그대에 대하여 들은 것이 사실이 아니고 그대도 율법을 지켜 행하는 줄로 알 것이라

결례는 나실인으로 서원한 자들이 서원 기간이 끝나면 성전에 7일 동안 거하면서 제사 의식을 행하는 것을 말합니다. 한 사람이 나실인으로 결례를 행하는 데는 번제물로 일 년 된 숫양 하나, 속제물로 일 년 된 암양 하나, 화목제물로 숫양 하나와 무교병 한 광주리, 고운 가루에 기름 섞은 과자들과 기름 바른 무교전병들, 이 외 소제물과 전제물들이 필요했습니다.

따라서, 바울이 자신의 결례 비용과 나머지 4명의 서원자의 결례 비용을 다 충당했다는 것은 경제적으로 큰 액수를 홀로 감당했음을 알려 줍니다. 하지만, 바울은 단 한 명이라도 예수님을 믿고 구원에 이르게 한다면 자신이 유대인과 같이 되든지 이방인과 같이 되든지 아무런 상관이 없었습니다. 고린도전서 9장 22절의 말씀입니다.

> [22] 약한 자들에게 내가 약한 자와 같이 된 것은 약한 자들을 얻고자 함이요 내가 여러 사람에게 여러 모습이 된 것은 아무쪼록 몇 사람이라도 구원하고자 함이니

바울이 유대인과 같이 된 것은 유대인을 얻기 위함이고, 율법 없는 이방인처럼 된 것은 이방인을 얻기 위함이었습니다. 바울에게 중요한 것은 구원에 대한 열망이며 복음 전도의 사명뿐이었습니다.

바울은 성령의 감동대로 행함에 있어 자신이 어떠한 모습으로 보여지는 것에 관심을 두기보다, 모든 사람을 포용하고 복음 안에서 그들을 끌어안는 데에 더 관심을 두었습니다. 바울은 성령께서 주시는 감동을 따라 어떠한 모습을 가진 자들이라도 배척하지 않고 갈등을 봉합하며 포용하는 자세를 취했습니다. 그는 진정 복음 안에서 사람을 낚는 어부로 살아갔습니다.

사랑하는 성도 여러분, 바울의 이러한 자세를 본받아야 합니다. 상대방을 이해해야 합니다. 유대인들의 오해를 불식시킨 바울의 희생과 포용의 자세를 배우기를 바랍니다. 복음을 위해서라면, 성령의 감동하심대로 행하기 위해서라면, 그 무엇도 방해가 되지 않도록 스스로를 되돌아 볼 수 있어야 합니다.

바울은 어떠한 방해에도 복음 전도를 멈추지 않았습니다. 이제 곧 바울은 성전에서 유대인들의 소동과 오해, 모함에 의해 죽을 위기에 처할 것입니다.

유대인 무리는 바울이 이방인 드로비모와 같이 지낸 사실만을 가지고 거룩한 성전에 이방인을 끌어들여 성전을 더럽혔다는 **오해와 편견에 휩싸여** 그를 죽이려고 달려 들었습니다. 바울은 결단코 이방인 출입이 금지된 성전의 이스라엘 뜰 안으로 이방인을 같이 데리고 온 적이 없었습니다.

하지만, 바울을 적대시하는 편협한 유대인들은 잘못된 추측과 편견으로 바울을 순식간에 죄인으로 만들어버렸습니다.

바울은 유대인 무리들, 불의한 폭행자들에게 너무 많이 맞았습니다. 그리고 이방인 로마 천부장의 손에 인계되었습니다. 천부장은 바울을 자객 4천 명을 거느리고 폭동을 일으킨 애굽인으로 착각하여 난폭하고 거친 사람을 다룰 때 사용하는 쇠사슬로 그를 결박했습니다. 쇠사슬에 묶인 바울은 사람의 질문에 대답하지 못할 정도로, 말 그대로 죽을 만큼 맞은 상태에 놓였습니다.

사랑하는 성도 여러분, 유대인들의 오해와 착각, 편견이 바울을 죽음의 위기로 몰아 넣었습니다. 우리의 오해와 착각, 편견이 사람을 죽일 수 있음을 기억하시길 바랍니다.

무엇보다 성령에 이끌리는 사람이 되어야 합니다. **성령의 감동을 받은 사람들은 환난 중에 즐거워하고 박해하는 자들을 축복합니다.** 로마서 12장 12절과 14절의 말씀입니다.

> 12 소망 중에 즐거워하며 환난 중에 참으며 기도에 항상 힘쓰며
>
> 14 너희를 박해하는 자를 축복하라 축복하고 저주하지 말라

사랑하는 성도 여러분, 이제 말씀을 맺겠습니다. 성령의 감동을 받은 사람의 삶의 모습은 이러합니다.

첫째, 고난을 무릅쓰고 받은 사명을 따라 행함에 주저함이 없습니다.

둘째, 구원에 대한 열망으로, 어떠한 모습을 가진 사람이라 할지라도 이해하여 애쓰고 포용하고 품습니다.

셋째, 환난 중에도 기뻐하며 자신을 적대시하고 저주하며 박해하는 자들까지도 축복합니다.

성령의 감동대로 행하신 예수님과 바울을 본받아, 모든 성도가 믿음을 머리로 이해하는 데 그치지 않고 행하기까지 하는 하나님의 신실한 종이 될 수 있기를 주님의 이름으로 축원합니다.

기도 제목

1. 성령의 감동이 이끄는 길에 고난이 있어도 당당하게 결단하며 나아가도록

2. 어떤 모습을 가진 사람도 포용하고 복음 안에서 끌어안는 데 관심을 둘 수 있도록

3. 고난과 환난 중에도 즐거워하며 도리어 박해하는 자들을 축복하는 사람이 되도록

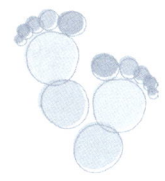

22

성령의 사람
(사도행전 22장 15절)

> ¹⁵ 네가 그를 위하여 모든 사람 앞에서 네가 보고 들은 것에 증인이 되리라

우리는 이 세상에 속해 살고 있지만, 저 천성에 속한 그리스도인입니다. 그러므로 우리가 최후에 도달할 곳은 흙이 아닙니다. 우리가 최후에 가게 될 곳은 천국입니다.

이 땅에서의 삶이 마지막이 아닙니다. 그렇기 때문에 하나님은 우리가 예수 그리스도를 믿는 그 순간, 보혜사 성령님을 우리에게 보내 주셨습니다. 구원의 완성을 이루도록 우리를 도우실 성령을 보내 주시사 인도함을 받게 하셨습니다.

그렇습니다. 우리는 성령의 사람입니다.

1. 하나님의 성령의 일

오늘 본문 사도행전 22장 15절의 말씀입니다.

> ¹⁵ 네가 그를 위하여 모든 사람 앞에서 네가 보고 들은 것에 증인이 되리라

이 구절은 바울의 변론 중에 나온 말입니다.

어떠한 변론입니까?

유대인들의 폭동을 잠재우고 천부장에 의해 체포된 바울이 유대 군중 앞에서 한 변론입니다. 이 변론의 배경을 알기 위해 사도행전 21장을 다시 살펴보도록 하겠습니다.

바울은 예루살렘행을 앞두고 있었습니다. 예루살렘에서 당할 환난과 핍박을 예견한 바울은 이를 알고도 하나님께서 가라 하시는 그 길을 가고자 했지만, 동료들과 제자들은 그를 만류했습니다.

하지만, 인간의 생각으로 하나님의 일을 멈출 수 없습니다. 바울은 예루살렘에 도착하여 야고보를 방문하였습니다. 야고보와 장로들의 권유로 바울은 결례를 서원한 자들의 비용을 지불하고 같이 결례를 행하였습니다.

그런데 예견된 핍박과 고난을 증명이라도 하듯, 결례 기간이 끝날 때쯤 바울은 예루살렘 성전에서 유대인들의 선동에 의해 죽을 만큼 구타를 당하였습니다. 그들은 바울을 죽이라고 난리를 피웠습니다. 들끓는 소요 끝에, 결국 바울은 천부장에 의해 체포되고 말았습니다.

그리고 바울의 요청과 천부장의 허락에 의해 바울은 변론의 기회를 얻었습니다. 이제 바울이 자신을 죽이라고 외치던 수많은 군중을 향해 비장하고 엄숙하게 변론합니다. 오늘 본문 사도행전 22장 15절의 말씀입니다.

> [15] 네가 그를 위하여 모든 사람 앞에서 네가 보고 들은 것에 증인이 되리라

여러분, 바울은 예수님의 증인으로 부르심을 받았습니다.

증인은 무엇을 하는 사람입니까?

증인은 사전적인 의미로, 어떤 사실을 증명하는 사람입니다. 보증하는 사람입니다. 소송법에서, 소송 당사자가 아니면서 법원의 신문에 대해 자기 자신이 경험한 사실을 진술하는 사람을 증인이라고 합니다.

그런데, 『성령으로 걸어가라』 22번째 행군의 제목인 '성령의 사람'과 오늘 본문 사도행전 22장 15절의 말씀에 나오는 예수님을 증거하는 '증인'은 아주 깊은 연관을 가집니다. 사도행전 1장 8절의 말씀입니다.

> ⁸ 오직 성령이 너희에게 임하시면 너희가 권능을 받고 예루살렘과 온 유대와 사마리아와 땅 끝까지 이르러 내 증인이 되리라 하시니라

그렇습니다. 오순절 성령 강림 사건 이후로 예수님의 제자들은 성령의 권능을 받아 예수님의 복음을 증거하는 증인의 삶을 신실하게 살아낼 수 있게 되었습니다. 성령의 사람은 곧 예수님의 증인입니다.

그렇다면 구체적으로 성령의 사람은 어떤 사람입니까?
성령의 사람은 어떤 특징을 가지고 있습니까?
어떻게 성령의 사람인지 알 수 있습니까?

성령의 사람은 하나님의 일들을 받습니다. 하나님의 일들을 어리석게 보지 않습니다. 성령의 사람은 하나님의 일들을 알 수 있습니다.
어떻게 하나님의 성령의 일들을 받고, 그것들을 어리석게 여기지도 않으며, 하나님의 성령의 일들을 알 수 있을까요?
그러한 일은 영적으로 분별되기 때문입니다.
그렇다면 육에 속한 사람은 이와 반대라고 생각하면 되지 않겠습니까?
육에 속한 사람은 하나님의 성령의 일을 받지 않고, 오히려 하나님의 성령의 일을 어리석게 볼 뿐만 아니라, 그 일을 알 수도 없습니다. 고린도전서 2장 14절의 말씀입니다.

> ¹⁴ 육에 속한 사람은 하나님의 성령의 일들을 받지 아니하나니 이는 그것들이 그에게는 어리석게 보임이요, 또 그는 그것들을 알 수도 없나니 그러한 일은 영적으로 분별되기 때문이라

사랑하는 성도 여러분, 우리가 성령의 사람인지의 여부는 하나님의 지혜인 십자가의 메시지, 복음을 받아들이는지 아닌지에 달려 있고, **하나님께서 우리들에게 은혜로 주신 것들을 수용하는지 아닌지에 달려 있습니다.**

영적으로 죽은 사람은 '복음과 은혜'에 냉소적인 반응을 보입니다.

왜입니까?

하나님의 영, 성령으로부터 빛과 진리를 받지 못해 죄악된 상태, 구원 받지 못한 상태에 놓여 있기 때문입니다.

하나님께서 주신 것들을 은혜로 알고 받아들이며 감사하는 우리가 진실로 성령의 사람입니다.

사도행전 5장 32절의 말씀은 성령과 성령의 사람, 이 모두는 하나님께 순종함으로 예수님을 증거한다는 사실을 잘 설명해 주고 있습니다.

> ³² 우리는 이 일에 증인이요 하나님이 자기에게 순종하는 사람들에게 주신 성령도 그러하니라 하더라

2. 복음의 증인

그렇습니다. 하나님은 자신에게 순종한 사람들에게 성령을 보내 주셔서 그들을 복음의 증인으로 삼아주십니다. 바울은 다메섹 도상에서 예수님을 만난 사건을 계기로, 하나님을 대적하는 자에서 복음의 증인으로 변화되었습니다.

바울은 자신을 죽이려고 혈안이 된 유대 군중들 앞에서 이 사실을 변론하였던 것입니다.

이전에 바울은 유대인으로 자신이 보고 들은 "율법의 증인"으로 살던 자였습니다. 사도행전 22장 3절의 말씀입니다.

> ³ 나는 유대인으로 길리기아 다소에서 났고 이 성에서 자라 가말리엘의 문하에서 우리 조상들의 율법의 엄한 교훈을 받았고 오늘 너희 모든 사람처럼 하나님께 대하여 열심이 있는 자라

바울이 태어나서 보고 들은 것은 율법이 전부였습니다. 가말리엘의 문하에서 엄격한 율법의 교훈을 배워 머리와 몸에 새기며 살던 자였습니다. 가말리엘은 당시에 유대인들이 수여한 최고의 명칭인 '라반'이라 불리는 일곱 랍비 가운데 한 사람이었습니다. 그만큼 바울은 어떠한 율법사보다 탁월한 정통 유대인 중에 유대인이었던 것입니다.

사랑하는 성도 여러분! 여러분은 무엇을 주로 보고, 듣고 계십니까?

정통 개혁주의 신앙을 침범하는 종교혼합주의, 포스트모더니즘, 자유주의, 범신론, 신사도운동, 신비주의와 같은 세상의 이론과 철학, 사상들을 과감하게 보지 않고, 듣지 않아야 합니다.

보지 않고 듣지 않는다는 것은 그러한 세상의 논리들을 거부하고 받아들이지 않는 것입니다.

예수님을 인격적으로 만난 자들, 성령으로 거듭난 자들은 그동안 나를 지배하고 다스려 온 세상의 방식과 논리를 깨부수는 자들입니다. 복음으로 세상을 개혁하는 자들입니다.

바울도 그러했습니다. 그는 자신의 삶 전체를 지배하던 율법이 깨지고 복음의 빛을 따라 그리스도의 세계로 들어와 '복음의 증인'으로 새 삶을 살게 된 것입니다. 사도행전 22장 14절의 말씀입니다.

> ¹⁴ 그가 또 이르되 우리 조상들의 하나님이 너를 택하여 너로 하여금 자기 뜻을 알게 하시며 그 **의인**을 **보게** 하시고 그 입에서 나오는 음성을 **듣게** 하셨으니

유대인들이 그토록 열심으로 믿던 하나님께서 바울을 선택하셨고 그분의 뜻을 알게 하셨습니다. 14절에 "그 의인을 **보게** 하시고 그 입에서 나오는 음성을 **듣게** 하셨으니"라고 나와 있습니다. 여기서 '그 의인'은 **예수님**을 뜻합니다.

하나님은 예수를 보고 듣게 하시려고 모든 사람 앞에서, 바울을 예수의 증인으로 세우셨다는 것입니다. 바울은 주의 이름을 전파하기 위해 하나님께서 친히 택하신 그릇입니다. 바울은 성령 충만하심을 받아 세례를 받음으로 주와 함께 죽고 주와 더불어 다시 살아난 경험을 하게 되었습니다(행 9:15-18).

사랑하는 성도 여러분, 우리 또한 하나님께서 친히 택한 주의 그릇이 되었다는 사실을 믿으시길 바랍니다. 성령으로 충만히 세례를 받아 주와 함께 죽고 다시 살아난 경험이 있는 우리 모두는 진실로 예수의 증인이요, 성령의 사람인 것을 믿으시길 바랍니다.

성경에는 무수한 예수의 증인들이 있습니다. 히브리서 12장 1절의 말씀입니다.

> ¹ 이러므로 우리에게 구름 같이 둘러싼 **허다한 증인들**이 있으니 모든 무거운 것과 얽매이기 쉬운 죄를 벗어 버리고 인내로써 우리 앞에 당한 경주를 하며

바울도 이러한 증인 중의 한 사람이었습니다. 그러나 우리가 잘 아는 바와 같이, 바울이 처음부터 '허다한 예수의 증인 중의 한 사람'인 것은 아니었습니다. 바울이 다메섹 도상에서 주를 만나고 성령 충만함으로 세례를 받지 못했다면 그는 여전히 주의 증인들을 죽이는 자에 불과했을 것입니다.

그런데 성령이 임하심으로 주의 증인인 스데반을 박해하는 일에 앞장섰던 바울이 예수의 증인으로, 성령의 사람으로, 이방인의 사도로 변화되었습니다. 사도행전 22장 20절과 21절의 말씀입니다.

> [20] 또 주의 증인 스데반이 피를 흘릴 때에 내가 곁에 서서 찬성하고 그 죽이는 사람들의 옷을 지킨 줄 그들도 아나이다
> [21] 나더러 또 이르시되 떠나가라 내가 너를 멀리 이방인에게로 보내리라 하셨느니라

바울이 유대 군중 앞에서의 변론을 통해 최종적으로 하고 싶었던 말은 자신이 하나님께서 부르신 이방인의 사도이며 자신이 그동안 행한 이방인 전도는 정당하다는 것이었습니다. 이를 통해 유대인들이 하나님의 섭리에 순종하고 회개하여 그리스도를 영접함으로 이방인 선교에 동참할 것을 호소한 것입니다.

사랑하는 성도 여러분, 죽을 만큼 누군가에게 맞아본 적이 있습니까?

영문도 모른 채 죽기 전까지 맞고, 아니! 수많은 군중에 휩싸인 채로 갖는 수모와 비난, 악한 감정을 받아가면서 몸과 마음이 만신창이가 되었다고 생각해 보시길 바랍니다.

오늘 본문의 바울이 되었다고 생각해 보시길 바랍니다.

죽음의 기로에 서서 이방인 전도에 동참할 것을 호소할 수 있겠습니까?

하지만, 진실로 **예수의 증인된 자는 고난 중에도 복음을 증거할 수 있어야 합니다.** 사도행전 22장 22절부터 24절의 말씀입니다.

> [22] 이 말하는 것까지 그들이 듣다가 소리 질러 이르되 이러한 자는 세상에서 없애 버리자 살려 둘 자가 아니라 하여
> [23] 떠들며 옷을 벗어 던지고 티끌을 공중에 날리니

²⁴ 천부장이 바울을 영내로 데려가라 명하고 그들이 무슨 일로 그에 대하여 떠드는지 알고자 하여 채찍질하며 심문하라 한대

3. 충성되고 참된 증인 예수 그리스도

바울이 전한 이방인 선교의 비전을 공유하자, 유대인들이 다시 흥분에 빠집니다.

"세상에서 없애 버리자, 살려 둘 자가 아니라."

여러분이 예수를 증거할 때, 복음을 거부하는 죄인들이 오히려 신실한 주의 증인들을 죽이려 들고, 없애버리려고 하는 어처구니없는 상황에 직면하게 될 것입니다. 죄지은 자들은 잘못이나 죄의 증거를 앞에 두어도 잡아뗍니다. 죄에 대해 지적하면 언제 그랬냐며 자신은 그런 적이 없다고 잡아뗍니다. 기회만 포착하면 죄의 증거를 없애려고 들 것입니다.

불의한 세상은 예수를 미워하고 예수의 증인들을 미워합니다. 우리가 증언하는 예수 그리스도, 우리 주님은 **참된 증인**이십니다. 요한계시록 3장 14절의 말씀입니다.

¹⁴ 라오디게아 교회의 사자에게 편지하라 아멘이시요 **충성되고 참된 증인**이시요 하나님의 창조의 근본이신 이가 이르시되

예수 그리스도가 충성되고 참된 증인이라는 것입니다. 예수님은 하나님의 말씀 자체시며 진리를 증거하시는 분이십니다. 예수님은 진리를 몸소 증거하신 참된 증인으로, 십자가에서의 순교적 죽음으로 하나님의 뜻에 순종의 본을 보이셨습니다.

실제로 요한계시록 3장 14절에서 충성되고 참된 증인이라고 한 곳에서의 '증인'으로 번역된 '마르튀스'는 영어의 순교자 'Martyr'의 어원으로 '순교'를 의미하기도 합니다.

예수님이 충성되고 참된 증인이 되신다는 것은 그분이 생애 내내 진리를 증거하셨고, 진리를 이루기 위해 목숨까지 버리셨다는 의미를 담고 있습니다.

우리 또한 예수님이 걸어가신 길을 따라 충성되고 참된 증인이 되어야 합니다. 비록 그 길에 죽음의 위기가 몰아친다고 해도 묵묵히 따라가야 합니다.

오늘 본문의 바울은 죽기 직전까지 매를 맞고, 이제 천부장의 지시로 채찍질의 심문을 받을 위기에 처했습니다. 하지만, 바울은 채찍질의 심문에서 벗어날 기지가 있었습니다. 바울이 로마 시민권자임이 밝혀지자, 채찍질에 의한 심문 시도가 중단되었습니다. 사도행전 22장 29절의 말씀입니다.

> [29] 심문하려던 사람들이 곧 그에게서 물러가고 천부장도 그가 로마 시민인 줄 알고 또 그 결박한 것 때문에 두려워하니라

로마 형법에 의하면 로마 시민권자는 법정에서 범죄가 확정된 후에야 비로소 형벌을 가할 수 있다고 명시되어 있습니다. 따라서, 로마 시민권자로서의 권리에 의해, 바울에게 다시 한번 변론의 기회가 주어지게 됩니다. 사도행전 22장 30절의 말씀입니다.

> [30] 이튿날 천부장은 유대인들이 무슨 일로 그를 고발하는지 진상을 알고자 하여 그 결박을 풀고 명하여 제사장들과 온 공회를 모으고 바울을 데리고 내려가서 그들 앞에 세우니라

잊지 마시길 바랍니다. 내가 예수의 증인으로 살면 세상의 불의한 법정에서 예수님이 나의 증인이 되어 주십니다.

우리 주님이 나를 증명해 주시면, 그 증언이야말로 가장 확실한 것이 아니겠습니까?

우리 주님이 나를 보증해 주신다면, 부도날 위험이 없는 가장 확실한 보증이 아니고 무엇이겠습니까?

사랑하는 성도 여러분! 누가 신실한 증인입니까?

누가 하나님이 인정하신 성령의 사람입니까?

하나님께서 친히 예수님의 증인들의 증인이 되어 주신다는 것을 잊지 마시길 바랍니다. 로마서 1장 9절입니다.

> ⁹ 내가 그의 아들의 복음 안에서 내 심령으로 섬기는 **하나님이 나의 증인이 되시거니와** 항상 내 기도에 쉬지 않고 너희를 말하며.

빌립보서 1장 8절입니다.

> ⁸ 내가 예수 그리스도의 심장으로 너희 무리를 얼마나 사모하는지 **하나님이 내 증인이 시니라**.

사랑하는 성도 여러분, 우리는 예수의 증인입니다. 우리가 믿는 예수님은 충성되고 참된 증인이십니다. 우리가 가는 길에 고난과 죽음의 위험이 따를지라도, 묵묵히 십자가를 지신 예수님을 본받아 십자가 고난 뒤 찾아올 영광을 소망하며 힘있게 선한 믿음의 싸움을 하시길 바랍니다.

그런 우리에게 영생과 온전한 구원이 예비되었다는 사실을 믿으시길 바랍니다. 끝으로 디모데전서 6장 12절의 말씀을 통해 위로와 용기를 얻으며 선한 믿음의 싸움의 승리자로 예수의 증인으로 살아가시는 모든 성도님이 되시길 주님의 이름으로 축원합니다.

> 12 믿음의 선한 싸움을 싸우라 영생을 취하라 이를 위하여 네가 부르심을 받았고 많은 증인 앞에서 선한 증언을 하였도다

기도 제목

1. 복음을 받아들이고 하나님께서 은혜로 주신 것들을 수용할 수 있는 성령의 사람이 되도록
2. 예수님이 하신 일과 가르침을 증거하는 증인의 삶을 살도록
3. 불의한 세상의 법정에서 하나님께서 예수님의 증인을 위한 증인이 되어 주심을 믿고 소망을 잃지 않도록

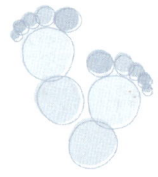

23

성령의 개입하심
(사도행전 23장 11절)

> **11** 그날 밤에 주께서 **바울 곁에** 서서 이르시되 담대하라 네가 예루살렘에서 나의 일을 증언한 것 같이 로마에서도 증언하여야 하리라 하시니라

성령은 우리의 삶에 개입하십니다. 원래 '개입한다'는 것은 자신과 직접적인 관계가 없는 일에 끼어드는 것을 말합니다. 하지만, 하나님은 우리와 관계가 없는 분이 아니실 뿐만 아니라, 우리 삶의 모든 상황에 깊숙이 개입하시고 역사하시는 분이십니다.

우리 자신의 힘으로 해결할 수 없는 그때 하나님이 도움의 손길로써 우리의 어려운 처지에 개입하십니다. 절망과 좌절에 빠져 인생의 깊고 어두운 바다 가운데 놓여 있을 때, 하나님은 당신의 팔을 펴서 우리를 안으시고 소망과 위로의 말씀으로 힘을 주십니다. 더이상 피할 구석이 없는 것 같은 낭떠러지에 선 기분이 들 때 하나님은 약속과 비전을 허락하시어 앞으로 나아갈 수 있는 힘과 용기를 불어넣어 주시는 것입니다.

죽을 위기에 놓인 바울에게도 하나님의 영, 성령이 깊이 개입하셨습니다. 도우심을 베푸시려고, 생명을 살리시려고 개입하셨습니다.

1. 하나님의 개입하심

오늘 본문 사도행전 23장 11절의 말씀입니다.

> ¹¹ 그날 밤에 주께서 바울 곁에 서서 이르시되 담대하라 네가 예루살렘에서 나의 일을 증언한 것 같이 로마에서도 증언하여야 하리라 하시니라

산헤드린 공의회원들에게 갖은 고초를 치르고 난 그날 밤에, 주님은 바울을 찾아와 위로해 주시고 로마에서 증언할 사명까지 허락해 주셨습니다. 고난의 밤, 성령은 바울의 삶에 적극적으로 개입하셔서 격려와 위로를 전하시는 것입니다.

'담대하라!
너에게는 아직 남은 사명이 있다!
그러니 힘을 내라!
내가 너와 함께하리라!'

이것이 바울에게 주시는 성령의 따뜻한 음성이었습니다.
바울은 지금 매우 의기소침할 수밖에 없는 상황입니다. 바울은 동족인 유대인의 핍박을 받아 죽을 위기에 놓여 있습니다.
바울이 유대인 군중들에게 고소를 당한 이유는 어디에 있습니까?
종교적인 이유 때문이었습니다. 사도행전 21장 28절의 말씀입니다.

> ²⁸ 외치되 이스라엘 사람들아 도우라 이 사람은 각처에서 우리 백성과 율법과 이 곳을 비방하여 모든 사람을 가르치는 그 자인데 또 헬라인을 데리고 성전에 들어가서 이 거룩한 곳을 더럽혔다 하니

그들은 바울이 유대인과 율법, 성전을 비방하여 모든 자를 가르친다는 것과 이방인을 데리고 성전에 들어가 성전을 모독한다는 이유로 바울을 고소하며 격분하였던 것입니다. 이에 대해 바울은 자신의 이방인 선교 사명을 말하면서 전도의 당위성과 자신이 이방인을 데리고 성전에 들어간 일이 없다고 변론하였습니다.

이 말을 들은 유대인들은 바울을 죽여야 한다고 폭동을 일으켰습니다. 이에 천부장은 바울에 대한 유대인들의 송사 이유를 알고자 산헤드린 공회를 소집하게 하고 바울을 공회 앞에 세우게 됩니다. 이 자리에서 바울은 부활을 믿지 않는 사두개인들과 부활을 믿는 바리새인들 사이에서 신학적 논쟁을 일으켜, 바리새인들로 하여금 자신을 옹호하도록 분위기를 전환시킵니다. 사도행전 23장 9절의 말씀입니다.

> 9 크게 떠들새 바리새인 편에서 몇 서기관이 일어나 다투어 이르되 우리가 이 사람을 보니 악한 것이 없도다 혹 영이나 혹 천사가 그에게 말하였으면 어찌 하겠느냐 하여

산헤드린 공의회는 유대인의 최고의 의결기관이었습니다. 대제사장이 의장이고 공의원은 바리새인과 사두개인, 서기관, 장로 등 백성의 대표 71명으로 구성되어 있습니다. 권세가 대단했습니다.

그중에서도 주요한 계파인 바리새인과 사두개인 사이에 바울이 제시한 부활 문제로 심한 다툼이 일어난 것입니다. 비록 바리새인이 부활을 믿음으로 바울의 편에 서는 것처럼 보였으나, 결국 분쟁은 격화되고 공회는 난장판이 되고 말았습니다.

이때 천부장이 격렬한 논쟁 중간에 재빠르게 개입하여 바울을 건져냅니다. 사도행전 23장 10절의 말씀입니다.

> ¹⁰ 큰 분쟁이 생기니 천부장은 바울이 그들에게 찢겨질까 하여 군인을 명하여 내려가 무리 가운데서 **빼앗아 가지고** 영내로 들어가라 하니라

부활과 관련해 신학적으로 대립하던 바리새인과 사두개인이 서로 바울을 차지하려고 잡아당기다가 바울의 몸은 거의 찢길 듯하였습니다. 그때 천부장이 군인들을 시켜 무리 사이에 끼어 있는 바울을 빼앗듯이 꺼내어 막사 안으로 돌려 보냈습니다.

10절에 나온 "빼앗아 가지고"는 '강탈하다'라는 뜻입니다.

바울이 찢겨 죽기 전에, 마치 강탈하듯이 아주 재빠르고도 신속하게 그를 구해낸 것입니다.

천부장이 왜 이렇게까지 급박하게 행동했을까요?

단지 로마 시민권자이기 때문에 정식 고소와 소송의 절차 이후에 처벌하기 위해 법대로 행동한 것입니까?

천부장의 행동에는 하나님의 개입하심이 있었습니다. 격한 논쟁에 개입한 천부장의 행동 이면에는 **바울의 생명을 살려 로마에서 복음을 전하도록 하시기 위한 하나님의 '개입하심'** 이 있었습니다.

천부장에게 성령의 능력이 임하여 바울을 죽음의 위기에서 벗어나도록 도운 것입니다. 천부장은 자신이 무슨 힘에 이끌리어 이렇게 신속 정확하게 일을 처리했는지 알 도리가 없었습니다.

이렇듯 하나님은 **초자연적인 방법**을 통해 '주를 믿고 따르는 신실한 종들에게,' '당신의 특별한 은혜를' 한량없이, 제한 없이 베푸시는 것입니다.

이 특별한 은혜를 우리 또한 받고 있습니다.

2. 위로자 되시는 성령

하나님께 받은 비전과 사명을 따라 살아갈 때에 실족하게 되는 경우가 있습니다. 시험에 들어 낙망할 때가 있습니다.

그때 우리는 혼자가 아닙니다. 위로자 되시는 성령께서 우리의 삶과 상황, 모든 순간에 개입하셔서, 격려해 주시고 어려움을 극복하도록 도우시는 것입니다.

나와 가깝다고 여긴 자들, 가장 가까운 자들로 인해 고통받을 때가 있습니다. 그때도 우리는 혼자가 아닙니다.

바울은 한때 지근 거리에서 우정을 나누고 학문을 교류하며 동족애를 불태우던 유대인들이 돌연 적대자들이 되어 자신을 공격하는 상황에 매우 슬프고 당황할 수밖에 없습니다. 동족들이 죽을 듯 달려든 것에 더해 자신과 호형호제하며 지냈던 산헤드린 공의회원들 역시 바울을 위협하고 적대시하였습니다.

바울은 지금 고난의 밤을 보내고 있습니다. 그때 천부장을 통해 개입하신 주님께서, 이제 바울 곁에서 '담대하라!' 외치며 더욱 적극적으로 개입하셨습니다. 주님은 바울에게 "격려와 위로의 말씀"을 건네 주셨을 뿐만 아니라, 로마에서 "복음 증거하는 비전"을 거듭 확인해 주셨습니다.

오늘 본문 사도행전 23장 11절의 말씀입니다.

> [11] 그날 밤에 주께서 바울 곁에 서서 이르시되 담대하라 네가 예루살렘에서 나의 일을 증언한 것 같이 로마에서도 증언하여야 하리라 하시니라

"담대하라!
네가 로마에서도 증언해야 한다!"

이 음성을 들으시길 바랍니다. 우리도 바울처럼 담대해야 합니다. 우리도 바울처럼 어디를 가든지 복음을 증거해야 합니다. 바울이 걸어간 길이 우리에게 예비된 길이라는 사실을 믿으시길 바랍니다.

성령의 개입하심을 통해, 고난의 밤, 슬픔과 고독의 밤에, 바울은 위로의 말씀, 약속의 말씀을 듣고 자신의 몸에 그리스도의 남은 고난을 채우고자 하는 결의를 더욱 다질 수 있었던 것입니다.

사랑하는 성도 여러분, 우리가 뒤따라야 할 바울의 삶은 어떠했습니까?

바울은 다메섹 도상에서 예수 그리스도를 만나고 난 뒤 180도 바뀐 삶을 살았습니다. 복음의 대적자에서 복음의 협력자가 되었습니다. 살아도 주를 위해 살고 죽어도 주를 위해 죽기로 결단한 바울의 삶은 예수님을 증거하는 모든 순간이 암흑이었습니다. 늘 어두운 그늘이 엄습했습니다. 죽음의 위기와 고난은 항상 그를 따랐습니다. 주리고 매맞기를 반복하면서도 그는 자신의 몸을 돌보기보다는 주의 영광을 가리지 않기 위해 늘 수고하고 애쓰는 삶을 살았습니다.

고린도전서 4장 11절에서 16절의 말씀입니다.

> [11] 바로 이 시각까지 우리가 주리고 목마르며 헐벗고 매맞으며 정처가 없고
>
> [12] 또 수고하여 친히 손으로 일을 하며 모욕을 당한즉 축복하고 박해를 받은즉 참고
>
> [13] 비방을 받은즉 권면하니 우리가 지금까지 세상의 더러운 것과 만물의 찌꺼기 같이 되었도다
>
> [14] 내가 너희를 부끄럽게 하려고 이것을 쓰는 것이 아니라 오직 너희를 내 사랑하는 자녀 같이 권하려 하는 것이라
>
> [15] 그리스도 안에서 일만 스승이 있으되 아버지는 많지 아니하니 그리스도 예수 안에서 내가 복음으로써 너희를 낳았음이라
>
> [16] 그러므로 내가 너희에게 권하노니 너희는 나를 본받는 자가 되라

바울은 왜 암흑과 어두운 그늘과 죽음의 위기가 항상 도사리는 자신의 삶을 배우고 본받으라고 했습니까?

바울의 삶에는 그늘만 있는 것이 아니었기 때문입니다. 항상 성령의 개입하심이 있었습니다. 어려움과 환난이 닥칠 때, 성령의 개입하심으로 인해 위기에서 벗어나고 고통과 슬픔을 극복할 수 있었습니다.

아무리 위험과 난관이 바울의 가는 길을 막는다고 하더라도 사명 자체를 막을 수는 없었습니다. 그래서 바울은 담대할 수 있었습니다. 바울의 능력으로는 하지 못하나, 성령께서 그를 위로하시고 비전을 제시해 주심으로 바울은 새로운 동력을 얻어 사명을 완수해 나갈 수 있었습니다.

3. 담대하라

사랑하는 성도 여러분, 성령은 우리에게 **위로의 말씀**을 주십니다. 성령은 여러분에게 **약속의 말씀**을 주십니다. 그렇기 때문에 우리는 **담대**할 수 있습니다. 사도행전 4장 31절의 말씀입니다.

> [31] 빌기를 다하매 모인 곳이 진동하더니 무리가 다 **성령이 충만하여 담대히 하나님의 말씀을 전하니라**

어떤 일이 닥칠지라도 담대해야 합니다. 지치고 혼란스러운 그때, 바울의 곁에서 '담대하라'고 명령하신 우리 주님은 세상을 이기셨습니다.

예수 그리스도는 십자가를 홀로 지실 것입니다. 예수를 따르던 그들 제자들은 예수를 버리고 떠날 것입니다. 예수님을 사랑하지 않아서가 아니라 인간적인 연약함 때문에 예수를 버리고 떠날 것입니다.

그 고독한 때에 예수님은 결코 혼자가 아니셨습니다. 하나님 아버지께서 아들과 함께하셨습니다. 하나님은 예수님의 모든 삶에 개입하셔서 당신의 뜻과 계획을 성취하도록 도우셨습니다. 요한복음 16장 32절과 33절의 말씀입니다.

> ³² 보라 너희가 다 각각 제 곳으로 흩어지고 나를 혼자 둘 때가 오나니 벌써 왔도다 그러나 내가 혼자 있는 것이 아니라 아버지께서 나와 함께 계시느니라
> ³³ 이것을 너희에게 이르는 것은 너희로 내 안에서 평안을 누리게 하려 함이라 세상에서는 너희가 **환난을 당하나 담대하라** 내가 세상을 이기었노라

"환난을 당하나 담대하라!"
예수님께서는 지금 사도 바울의 삶에 개입하셔서, '담대하라!' 말씀하시며 그를 위로해 주고 계십니다.

사랑하는 성도 여러분, 실족하고 넘어지게 하는 세상에 맞서야 합니다. 세상에 속하지 않은 우리를 미워하는 이 세상이 주는 고난 앞에서 절망하지 말고, 우리를 홀로 두지 않으시고 언제나 우리 삶에 개입하시는 성령을 의지하시길 바랍니다.

성령이 임하면 어려움을 극복할 용기와 힘이 생깁니다(행 1:8). 그리고 세상이 주는 고난 앞에서 절망하지 않아야 하는 것과 동시에 믿음의 자만을 경계해야 합니다. 승리를 거두신 예수 안에 거하지 않고, 그분을 의지하지 않으면서, 스스로 고난을 극복할 수 있다는 교만과 착각을 버려야 합니다.

동족 유대인의 위협과 산헤드린 공의회의 공격으로 지친 바울에게 주님께서 '담대하라!'고 명령하셨음을 잊지 마시길 바랍니다.

'담대하라'는 헬라어로 **'다르세이'**입니다. 이는 '용기를 내라,' '내적으로 기운을 차리라'는 뜻과 함께 '안심하라'는 의미를 가지고 있습니다.

예수님은 이 '다르세이'라는 말씀을 자주 사용하셨습니다. 예수님께서 침상에 누운 중풍병자와 열두 해 혈루증을 앓던 여인을 고치며 **'다르세이,'** 곧 **안심하라!** 는 말로 그들을 위로하셨습니다.

마태복음 9장 2절과 22절의 말씀입니다.

> ² 침상에 누운 중풍병자를 사람들이 데리고 오거늘 예수께서 그들의 믿음을 보시고 중풍병자에게 이르시되 작은 자야 **안심하라** 네 죄 사함을 받았느니라
>
> ²² 예수께서 돌이켜 그를 보시며 이르시되 딸아 **안심하라** 네 믿음이 너를 구원하였다 하시니 여자가 그 즉시 구원을 받으니라

사랑하는 성도 여러분, 성령의 개입하심으로 인해 우리는 안심할 수 있고 담대할 수 있습니다.

바울이 주님께 받은 로마 선교의 비전은 필연적인 것입니다. 적어도 바울이 로마에 도착해 복음을 전하기 전까지는 그 어떠한 공격도, 낙담도, 위협도, 환난과 고난도, 그를 해치지 못한다는 사실을 잊지 마시길 바랍니다.

우리에게도 남은 사명이 있는 줄 믿으시길 바랍니다. 그 사명을 다하는 날까지 성령은 적극적으로 우리의 삶과 형편에 개입하시어 계속적인 위로의 말씀, 약속의 말씀을 허락하시사 반드시 살아 계시는 주의 영광을 보게 하실 것입니다.

그러니, 다르세이! 담대하십시오!

다르세이! 안심하십시오!

인생의 어두운 그늘에 빛을 내시어 기운나게 하실 주님을 믿고 사명을 완수하시는 모든 성도님이 되시길 주님의 이름으로 축원합니다.

기도 제목_____

1. 위기의 바울에게 개입하신 성령이 오늘날 우리 삶에도 동일하게 개입하고 계심을 믿을 수 있도록

2. 환난 중에도 성령의 개입하심으로 인해 위기를 극복하고, 성령의 위로와 도우심을 얻을 수 있도록

3. 성령께서 주시는 위로와 약속의 말씀으로 담대하게 사명을 감당할 수 있도록

24

성령의 소망
(사도행전 24장 15절)

> **15** 그들이 기다리는 바 **하나님께 향한 소망을** 나도 가졌으니 곧 의인과 악인의 **부활이** 있으리라 함이니이다

소망의 하나님께서 예수 그리스도를 믿는 저와 여러분에게 성령의 능력으로 소망이 넘치게 하십니다(롬 15:13).

우리 모두에게는 소망이 있습니다. 각자 차이는 있지만 "이러이러한 것이 이루어졌으면 좋겠다"라는 바람들이 있습니다. 누군가에게는 물질이 필요합니다. 누군가에게는 건강이 필요하고, 지식이 필요하기도 합니다. 사람이 변화하기를 바랍니다. 상황이 바뀌기를 바라기도 합니다. 감정적이고 정서적인 소망도 있습니다.

그렇습니다. 이 세상을 살아가는 누구라도 소망이 없는 사람은 없습니다.

그렇다면 그 소망들이 이루어지면 더이상의 바람은 없는 것입니까?

아닙니다. 우리가 이루어지고 성취되기를 바라고 기도하는 소망들은 궁극적인 소망이 아닙니다. 절대적인 소망이 아닌 것입니다.

그렇다면 무엇이 우리의 참소망이 되는 것입니까?

그것은 하나님의 심판대 앞에 부끄럽지 않은 모습으로 서는 것입니다. 심판 날에 최후 승리를 거두는 것입니다.

이것은 때에 따라 변하는 작은 소망이 아닙니다. 너무나도 중요하고 놓치지 말아야 소망인 것입니다. 진실로 모든 사람은 마지막 날에 하나님의 심판대에 서게 됩니다.

그때, 하나님께서 우리에게 "나는 너는 모르겠노라! 너는 살면서 나를 위해 무엇을 했느냐?"라고 물으신다면, 얼마나 안타까운 일이 되겠습니까?

그와 같은 일은 절대로 일어나서는 안되는 것입니다.

사랑하는 성도 여러분, 우리에게 있는 소망은 이 땅의 썩어질 것들을 바라고 원하는, 죽은 소망이 결코 아닙니다.

예수 그리스도를 믿는 우리에게는 부활을 믿는 믿음으로 말미암은 거룩한 산 소망이 있습니다.

1. 바울의 정식 재판

사도행전 24장 15절의 말씀입니다.

> **15** 그들이 기다리는 바 **하나님께 향한 소망**을 나도 가졌으니 곧 의인과 악인의 **부활**이 있으리라 함이니이다

본문은 바울의 변론 중에 일부입니다. 바울의 정식 재판이 열렸고, 이제 바울은 법정에서 변론 기회를 얻었습니다. 바울은 자신의 주관적 확신과 객관적인 정당성에 입각해서 자기에게 씌워진 죄목 세 가지에 대해 조목조목 반박하는 변론을 벌이고 있습니다.

바울은 사도행전 22장, 23장에서도 계속 변론을 하고 있었는데, 그것과 지금의 변론은 다른 것일까요?

이렇게 질문하는 분도 있을 것입니다. 사실 바울의 변론은 이것이 처음은 아닙니다. 바울은 예루살렘 성전에서 예수를 증거하고 복음을 전파했다는 이유로 유대인들의 거센 비난과 핍박을 받아 왔습니다.

로마 군인들에 의해 체포된 바울은 로마 군대 영내로 들어가는 도중에(행 22:1-21), 유대인들의 최고 권력 기관인 산헤드린 공의회에서도 변론한 적이 있습니다(행 23:1-6).

하지만, 그러한 변론은 정식 재판이 열린 상태에서 한 것은 아니었습니다. 그래서 오늘 본문이 되는 사도행전 24장에 와서야 바울은 처음으로 정식 재판을 받게 된 것입니다.

산헤드린 공의회는 바울에게서 별다른 혐의점을 발견하지 못했습니다(행 23:29). 그럼에도 불구하고 바울을 죽이는 데 혈안이 된 열혈 유대인들은 **천부장 글라우디오 루시아**를 부추겨 바울에 대한 살해 의지를 불태웠습니다.

천부장은 로마 시민권자인 바울에 대한 정식 재판권이 없었습니다. 자신이 관할하는 곳에서 어떠한 소요나 문제가 일어나는 것을 껄끄럽게 생각한 천부장은 로마 총독부가 있는 **가이사랴**로 바울을 보내기로 결정합니다.

예루살렘에서 **가이사랴**까지는 거리는 무려 104킬로미터입니다. 이 장거리에 바울을 호송하기 위해 투입된 로마 군대만 470명에 달합니다(행 23:23). 천부장은 바울에 대한 정식 재판권이 있었던 **로마 총독 벨릭스**에게 일종의 서면 진술서와 같은 편지를 써서 바울을 정식으로 재판해 달라고 보냅니다. 사도행전 23장 29절과 30절의 말씀입니다.

> **²⁹ 고발하는 것이 그들의 율법 문제에 관한 것뿐이요 한 가지도 죽이거나 결박할 사유가 없음을 발견하였나이다**
> **³⁰ 그러나 이 사람을 해하려는 간계가 있다고 누가 내게 알려 주기로 곧 당신께로 보내며 또 고발하는 사람들도 당신 앞에서 그에 대하여 말하라 하였나이다 하였더라**

바울이 죄가 있다는 것입니까, 없다는 것입니까?

유대인들 사이의 종교 문제일 뿐 '결박할 이유가 없다'는 것은 형사상 처벌을 받아야 할 문제는 아니라는 말입니다.

그럼에도 불구하고 바울은 로마법에 따른 정식 재판을 받게 되었습니다.

이 재판에 참여한 자들의 면면을 살펴보고자 합니다. 사도행전 24장 1절의 말씀입니다.

> **¹ 닷새 후에 대제사장 아나니아가 어떤 장로들과 한 변호사 더둘로와 함께 내려와서 총독 앞에서 바울을 고발하니라**

재판장은 로마 총독 벨릭스입니다. 원고는 바울의 고소인단으로 꾸려진 아나니아 대제사장과 장로들입니다. 즉, 유대인 지도층 인사들인 것입니다. 피고는 바울입니다. 변호사는 바울을 해하고자 하는 유대인들이 고용한 변호사 더둘로입니다. 참으로 아이러니한 법정입니다. 재판장과 원고, 변호사가 다 한통속입니다.

바울만 지금 홀로 싸우고 있습니다. 피고의 편에 서서 함께 싸워줄 사람이 전혀 없는 법정인 것입니다.

이 재판은 처음부터 불의한 재판이었습니다. 죄가 없는 무고한 자, 바울을 죽이려는 악의 무리들이 주도한 재판입니다.

사랑하는 성도 여러분, 재판이 무엇입니까?

재판은 옳고 그름을 밝히고 심판하는 것입니다. 그리고 성경은 모든 재판이 하나님에게 속해 있다는 것을 강조합니다. 신명기 1장 17절입니다.

> **17 재판은 하나님께 속한 것인즉** 너희는 재판할 때에 외모를 보지 말고 귀천을 차별 없이 듣고 사람의 낯을 두려워하지 말 것이며 스스로 결단하기 어려운 일이 있거든 내게로 돌리라 내가 들으리라 하였고

하나님께 속하지 않은 재판은 없습니다.
누가 정의와 공의를 실행하시는 분이십니까?
하나님밖에 없습니다.
죄인된 우리가 사람에 대해 공정한 잣대를 가지고 정의로운 판단과 심판을 내릴 수 있겠습니까?
우리의 유일한 재판장되시는 하나님은 불의한 재판을 엄중하게 경고하고 있습니다. 레위기 19장 15절과 35절의 말씀입니다.

> **15** 너희는 **재판할 때에 불의를 행하지 말며** 가난한 자의 편을 들지 말며 세력 있는 자라고 두둔하지 말고 공의로 사람을 재판할지며
> **35** 너희는 재판할 때나 길이나 무게나 양을 잴 때 **불의를 행하지 말고**

세상의 재판장에는 소망이 없습니다. 그 누구도 완전하고 흠 없이 깨끗한 '정의'를 세울 자가 없습니다.
오늘 사도 바울의 재판도 마찬가지입니다.

2. 고소된 죄목

　더둘로의 고소는 비양심적인 고소였습니다. 더둘로는 당대 힘있는 자들의 권세를 등에 업고 무죄한 바울을 중죄인으로 몰고 가기 위해 자신의 양심을 돈과 맞바꾼 파렴치한입니다. 더둘로의 법 논리는 사회 정의 실현과 아무런 상관이 없었습니다. 그는 개인의 이익을 위해 여론몰이를 하며 고소를 한 것 뿐입니다.

　불의한 더둘로가 제기한 바울의 죄목은 총 세 가지입니다. 소요죄와 나사렛 이단의 우두머리, 성전 모독죄입니다. 사도행전 24장 5절과 6절의 말씀입니다.

> [5] 우리가 보니 이 사람은 전염병 같은 자라 천하에 흩어진 유대인을 다 소요하게 하는 자요 **나사렛 이단의 우두머리**라
>
> [6] 그가 또 **성전을 더럽게 하려** 하므로 우리가 잡았사오니

　바울을 전염병과 같은 자라고 매도했습니다. 그만큼 바울이 전한 복음은 빠르고 확실하게 유럽 전역으로 널리 퍼져 갔습니다. 더둘로는 바울을 '**흩어진 유대인을 다 소요하게 하는 자**'라고 하면서, **소요죄**를 지적하였습니다. 소요죄는 로마법에 위법 판결을 받을 수 있는 정치 범죄입니다.

　더둘로는 벨릭스 총독의 가장 민감한 부분을 건드린 것입니다. 분명 천부장으로부터 받은 서면 진술서에 '바울에게는 어떠한 형사상 처벌의 요소가 없다'는 것이 명시되었음에도 불구하고 '종교적 문제'를 '정치적 문제'로 호도하였습니다.

　예수 그리스도를 빌라도의 법정에 세운 자들 또한 마찬가지였습니다.
　그들도 예수가 하나님의 아들이라고 주장했다는 '신성 모독죄'를 예수가 '유대인의 왕'이라고 주장했다는 정치적 반란죄로 둔갑시키지 않았

습니까?

소요죄에 이어, 더둘로는 바울을 '나사렛 이단의 우두머리'로 지목하면서 예수를 이단시함과 동시에 바울을 이단을 전파하는 우두머리, 주동자라고 모함했습니다.

이것 또한 예수님이 당한 일과 유사합니다. 누가복음 23장 2절의 말씀입니다.

> ² 고발하여 이르되 우리가 이 사람을 보매 우리 백성을 미혹하고 가이사에게 세금 바치는 것을 금하며 자칭 왕 그리스도라 하더이다 하니

더둘로가 고소한 세 번째 바울의 죄목은 사도행전 24장 6절 말씀에 나온 '성전을 더럽게 하려' 한다는 성전 모독죄입니다.

바울은 어디를 가나 성전에 들어가 하나님의 말씀, 복음을 전했습니다. 그 일이 성전을 모독한 죄가 되는 것입니까?

아닙니다. 복음을 듣기 싫어하는 유대인들이 소동을 일으킨 것입니다. 바울은 자신이 만난 예수님을 전하는 일에 최선을 다했을 뿐입니다.

예수님이 성전에서 매매하는 행위를 하지 말라고 하셨을 때도, 유대인들은 오늘 본문의 바울에게 하듯이 핍박하고 죽이려 들었습니다. 성전의 주인이 되시는 예수님을 죽이려고 달려들었던 유대인들이 바울을 죽음으로 몰아넣고 있는 것을 볼 수 있습니다.

의인은 하나도 없습니다. 로마서 3장 10절에서 12절입니다.

> ¹⁰ 기록된 바 의인은 없나니 하나도 없으며
> ¹¹ 깨닫는 자도 없고 하나님을 찾는 자도 없고
> ¹² 다 치우쳐 함께 무익하게 되고 선을 행하는 자는 없나니 하나도 없도다

사랑하는 성도 여러분, 현실에서의 재판은 어떠해야 합니까?

국민의 기본권과 법치주의 확립을 위해 정의를 찾고 증거 조사와 심문도 적극적으로 해야 합니다. 모든 판결은 법 이론과 법 논리가 뒷받침되어야 합니다. 법관은 헌법과 법률에 의해 그 양심에 따라 독립적으로 심판해야 한다고 헌법에 적시되어 있습니다. 법관이 양심을 따른다는 말은 개인의 정치적 이념적 소신대로 행한다는 의미가 아닙니다. 누가 보더라도 그러한 결론에 도달할 것이라 보여지는 인간의 상식과 윤리에 어긋남이 없는 법관의 양심이 중요합니다.

그런데 더둘로에게서 법관의 양심을 찾아보기 어렵습니다. 더둘로에게 진정 필요한 것은 하나님을 두려워하는 마음입니다. **최고의 재판장이신 하나님을 두려워하는 마음으로 재판해야 하는 것입니다.** 역대하 19장 6-7절의 말씀입니다.

> ⁶ 재판관들에게 이르되 너희가 재판하는 것이 사람을 위하여 할 것인지 여호와를 위하여 할 것인지를 잘 살피라 너희가 재판할 때에 여호와께서 너희와 함께하심이니라
> ⁷ 그런즉 너희는 여호와를 두려워하는 마음으로 삼가 행하라 우리의 하나님 **여호와께서는 불의함도 없으시고 치우침도 없으시고 뇌물을 받는 일도 없으시니라** 하니라

"하나님 여호와께서는 불의함도 없으시고 치우침도 없으시고 뇌물을 받는 일도 없으시니라 하니라." 이 말씀을 믿으시길 바랍니다.

바울은 이 말씀을 확신하고 있었습니다. 바울은 누가 보더라도 객관적으로 "맞다!"고 할 수 있는 정당성이 있었습니다. 바울은 주관적 확신과 객관적 정당성에 따라, 오직 불의함이 없고 치우침이 없으시며 뇌물을 받는 일도 없으신 하나님 앞에서 당당하고 확신에 찬 언변으로 변론합니다. 그 내용이 사도행전 24장 11절에서 19절까지 자세하게 기록되어 있습니다.

첫째, 소요죄에 대하여 바울은 자신이 예루살렘에 올라간 지 12일 정도밖에 되지 않았고 단지 종교적 임무를 다하기 위한 예배를 드리기 위한 목적으로 방문한 것이며, 예루살렘에서 소동을 일으킨 것을 고소자들이 본 적이 없다고 주장하였습니다. 사도행전 24장 12절의 말씀입니다.

> **12** 그들은 내가 성전에서 누구와 변론하는 것이나 회당 또는 시중에서 무리를 소동하게 하는 것을 보지 못하였으니

둘째, 나사렛 이단의 우두머리라는 죄목에 대해 바울은 고소인들과 같은 소망, 부활의 소망을 가졌음을 말함으로써 자신이 이단이 아님을 밝히고 있습니다. 오늘 본문인 사도행전 24장 15절의 말씀입니다.

> **15** 그들이 기다리는 바 **하나님께 향한 소망**을 나도 가졌으니 곧 의인과 악인의 **부활**이 있으리라 함이니이다

바울이 말하는 소망은 세상적인 소망이 아닙니다. 하나님께 향하는 소망, 소망의 하나님께서 믿는 자들에게 주시는 산 소망, 부활의 소망입니다.

세상의 끝날, 주의 재림의 때, 마지막 날에 의인과 악인은 부활할 것입니다. 우리는 예수님을 믿어 십자가에서 죽고 십자가에서 다시 살아난 자들로서 부활을 믿는 자들입니다. 그런데 예수님을 믿지 않는 자들 역시 마지막 날에 부활할 것입니다.

하지만, 의인의 부활과 악인의 부활은 다릅니다. 의인은 영생을 위한 부활을 하고, 악인은 영벌을 위한 부활을 하는 것입니다. 요한복음 5장 29절의 말씀입니다.

> **29** 선한 일을 행한 자는 생명의 부활로, 악한 일을 행한 자는 심판의 부활로 나오리라

우리는 예수 그리스도의 얼굴을 마주 보듯이 하나님과 영원히 천국 복락을 누리며 살기 위해 부활합니다. 하지만, 악인은 다릅니다. 예수님을 믿지 않기 때문에 악인들은 이미 심판을 받은 자들로서, 영원히 죽지 않고 지옥에서 벌을 받기 위해, 영벌에 처하기 위해 부활을 하는 것입니다.

얼마나 끔찍하고 비참합니까?

영원히 벌받기 위해 부활한다는 것, 생각만으로도 치가 떨리는 일이 아닙니까?

사랑하는 성도 여러분, 바울은 죽을 고비와 위기 순간에 영벌이 아닌 영생을 위한 부활의 소망으로써 험난한 고생길 가운데 넉넉히 이기고 승리하였습니다.

소망이 없는 자들은 노력이 헛되고 고생이 헛됩니다. 하지만, 바울은 예수 그리스도를 믿는 자들에게만 허락된 소망, 하나님의 영광에 참여할 수 있다는 소망 중에 즐거워하며 힘든 역경과 고난을 이겨낼 수 있었던 것입니다. 로마서 5장 5절의 말씀입니다.

> [5] 소망이 우리를 부끄럽게 하지 아니함은 우리에게 주신 **성령으로 말미암아 하나님의 사랑이 우리 마음에 부은 바 됨이니**

3. 소망의 하나님

믿음으로 의롭다 함을 얻은 우리는 환난 중에도 소망을 가질 수 있습니다. 사람들은 거짓말하고 약속한 것마저 어기지만, 하나님은 성령을 통해 당신의 사랑을 알게 하시고, 그 사랑 안에서 거짓 없는 진실한 약속을 성취하는 분이십니다.

하나님은 성령을 통해 예수 그리스도 안에서 이루실 산 소망, 그러한 신실하고 완전한 부활의 약속을 반드시 이루십니다. 부활의 소망이 없이는 믿는 자의 삶이 헛되고 믿음이 헛되며 노력도 인생도 헛됩니다.

그러나 소망의 하나님께서, 예수 그리스도 안에 거하는 우리에게는 성령의 능력으로 소망이 넘치게 하셨음을 믿으시길 바랍니다. 로마서 15장 13절의 말씀입니다.

> [13] 소망의 하나님이 모든 기쁨과 평강을 믿음 안에서 너희에게 충만하게 하사 **성령의 능력으로 소망이 넘치게 하시기를 원하노라**

진실로, 성령의 소망은 하나님께서 '성령을 통해' 예수 그리스도를 '믿는 자들'에게 주시는 '부활의 소망"입니다. 성령의 소망은 부활의 소망입니다.

소망이 없다면 우리가 무엇 때문에 이러한 고난과 역경을 인내함으로 참겠습니까?
소망이 없다면 우리가 무엇 때문에 그리스도를 닮아가기 위해 고군분투하며 모든 노력을 다하겠습니까?
사랑하는 성도 여러분, 소망이 없다고 여겨지십니까?

우리의 삶에 소망이 넘치게 할 유일한 방법은 성령의 능력으로만 가능하다는 것을 믿으시길 바랍니다.
끝으로, 성전 모독죄에 대해서 바울이 어떻게 변론하는지 보시겠습니다. 사도행전 24장 18절과 19절의 말씀입니다.

> ¹⁸ 드리는 중에 내가 결례를 행하였고 모임도 없고 소동도 없이 성전에 있는 것을 그들이 보았나이다 그러나 **아시아로부터 온 어떤 유대인들**이 있었으니
> ¹⁹ 그들이 만일 나를 반대할 사건이 있으면 마땅히 당신 앞에 와서 고발하였을 것이요

예루살렘 성전에서 소동을 일으킨 장본인인 '아시아로부터 온 어떤 유대인'은 지금 고발자로 나오지 않았습니다. 그렇기 때문에 고발자가 없는 성전 모독죄 자체가 성립 불가능하다고 변론한 것입니다. 그러므로 **더둘로**는 증인도 없이 고발했기 때문에 위증죄로 처벌 받아야 마땅합니다.

바울은 **더둘로**의 고소 내용을 완전히 부정하는 변론을 합니다. 여론몰이에 불과한 재판을 법리 재판으로 되돌려 놓았던 것입니다. 바울은 변론 끝에 악인 **벨릭스 총독**을 하나님 앞에 두려워 떨게 만들었습니다. 사도행전 24장 25절의 말씀입니다.

> ²⁵ 바울이 의와 절제와 장차 오는 심판을 강론하니 **벨릭스가 두려워하여** 대답하되 지금은 가라 내가 틈이 있으면 너를 부르리라 하고

사랑하는 성도 여러분, 바울은 변론했고 자신이 고소 당한 세 가지 죄목에서 무죄임을 밝혔습니다. 바울이 전한 심판의 메시지는 로마 총독으로 당대의 큰 권세와 능력을 과시하며 천하를 호령하던 **벨릭스**를 두려워 떨게 만든 것을 잊지 마시길 바랍니다.

우리는 악한 세상을 두려워해서는 안됩니다. 죽은 소망을 붙드는 자, 영벌에 처하기 위해 부활하는 자, 그러한 악인의 부활이 우리의 것이 아닙니다. 다가올 심판에 대해 자신이 저지른 행위에 대해 어떠한 심판을 받을 것인지, 악인들은 그들이 당할 영벌을 두려워할 것입니다.

하지만, 아직 회개의 기회가 있습니다. 하나님을 두려워해야 합니다. 그분의 말씀을 믿고 소망의 주, 능력의 주가 되시는 예수 그리스도만을 경외해야 합니다.

하나님께서는 성령을 통해 믿는 저와 여러분에게 의인이 얻게 될 영생의 소망, 부활의 참 소망을 주셨음을 기억하시길 바랍니다. 성령의 소망, 부활의 소망이 우리의 것임을 잊지 마시길 바랍니다.

부디 바라기는 불의한 세상 가운데 하나님만을 두려워함으로 선한 양심을 따라 성령의 충만한 능력을 힘입어 살아가시길, 그리하여 부활의 산 소망을 붙들고 예수 그리스도만 따라가는 성령의 소망 가득한 성도님들이 되시길 주님의 이름으로 축원합니다.

기도 제목

1. 의인은 영생의 부활로, 악인은 영벌의 부활로 임하게 된다는 것을 기억하도록

2. 하나님께서 성령을 통해 예수 그리스도를 믿는 자들에게 영생의 소망, 부활의 소망을 주셨음을 잊지 말도록

3. 성령의 소망, 부활의 소망을 가지고 역경과 고난을 능히 이겨낼 수 있도록

25

성령의 법
(사도행전 25장 10-11절)

> **10** 바울이 이르되 내가 가이사의 재판 자리 앞에 섰으니 마땅히 거기서 심문을 받을 것이라 당신도 잘 아시는 바와 같이 내가 유대인들에게 불의를 행한 일이 없나이다
> **11** 만일 내가 불의를 행하여 무슨 죽을 죄를 지었으면 죽기를 사양하지 아니할 것이나 만일 이 사람들이 나를 고발하는 것이 다 사실이 아니면 아무도 나를 그들에게 내줄 수 없나이다 내가 가이사께 상소하노라 한대

우리들은 잘 먹고 잘 사는 법에 관심이 많습니다.

하지만, 돈 버는 법, 공부하는 법, 장수하는 법, 성공하는 법, 그런 것들을 알면 진정으로 잘 먹고 잘 사는 인생을 만들 수 있을까요?

우리는 흔히 성실하고 착한 사람을 보면, 법 없이도 살 사람이라며 치켜세우지만, 이 세상에는 너무나 많은 법이 난무합니다.

싸움하다가 안 되면 사람들은 뭐라고 합니까?

법대로 하라고 하지 않습니까?

우리는 강제성이 있는 법을 이용해 자신의 권리를 보호받고 권리를 행사하기도 합니다. 법치주의 국가인 우리나라에서 법을 잘 준수하고 사는 것은 너무나 당연한 일일 것입니다. 한 나라의 법 중에 가장 상위에 있는

법은 헌법입니다.

하지만, 이보다 위에 있는 법이 있습니다. '하나님의 법' 입니다. 모든 인간은 스스로 인정을 하든 하지 않든, 하나님의 법 아래에서 그 법의 다스림을 받으며 살아야 하는 존재입니다.

하나님의 법은 마음의 법이며 성령의 법입니다. '성령의 법'은 '죄의 법'의 지배에서 벗어나도록 하며, 육신의 소욕을 주장하지 못하도록 도와줍니다. 그리스도 안에 있는 '성령의 법'이 예수 그리스도를 믿는 저와 여러분을 죄의 법으로부터 해방되도록 만들어 주었습니다. 로마서 8장 2절의 말씀입니다.

> [2] 이는 그리스도 예수 안에 있는 **생명의 성령의 법**이 죄와 사망의 법에서 너를 해방하였음이라

우리는 죄의 소욕을 거부하고 '성령을 따라 사는 자들'입니다. 내 안의 '죄의 법'이 아무리 하나님과 원수 되게 하려고 하고, 육신의 본성을 따르려고 할지라도, '성령의 법'으로 육의 행실을 죽이고 하나님을 기쁘시게 하며 거룩과 성결의 길을 걸어가는 자들이 저와 여러분인 것입니다.

1. 두 번째 정식 재판

오늘 본문 사도행전 25장 10절과 11절의 말씀입니다.

> [10] 바울이 이르되 내가 **가이사의 재판 자리 앞에 섰으니** 마땅히 거기서 심문을 받을 것이라 당신도 잘 아시는 바와 같이 내가 유대인들에게 불의를 행한 일이 없나이다

> ¹¹ 만일 내가 불의를 행하여 무슨 죽을 죄를 지었으면 죽기를 사양하지 아니할 것이나 만일 이 사람들이 나를 고발하는 것이 다 사실이 아니면 아무도 나를 그들에게 내줄 수 없나이다 내가 가이사께 상소하노라 한대

이 말씀은 바울이 로마 총독 베스도 앞에서 벌인 변론에서 한 말입니다. 바울은 지금 로마 황제인 가이사에게 상소하겠다는 의견을 밝히고 있습니다. 국어사전에 '상소한다'는 '하급 법원의 판결에 따르지 않고 상급 법원에 재심을 요구하다'로 나옵니다.

바울은 자신이 지금 로마 법정에서 재판을 받고 있음을 주지시키면서, 종교적으로나 정치적으로 자신의 무죄함을 밝히기 위해, 로마 시민권자의 권리대로 로마 황제 가이사에게 상소하겠다는 의지를 드러낸 것입니다. 로마 시민은 '황제에게 호소하는 권리'를 가지고 있었고, 이 권리는 보통 하급심의 판결에 불복하는 상소 시에 행사되었습니다. 바울은 황제 직속의 제국 최고 법정에서 재판을 받고자 한 것입니다.

왜 바울은 로마 황제 가이사에게 최고 법정에서 재판을 받고자 한 것일까요?

로마 시민권자의 권리를 향유하기 위해서입니까?

자신을 무고하게 고발한 유대 지배층과 종교지도자들을 상대로 정의로운 법의 심판을 받기 위해서였습니까?

바울의 그동안의 변론을 떠올려보면서, 바울이 상소하게 된 분명한 이유에 대해서 살펴보길 원합니다.

바울은 예루살렘 성전에서 로마 군인들에 의해 체포되었고, 로마 군대 영내로 들어가는 도중에서(행 22:1-21), 유대인들의 최고 권력 기관인 산헤드린 공회에서도 변론을 한 적이 있습니다(행 23:1-6).

첫 번째 정식 재판은 로마 총독 벨릭스 앞에서 열렸습니다. 바울의 죄목은 소요죄와 나사렛 이단의 우두머리라는 모함 그리고 성전 모독죄, 총 세 가지였습니다.

벨릭스 총독은 바울의 변론을 듣고 그에게서 아무런 죄를 찾지 못했지만, 즉시 그를 석방하지 않았습니다. 벨릭스는 바울을 죽이기에 혈안이 된 유대인의 마음을 얻기 위해, 재판을 연기하고 약 2년간 가이사랴 감옥에 바울을 구류시켜 놓았습니다. 그리고 약 2년이 지나서야 두 번째 정식 재판이 열리게 된 것입니다.

그 사이 로마 총독은 벨릭스에서 베스도로 바뀌었습니다. 베스도 신임 총독은 유대인들에 대해 잘 모르는 사람이었습니다. 그래서 부임한 지 3일 밖에 지나지 않아서 가아사랴에서 예루살렘으로 올라갔습니다. 사도행전 25장 1절의 말씀입니다.

> [1] 베스도가 부임한 지 삼 일 후에 가이사랴에서 예루살렘으로 올라가니

베스도는 행정 수도인 가이사랴에서 유대 종교의 중심지인 예루살렘으로 가서, 유대인 지배층과 산헤드린 회원들, 핵심 인사들과 관계를 맺고자 한 것입니다. 그런데 무례하게도 신임 총독의 첫 대면에서 유대인 권력층들은 2년간 계류된 바울의 고소건을 다시 들먹였습니다. 사도행전 25장 2절과 3절의 말씀입니다.

> [2] 대제사장들과 유대인 중 높은 사람들이 바울을 고소할새
> [3] 베스도의 호의로 바울을 예루살렘으로 옮기기를 청하니 이는 길에 매복하였다가 그를 죽이고자 함이더라

대제사장들과 유대인 중 높은 사람들은 바울을 죽일 작정으로 가이사랴에 구류 중인 바울을 예루살렘으로 보내달라고 한 것입니다. 정식 재판에서 그를 죽일 수 없으니, 예루살렘으로 오는 길에 매복하여 바울을 죽이고자 했습니다. 사고를 가장해 **바울이 비명횡사하도록 계략을 꾸민 것입니다.** 하지만, 그들의 궤계는 수포로 돌아갔습니다.

왜입니까?

하나님이 개입하셨기 때문입니다. 바울의 생명은 대적자들의 것이 아니라, 하나님의 것이기에 하나님께서 친히 개입하였습니다. 그래서 바울이 대적자들이 있는 예루살렘에 다시 가지 않고, 로마로 가도록 역사하신 것입니다.

사실 바울은 로마에 가서 복음을 전해야 한다는 사명을 주께 받지 않았습니까?

바울은 이 사명을 완수하고자 예루살렘에서의 종교 재판을 거부하고 가이사에게 상소하여 로마로 갈 것을 결정한 것입니다.

바울이 상소하게 된 분명한 이유는, 로마로 가기 위함이요 로마에 가서 복음을 전하기 위함입니다.

2. 성령의 법을 따라

바울이 이러한 지혜로운 결정을 하도록 도우신 분이 누구십니까?

하나님이 도와주신 줄 믿으시길 바랍니다. 하나님은 바울 안에 있는 성령의 법에 따라 그의 생명을 보전하시고자 대적들로부터 피할 길을 내주셨습니다. 아무리 대적들이 바울을 해하려고 으르렁거려도, 하나님은 그를 상하지 않게 하시는 것입니다. 하나님은 바울을 통해 이루기 원하시는 자신의 뜻, 로마에 복음이 전해지도록 한 계획을 성취하시기 위해, 하나님의 뜻에 따라 순종하는 바울의 생명을 보전해 주셨습니다.

하나님은 바울을 로마로 인도하여 복음을 전하는 사명을 완수하도록 도와주시는 분이십니다. 하나님은 바울의 마음에 성령의 법, 하나님의 법이 역사하도록 은혜를 베푸셔서, 바울이 베스도에게 상소하여 로마 황제에게 재판을 받게 되는 모든 과정에 개입해 주셨습니다. 사도행전 25장 21절 말씀입니다.

> 21 바울은 황제의 판결을 받도록 자기를 지켜 주기를 호소하므로 내가 그를 가이사에게 보내기까지 지켜 두라 명하였노라 하니

로마에 가서 가이사에게 재판을 받고 로마에 가서 복음을 전하는 것이 바울의 사명이자 그를 향한 하나님의 뜻이었습니다. 바울은 죄의 법이 아닌 성령의 법을 따라 살아간 자입니다. 그렇기 때문에, 성령의 법에 따라 바울의 생명이 보장되는 것입니다.

사랑하는 성도 여러분, 바울은 하나님의 손에 붙들린 자였습니다. 바울의 생명 또한 하나님의 것입니다.

예수님을 만나기 전 바울은 어떤 사람이었습니까?

하나님의 대적자로 죄의 법을 따라 살지 않았습니까?

예수님을 영접하고 거듭난 후에도, 바울은 여전히 자기 안에 죄의 법과 하나님의 법이 서로 싸우고 있는 것을 보고 탄식하였습니다. 로마서 7장 22절과 23절의 말씀입니다.

> 22 내 속사람으로는 하나님의 법을 즐거워하되
> 23 내 지체 속에서 한 다른 법이 내 마음의 법과 싸워 내 지체 속에 있는 죄의 법으로 나를 사로잡는 것을 보는도다

로마서 7장 22절의 '하나님의 법,' 23절의 '마음의 법'은 바로 '성령의 법'입니다. 죄의 법과 반대되는 것입니다. 바울은 이미 성령으로 새롭게 되어 거듭난 새 생명 안에 거하게 되었습니다. 그럼에도 불구하고 마음의 법과 함께 공존하는 죄의 법을 완전히 극복하지 못하는 모순된 현실에서 괴로워했던 것입니다. 자신은 이미 생명의 성령의 법으로 죄와 사망의 법에서 해방된 자임에도 불구하고 여전히 죄의 영향력에서 완전히 벗어나지 못했기 때문입니다.

바울은 끊임없이 자신의 소욕과 욕심을 십자가에 못박으며 죄의 법이 주장하지 못하도록 '매일 육신의 정욕을 죽이는 삶'을 살았습니다. 그토록 온통 예수밖에 없는, 예수님만을 위한 삶을 살던 바울도 죄와 날마다 싸웠습니다.

그렇게 바울은 예수를 따르기 위해 날마다 십자가에서 죽음으로서, 바울은 예수님과 함께 다시 살리심을 받았습니다. 마태복음 16장 24절과 25절의 말씀입니다.

> [24] 이에 예수께서 제자들에게 이르시되 누구든지 나를 따라오려거든 자기를 부인하고 자기 십자가를 지고 나를 따를 것이니라
> [25] 누구든지 제 목숨을 구원하고자 하면 잃을 것이요 누구든지 나를 위하여 제 목숨을 잃으면 찾으리라

바울과 같이 생명의 길을 걷기를 원하십니까?
생명의 보장을 원하십니까?
하나님의 법, 성령의 법에 따라 살아가야 합니다.
성령의 법을 따라 사는 자들은 성령이 원하는 바를 따르며 하나님을 기쁘시게 하는 삶을 살아갑니다. 성령의 법을 따라 사는 자들은 하나님의 영이 그들 안에 있고 선한 소원을 갖고 살아가게 됩니다. 그들에게는 생명이

있고 평안이 있습니다.

　성령의 법을 따라 살면 성령으로 육의 행실을 죽이게 됩니다. 성령은 죽을 몸도 다시 살아나게 하시는 놀라운 은혜를 베풀어 주신다는 것을 기억하시길 바랍니다.

　사랑하는 성도 여러분, 결코 죄의 법을 따라서는 안됩니다. 죄의 법을 따르는 자들은 죄의 본성이 원하는 일을 합니다. 하나님과 원수 되어 하나님의 법에 복종하지 않고, 하나님을 기쁘시게 할 수 없습니다. 그들에게는 선한 것이 없고 육신의 본성과 죄의 성향에 따라 악의 소욕, 죄의 소욕의 지배를 받고 살아가게 되는 것입니다.

　바울의 대적자들은 본격적으로 죄의 법을 따라 살아가는 자들인 것입니다.

3. 사단의 고발

　바울의 대적자들은 '하나님의 사람이요 성령의 법을 따라 살아가는 바울'을 죽이고 복음이 전파되지 못하게 하는 '복음의 방해자'였습니다. 진실로 바울의 대적자들은 죄의 법을 따라 살기를 기뻐하며 하나님을 핍박하고 예수를 십자가에 못박는 것을 즐기는 자들입니다. 바울의 대적자들은 선량한 주의 일꾼이자 무고한 바울을 고발하였다는 것을 잊지 마시길 바랍니다.

　거짓을 일삼는 자들, 무고한 자를 고발하는 자들, 이들이야말로 사단의 하수가 아니고 무엇이겠습니까?

　사단은 믿는 자를 고발하고 참소하는 자입니다. 요한계시록 12장 10절의 말씀입니다.

¹⁰ 내가 또 들으니 하늘에 큰 음성이 있어 이르되 이제 우리 하나님의 구원과 능력과 나라와 또 그의 그리스도의 권세가 나타났으니 우리 형제들을 참소하던 자 곧 우리 하나님 앞에서 밤낮 참소하던 자가 쫓겨났고

사단은 성령의 법을 따라 살아가는 성도들을, 예수 그리스도를 믿어 의롭다 칭함을 받은 저와 여러분을 정죄하고 고발하고 고소하려고 들 것입니다.

"너 구원 받았지만 여전히 죄짓잖아. 실수하잖아. 너 때문에 다른 사람이 피해 보잖아. 문제 일으켰잖아."

이것은 사단의 음성입니다. 이 말을 하는 자들은 사단의 하수인들입니다. 죄와 사망의 법을 따르는 자들은 자기 자신의 죄악을 바라보지 못하고 다른 이들의 잘못을 정죄하고 고발하고 고소합니다. 죄 없는 자를 죄 있는 자라 모함하여 무고한 자들의 눈에 눈물을 흘리게 하고 그들이 가는 길에 매복하여 비명횡사하도록 계략을 꾸밉니다.

마치 유대 종교 지도자들이 사도 바울을 예루살렘으로 되돌아오도록 유인하여 로마에서의 사명을 감당하지 못하도록 막는 '악행'을 저지르듯 말입니다.

만일, 우리가 내 눈 안에 들보는 보지 못하고 다른 이의 눈에 티를 지적한다면, 그것은 하나님을 기쁘시게 할 수 없는 것이요, '죄의 법을 따르는 악행'이 된다는 사실을 기억하시길 바랍니다.

여러분, 실수하셨습니까?
누군가로부터 자꾸 꾸짖음을 당하고 계십니까?
혹여 잘못을 저지르지도 않았는데 고발 당하고 고소 당하셨습니까?

죄가 있으면 회개하십시오, 용서받으실 것입니다. 예수 그리스도께서 십자가에서 죽으심으로 우리의 모든 죄를 완전히 도말하여 주신 것을 믿으시길 바랍니다. 그렇기 때문에 우리 믿는 자들을 정죄하고 파멸시키고자 하는 대적들의 의도는 완전히 철저하게 무산된다는 사실을 반드시 믿으시길 바랍니다. 로마서 8장 33절과 34절의 말씀입니다.

> 33 누가 능히 하나님께서 택하신 자들을 고발하리요 의롭다 하신 이는 하나님이시니
> 34 누가 정죄하리요 죽으실 뿐 아니라 다시 살아나신 이는 그리스도 예수시니 그는 하나님 우편에 계신 자요 우리를 위하여 간구하시는 자시니라

우리의 죄를 거룩한 당신의 보혈로 깨끗하게 하신 예수 그리스도, 그분께서 하나님 앞에 나아가 우리를 위해 변호하시고 중재하십니다. 우리를 위해 늘 간구하십니다.

사단의 고발이 우리를 그리스도의 사랑에서 끊을 수 없습니다. 사단의 고소가 우리를 성령의 법에서 떠나게 할 수 없습니다.

사랑하는 성도 여러분, 이제 사도 바울은 그의 사역의 마지막 종착지인 로마로 갑니다.

로마의 중심부로 가려는 바울은 얼마나 떨리고 두렵겠습니까?

우리의 삶 또한 사단과 시기하는 자들과 여러 대적자로 인해 두렵고 떨리는 상황이 계속될 것입니다. 하지만, 우리는 무고한 고발을 당하고만 있을 자들이 아닙니다. 우리 안에 있는 성령의 법이 하나님의 은혜와 주 예수 그리스도의 사랑으로 인도하시고 평생토록 평강이 깃들게 할 것을 믿으시길 바랍니다.

성령의 법이 인도하는 생명의 길이 여러분의 것임을 믿고 오직 죽을 몸을 살리실 예수 그리스도를 믿는 믿음으로! 거룩과 성결의 삶을 살며 오직 성령을 따라 살아가는 모든 성도님이 되시길 주님의 이름으로 축원합니다.

기도 제목

1. 하나님의 법, 마음의 법, 성령의 법을 따라 성령이 원하는 바를 행하는 자들이 되도록

2. 죄의 본성과 육신이 원하는 바를 이루려고 하는 죄의 법을 따르지 않도록

3. 사단과 대적자들의 고소, 고발, 정죄에서 완전한 사랑으로 보호하실 예수님의 은혜를 기대하도록

26

성령의 약속
(사도행전 26장 18절)

> **18** 그 눈을 뜨게 하여 어둠에서 빛으로, 사탄의 권세에서 하나님께로 돌아오게 하고 죄 사함과 나를 믿어 거룩하게 된 무리 가운데서 기업을 얻게 하리라 하더이다

우리는 약속의 자녀입니다(갈 4:28). 하나님의 은혜의 약속을 따라 태어난 자들, 하나님의 뜻과 계획에 의해 약속의 소망을 따라 세상의 빛을 본 자들입니다. 그 약속을 이루기 위해 우리가 한 일은 단 한가지도 없습니다(롬 9:8). 약속을 이루시고 지키실 주님을 믿고 따르는 것 외에 아무것도 할 수 없는 처참하고도 비참한 존재가 바로 저와 여러분인 것입니다.

하지만, 우리는 결코 좌절하지 않습니다. "하나님의 불가항력적인 은혜"가 지금도 우리를 이끌어 주시고 앞으로도 우리와 함께하시기 때문에 두려움이 없습니다. 하나님의 약속에 따라 복음을 영접한 저와 여러분은 "거역할 수 없는 하나님의 소명"을 받았습니다. 바로 복음 확장의 주역으로서, 복음 증거의 소명이 바로 우리의 것입니다.

1. 아그립바 왕 앞에서의 변론

오늘 본문 사도행전 26장 18절의 말씀입니다.

> **18** 그 눈을 뜨게 하여 어둠에서 빛으로, 사탄의 권세에서 하나님께로 돌아오게 하고 죄 사함과 나를 믿어 거룩하게 된 무리 가운데서 기업을 얻게 하리라 하더이다

이 구절은 유대의 왕이었던 헤롯 아그립바 2세가 요청한 청문회에서 사도 바울이 벌인 변론입니다. 바울은 예루살렘 성전에서 체포된 후 5번의 변론을 벌이게 됩니다. 유대 군중들 앞에서, 산헤드린 공의회 앞에서의 변론, 정식 재판인 벨릭스 총독 앞에서와 신임 총독인 베스도 앞에서의 **변론** 그리고 지금 아그립바 왕 앞에서, 이렇게 모두 5번의 변론을 하게 된 것입니다.

바울에 대한 공식 재판은 이미 베스도 총독 앞에서 끝이 났기 때문에 바울은 자신이 상소한 로마 황제 가이사 앞에서만 재판을 받으면 됩니다.

그런데 왜 유대 왕인 아그립바 왕에게 또 한 차례 변론을 해야 하는 것입니까?

바울의 상소 요청에 의해, 베스도가 로마의 가이사 황제에게 고소장을 써서 보내야 하는 상황에서, **때마침 신임 총독인 베스도의 부임을 축하하기 위해 방문한 아그립바 왕이 바울의 말을 듣기를 청했기 때문입니다.** 사도행전 25장 22절의 말씀입니다.

> **22** 아그립바가 베스도에게 이르되 나도 이 사람의 말을 듣고자 하노라 베스도가 이르되 내일 들으시리이다 하더라

지금 베스도 신임 총독은 바울에게 아무런 죄목을 찾지 못하고 있었습니다. 로마 가이사 황제에게 바울을 고발할 적당한 죄들이 없는 상황에서, 아그립바 왕 앞에서 벌인 청문회에서 혹여나 죄목을 발견할 수 있을까 하는 기대감에서 아그립바 왕의 요구대로 청문회를 개최하였던 것입니다.

베스도는 유대인에 관해 잘 몰랐던 자신과 달리, 유대의 풍습과 종교에 관해 잘 알고 있는 아그립바 왕에게 일말의 기대가 있었습니다.

바울 역시 이미 로마행이 결정된 상태였고, 정식 재판의 자리가 아니기 때문에 자신있게 거침 없이 변론할 수 있었습니다. 무엇보다 바울은 이번 변론이 지식인이자 유대 종교에 정통한 아그립바 왕에게 복음을 전할 수 있는 '복음 전도의 기회'임을 포착하고, 위엄있는 태도로 '그리스도'를 전하고자 했습니다. 사도행전 26장 2절과 3절의 말씀입니다.

> ² 아그립바 왕이여 유대인이 고발하는 모든 일을 오늘 당신 앞에서 변명하게 된 것을 다행히 여기나이다
> ³ 특히 당신이 유대인의 모든 풍속과 문제를 아심이니이다 그러므로 내 말을 너그러이 들으시기를 바라나이다

아그립바 왕에게 변론하는 것을 다행이라고 말하는 바울입니다. 여기서 '다행이라'는 것은 '행운으로 안다, 행복하게 여긴다'는 뜻입니다.

왜 바울은 아그립바 왕 앞에서의 변론을 행운이자 행복으로 받아들였을까요?

얼마 후면 바울은 로마로 가야 합니다. 그곳에서 얼마나 큰 어려움을 겪게 될지 알 수 없는 상황입니다. 분명 바울이 즐겁게 변론할 만한 여건은 아닌 것입니다.

특히, 헤롯 아그립바 집안은 대대로 예수 그리스도와는 적대적인 관계였습니다. 아기 예수님을 호적할 때에 **예수를 죽이고자 했던 헤롯 왕**(로마

원로원의 결정으로 유대의 왕이 되어 B.C. 40년경부터 B.C. 4년경까지 35년간 다스림), **세례 요한을 죽인 헤롯 안디바**(갈릴리와 베레아의 분봉왕인 헤롯 안티파스는 B.C. 4년부터 A.D. 39년 동안 재위, 눅 9:9, 마 14:1), **야고보를 처형한 헤롯 아그립바 1세**(행 12:1-2), 지금 **바울을 심문하고 있는 헤롯 아그립바 2세**까지 이들은 모두 예수님의 적이었습니다.

그런데 지금 바울은 아그립바 앞에 서는 것을 다행으로 여기고 있습니다.

왜입니까?

적어도 바울은 아그립바 왕이 유대인의 풍속과 문제를 알기 때문에 지금 자신이 하는 복음 전도의 말을 어느 정도 이해할 수 있으리라는 희망을 가지고 변론하고 있는 것입니다.

그러나 바울이 다행으로 여기면서 행복하고 기쁜 마음으로 변론할 수 있었던 진짜 이유는 따로 있었습니다. 그의 가장 큰 기쁨은 예수님의 약속이 성취되는 것에 있었기 때문입니다.

사도 바울은 다메섹 도상에서 예수님을 만났습니다. 바울은 하늘로부터 빛을 보는 중에 예수 그리스도를 만났고 그 뒤로 사흘 동안 보지 못하고 먹지도 마시지도 못했습니다.

그때 아나니아가 기도 중이던 바울을 찾아와 안수하여, 다시 보게 해주었습니다. 그리고 그때 바울은 **예수님께 약속**, 곧 '이방인과 임금들, 이스라엘 자손에게 예수 그리스도를 전하기 위해 택함받은 그릇'이라는 **거룩한 소명을 받았습니다**. 사도행전 9장 15절의 말씀입니다.

> [15] 주께서 이르시되 가라 이 사람은 내 이름을 이방인과 임금들과 이스라엘 자손들에게 **전하기 위하여 택한 나의 그릇**이라

"아그립바 왕 앞에서의 변론"은 바울이 아나니아를 통해 받은, 예수님의 약속이 성취되는 역사적인 현장이었기 때문에, 바울의 입장에서는 크게 기뻐할 수 있었습니다.

예수님은 바울을 이방인의 사도로 삼아 주셔서 이방인들과 임금들, 이스라엘 자손들 앞에서 예수님을 증거하는 소명을 감당하게 하실 것을 약속하셨습니다. 그리고 그 약속은 아그립바 2세, 유대 왕 앞에서, 임금 앞에서 성취되었습니다.

2. 약속의 성취

사랑하는 성도 여러분, 대대로 예수님을 적대시하는 헤롯 가문을 상대로, 게다가 근친상간을 저질러 베니게와 부부가 되는 추한 죄를 안고 살아가는 아그립바 앞에서 변론을 하는 것은 그렇게 기뻐할 수만은 없는 상황이 맞습니다.

그럼에도 불구하고 바울은 상대의 상태나 죄 된 모습이 아니라, 예수님의 약속이 어떻게 성취될 것인가에 자신의 온 정신과 신경을 집중하였습니다. 바울의 삶의 기준은 예수님의 약속에 대한 성취에 달려 있었습니다. 그는 예수님의 약속에 초점을 맞추어 자신의 기쁨과 슬픔의 감정까지 초월하는 단계까지 나아가는 철저함을 보였습니다.

전력 질주해야 하는 달리기 선수가 있다고 생각해 보시길 바랍니다. 달리다가 넘어져서 무릎을 다치게 되었습니다.

아픔에 집중해야 할까요?
아니면 달리는 데 집중해야 할까요?
아픔과 염려는 뒤로 하고, 달리기에 온 힘을 쏟지 않겠습니까?

축구 선수들이 넘어지면 어떻게 처신합니까?

아파서 못하겠다며 울고불고 자기 감정과 아픔에 도취되겠습니까?

아니면 어떻게든 통증과 낙심된 마음을 훌훌 털어버리고, 골을 넣어 승리하는 것에 더 집중하는 자세를 취하겠습니까?

선수들은 승리를 기준으로 삼고 살아가는 자들입니다. 그래서 훈련의 고통과 경기 중에 당한 부상에 집중하기보다는 그 고통을 극복하고, 부상 투혼을 펼친 경기에서 승리를 거두었다는 것에 행복과 만족을 느낍니다.

우리도 마찬가지입니다. 우리가 무엇을 기준으로 삼느냐에 따라 행복 여부가 달라집니다.

사도 바울은 예수님의 약속이 성취되는 것을 행복의 기준으로 삼았습니다. 그래서 바울은 자신이 아나니아를 통해 받은 "이방인의 사도가 될 것이라는 주님의 약속들"이 성취되어 가는 과정을 자신의 기쁨과 행복으로 느끼며 살아던 것입니다.

우리도 참된 행복의 기준을 주님께서 각자에게 허락하신 약속의 성취에 두고 살아야 하지 않습니까?

사랑하는 성도 여러분, 부활하여 제자들에게 나타나신 예수님께서 무엇을 약속하셨습니까?

성령을 주시겠다고 하시지 않으셨습니까?

예수님은 그 약속대로 제자들과 오늘날 저와 여러분에게 성령을 부어주셨습니다. 사도행전 2장 33절의 말씀입니다.

> [33] 하나님이 오른손으로 예수를 높이시매 그가 **약속하신 성령**을 아버지께 받아서 너희가 보고 듣는 이것을 부어 주셨느니라

예수 그리스도께서 십자가에서 죽으신 목적이 무엇입니까?

그리스도 예수 안에서 아브라함의 복이 이방인인 저와 여러분에게 미치게 하기 위함이고, 우리가 예수 그리스도를 믿고 성령의 약속을 받게 하시기 위함입니다. 갈라디아서 3장 14절의 말씀입니다.

> ¹⁴ 이는 그리스도 예수 안에서 아브라함의 복이 이방인에게 미치게 하고 또 우리로 하여금 믿음으로 말미암아 **성령의 약속**을 받게 하려 함이라

하나님은 아브라함을 믿음의 조상으로 택하시고 이스라엘 민족뿐만 아니라, 아브라함의 믿음을 따라 예수 그리스도를 믿는 이방인들까지 하나님의 자녀가 되게 하실 것을 약속하셨습니다. 그리고 그 약속은 예수 그리스도의 십자가의 죽음과 부활로 성취되었습니다.

예수께서 십자가에서 죽으시고 다시 살아나심으로 인해, 이방인이었던 우리에게 성령이 임할 것이라는 약속이 주어진 것입니다. 예수님이 죽으시고 다시 사신 일이 없다면, 우리는 결코 성령을 받을 수 없었습니다.

약속의 성령을 받을 수 없던 자들이 예수님의 죽으심과 부활로 인해 약속의 자녀가 되고, 성령의 인치심을 받게 되었습니다. 에베소서 1장 13절의 말씀입니다.

> ¹³ 그 안에서 너희도 진리의 말씀 곧 너희의 구원의 복음을 듣고 그 안에서 또한 믿어 **약속의 성령으로 인치심을 받았으니**

성령의 인치심을 받은 자들은, 몸이 죽더라도 생명의 부활로 다시 살아나 영생을 누리게 됩니다. 구약의 많은 유대인들은 메시아 대망 사상을 가지고 살았습니다. 메시아가 오기를 고대하며 그분이 오시면 부활할 것이라는 하나님의 약속을 믿고 소망 가운데 살아가고 있었습니다.

바울은 아그립바 왕 앞에서의 변론에서 이 말을 하고 있는 것입니다. 사도행전 26장 6절부터 8절의 말씀입니다.

> ⁶ 이제도 여기 서서 심문 받는 것은 **하나님이 우리 조상에게 약속하신** 것을 바라는 까닭이니
> ⁷ 이 **약속**은 우리 열두 지파가 밤낮으로 간절히 하나님을 받들어 섬김으로 얻기를 바라는 바인데 아그립바 왕이여 이 소망으로 말미암아 내가 유대인들에게 고소를 당하는 것이니이다
> ⁸ 당신들은 **하나님이 죽은 사람을 살리심**을 어찌하여 못 믿을 것으로 여기나이까

바울이 말하는 바를 잘 보시길 바랍니다. 6절 말씀에서 자신이 지금 심문받는 것은 소망 때문이라고 말하고 있습니다.

여기서의 '소망'은 무엇입니까?

하나님이 그들의 조상, 곧 유대인들에게 약속하신 것으로, '메시아가 오시리란 약속과 그분이 오심으로 부활할 것이라는 소망'인 것입니다.

이어서 7절 말씀을 보십시오. "열두 지파의 모든 유대인들은 간절히 하나님을 섬기면서 그러한 '부활의 소망과 메시아에 대한 약속'이 이뤄지기를 바라면서도, 정작 이 소망을 가진 나를 송사합니까?"라고 묻고 있습니다.

이미 메시아되신 예수님이 이 땅에 오셔서 부활의 소망이 이루어졌는데, 즉 하나님께서 유대인들에게 약속하신 것이 이미 성취된 이 시점에 "아그립바 왕이여! 왜 부활을 믿지 못하고 있는 것입니까?"라고 되묻는 것입니다.

바울은 유대인들이 약속의 메시아, 약속의 성령을 믿지 못하고 있는 것을 지적합니다. 즉, **바울 변론의 핵심은 '예수 그리스도의 부활과 믿음을 가질 것에 대한 선포'입니다.**

3. 복음의 선포자

바울은 예수 그리스도를 만나고 난 뒤 '복음의 핍박자'에서 '복음의 선포자'로 바뀌게 되었습니다. 바울은 내주하신 성령에 의해, 하나님께서 약속하신 바와 같이, 구약 시대부터 지속적으로 갈망하던 메시아가 예수 그리스도이심을 깨닫게 되었고 '예수님이 십자가에서 죽으시고 다시 살아나신 사실', 즉 '복음'을 믿는 자들에게는 부활의 소망이 있음을 알게 되었습니다.

바울은 진실로 성령의 약속을 받은 자, 복음의 증거자가 된 것입니다. 사도행전 26장 16절에서 18절의 말씀입니다.

> ¹⁶ 일어나 너의 발로 서라 내가 네게 나타난 것은 곧 네가 나를 본 일과 장차 내가 네게 나타날 일에 너로 종과 증인을 삼으려 함이니
> ¹⁷ 이스라엘과 이방인들에게서 내가 너를 구원하여 그들에게 보내어
> ¹⁸ 그 눈을 뜨게 하여 어둠에서 빛으로, 사탄의 권세에서 하나님께로 돌아오게 하고 죄 사함과 나를 믿어 거룩하게 된 무리 가운데서 기업을 얻게 하리라 하더이다

예수님은 유대적 경건에 충실했던 아나니아를 통해 바울을 예수의 증인, 복음의 일꾼으로 삼아 주셨습니다. 아나니아를 통한 것이라고 해도 부르심과 선교적 사명은 예수님께로부터 온 것입니다. 그래서 지금 바울은 아그립바 왕 앞에서 자신이 유대교적인 정통성과 경건성에 위배되지 않을 뿐만 아니라, 유대인들이 그토록 고대하던 메시아이신 예수께 직접 사명을 부여 받은 자임을 강조하고 있습니다.

바울은 유대인과 이방인들 위한 사도로 선택되었기 때문에, 받은 사명 그대로, 유대인과 이방인들에게 구원의 메시지를 선포하고 있는 것입니다.

사도행전 26장 18절의 말씀을 보시길 바랍니다. 진실로 바울은 영적 맹인들의 어두운 눈을 뜨게 하여, 그들을 진리의 밝은 빛으로 인도하였습니다. 영적 소경들이 흑암의 권세에서 벗어나 하나님께로 돌아가게 하였습니다. 유대인뿐만 아니라 이방인도 예수를 믿는 믿음만 있다면, 죄 사함을 얻어 거룩한 하나님의 백성이 될 수 있습니다.

또한, 믿음만 있다면 하나님의 기업까지 물려받는 은혜를 얻을 수 있는 것입니다. **바울은 복음 증거자로서 주께 받은 약속을 따라 받은 사명을 수행했을 뿐이라는 사실을 변론하였습니다.** 사도행전 26장 23절의 말씀입니다.

> ²³ 곧 그리스도가 고난을 받으실 것과 죽은 자 가운데서 먼저 다시 살아나사 이스라엘과 이방인들에게 빛을 전하시리라 함이니이다 하니라

하나님은 메시아 되신 예수 그리스도, 빛 되신 예수 그리스도를 믿는 자들만이 구원을 받고 부활의 기쁨을 누리게 역사하십니다. 죄 된 인류를 구원하여 축복의 통로인 하나님의 백성으로 삼으시고자 하신 "하나님의 약속"은 예수 그리스도의 십자가 죽음과 부활로 성취되었음을 믿으시길 바랍니다.

아그립바 왕은 이 사실을 믿어야 했습니다. 만약에 아그립바 왕이 성령의 약속을 받은 자로 성령의 인치심을 받았다면, 그 안에 내주하신 성령이 하나님께서 자신을 향한 약속을 깨닫게 하셨을 것입니다.

만일 그가 하나님께서 택하신 귀한 그릇이었다면, 예수님이 유대인들이 그토록 간절히 소망하던 메시아라는 사실을, 부활의 소망을 주시는 분이심을 믿었을 것입니다.

그러나 아그립바 왕은 이러지도 저러지도 못하는 **"애매한 반응"**을 보였습니다. 사도행전 26장 28절의 말씀입니다.

²⁸ 아그립바가 바울에게 이르되 네가 적은 말로 나를 권하여 그리스도인이 되게 하려 하는도다

우리가 약속의 성령의 음성에 순종하여 복음을 전할 때, 부활의 소망을 이야기하고 믿음을 선포할 때, **상대방의 반응이 애매할 수 있습니다.**
그럴 때 성령의 약속을 받은 자는 어떻게 받아들여야 합니까?
사도행전 26장 29절의 말씀입니다.

²⁹ 바울이 이르되 말이 적으나 많으나 당신뿐만 아니라 오늘 내 말을 듣는 모든 사람도 다 이렇게 결박된 것 외에는 나와 같이 되기를 하나님께 원하나이다 하니라

말이 길든지 짧든지, 노력을 많이 했든지 안했든지, 아그립바 왕의 반응이 긍정이든 부정이든 중립적이든, **바울은 자신이 받은 약속대로, 자신이 받은 복음 증거자의 사명대로 담대한 신앙의 권고를 하고 있는 것입니다.**
그는 약속의 성령을 받은 자로서, 자부심을 가지고 당당하게 예수 그리스도의 죽으심과 부활을 선포하였습니다. 여러 개의 포승줄로 결박된 자유롭지 못한 몸이었지만, 그는 복음 안에서 참 자유자가 되었으며 그 마음에는 성령이 주시는 평안함과 기쁨, 행복이 가득했습니다.
예수님의 대적자들 앞이라고 해도, 바울은 자신이 받은 **"이방인의 사도가 될 것이라는 주님의 약속들"**이 그의 인생에서 성취되어 가는 과정에서 기쁨과 행복을 느끼고 살았던 것입니다. 예수님께 완전히 사로잡힌 그의 인생이야말로, 진실로 행복한 삶이요 기쁨의 삶이었습니다.
사랑하는 성도 여러분, **무엇이 여러분의 기쁨이고 행복입니까?**
저와 여러분은 약속의 성령을 받은 자들입니다. 예수 그리스도의 십자가 부활을 믿는 자들입니다. 주께서 다시 오실 그날, 영광의 몸을 입고 부활하게 될 놀라운 축복을 받은 자들입니다.

그러니 주님께 받은 약속이 성취되는 것을 보며 참된 만족과 기쁨을 느끼며 살아가는 자들이 되길 바랍니다.

예수님께서 약속하신 대로 성령은 우리에게 내려졌으며, 그 성령은 여러분이 나아가는 모든 길에서 예수님의 하신 일과 가르침을 생각나게 하실 것입니다.

우리의 마음과 삶이 오직 성령의 약속으로, 주님이 주신 소망으로 가득 차길 주님의 이름으로 축원합니다.

기도 제목 _____

1. 성령의 약속을 받은 자들로서 성령의 인도함을 받으며 살아가도록

2. 복음 증거의 사명을 감당하는 일에 인생 전부를 걸 수 있도록

3. 주님이 주신 약속이 성취되는 것을 보고 경험하는 것이 진정 행복한 삶이라는 것을 깨달을 수 있도록

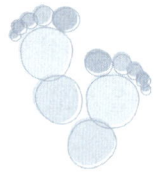

27

성령의 동행하심
(사도행전 27장 23-25절)

> ²³ 내가 속한 바 곧 내가 섬기는 하나님의 사자가 어제 밤에 내 곁에 서서 말하되
> ²⁴ 바울아 두려워하지 말라 네가 가이사 앞에 서야 하겠고 또 하나님께서 너와 함께 항해하는 자를 다 네게 주셨다 하였으니
> ²⁵ 그러므로 여러분이여 안심하라 나는 내게 말씀하신 그대로 되리라고 하나님을 믿노라

성령께서 우리와 동행하고 계십니다.

그런데 때로 '동행한다'는 말의 의미를 정확하게 모르겠다고 고백하시는 분들도 있습니다.

이렇게 생각해 보시길 바랍니다. 어떤 사람과 같이 있으면 내 삶에 도움이 되고 유익이 있어서 그 시간이 아깝지 않습니다. 더 시간을 내서 함께 지내고 싶습니다. 그래서 많은 사람이 몰려들고 행복을 느낍니다.

그런데 반대로 어떤 사람은 하는 말마다 트집이요, 무익한 행동뿐이어서 피하고 싶고, 함께하고 싶은 마음이 들지 않습니다. 자연히 사람들은 슬금슬금 그를 피하게 되고, 따로 시간을 내어 만나고 싶은 생각조차 들지 않는 것입니다.

여러분에게는 같이 있고 싶은 사람이 있습니까?

그런 사람이 있다면, 그는 나를 좋아해 주는 사람이거나 내가 좋아하는 사람, 둘 중 하나일 것입니다.

그래서 평생을 같이 하고 싶은 사람을 만나면 결혼까지 생각해 보게 됩니다. 그렇습니다. **동행이란** 두 남녀가 결혼하여 하나의 목적을 향해, 하나의 길을 향해 나아가듯이, "**같이 길을 가는 것**"을 의미합니다.

그리스도인들은 당연히 하나님과 동행하며 성령님과 동행하는 삶을 살아야 합니다. 자기 고집과 생각, 가치관과 철학에 매여 성령과의 동행을 마다하고 자신이 원하는 길로만 가려고 한다면 매우 어리석은 사람입니다.

성령은 믿음의 길에서 바른 길을 제시하고 끝까지 구원에 다다르도록 우리를 도우십니다. 그렇기 때문에 성령의 동행은 그리스도인들에게 가장 중요한 일입니다. 성령의 동행은 예수님의 부활하심으로 가능합니다. 예수님이 부활하시고 믿는 자들에게 성령을 보내 주지 않으셨다면, 성령의 동행은 있을 수 없는 일이 되는 것입니다.

부활하신 우리 주님께서 하늘로 오르실 때 아버지께서 약속하신 성령을 보내 주시겠다고 말씀하셨고, 그 성령께서 오순절 날 제자들에게 임하였습니다. 그리고 성령은 제자들이 생명력 있는 사명을 감당할 수 있게 한 원동력이 되었습니다. 사도행전 1장 4절과 8절의 말씀입니다.

> [4] 사도와 함께 모이사 그들에게 분부하여 이르시되 예루살렘을 떠나지 말고 내게서 들은 바 아버지께서 약속하신 것을 기다리라
>
> [8] 오직 성령이 너희에게 임하시면 너희가 권능을 받고 예루살렘과 온 유대와 사마리아와 땅 끝까지 이르러 내 증인이 되리라 하시니라

1. 말씀을 받았다

오늘 본문 사도행전 27장 23절에서 25절까지의 말씀입니다.

> ²³ 내가 속한 바 곧 내가 섬기는 하나님의 사자가 어제 밤에 내 곁에 서서 말하되
> ²⁴ 바울아 두려워하지 말라 네가 가이사 앞에 서야 하겠고 또 하나님께서 너와 함께 항해하는 자를 다 네게 주셨다 하였으니
> ²⁵ 그러므로 여러분이여 안심하라 나는 내게 말씀하신 그대로 되리라고 하나님을 믿노라

오늘 본문은 바울이 로마로 배를 타고 가는 도중 유라굴로 광풍을 만났을 때, 겁먹은 사람들을 안심시키는 내용입니다. 바울이 광풍 속에서도 배에 탄 사람들을 안심시킬 수 있었던 것은 그가 **하나님의 말씀을 받았기 때문입니다.** 오늘 본문 사도행전 27장 23절 말씀을 다시 한번 보시길 바랍니다.

> ²³ 내가 속한 바 곧 내가 섬기는 하나님의 사자가 어제 밤에 내 곁에 서서 말하되

바울은 '자신이 섬기는 하나님께 소속된 자' 입니다. '소속되다.' 이 말은 기관이나 단체에 일원이 되었음을 의미합니다. 기관이나 단체에 소속되어 있어 그 보호와 인도함을 받게 되는 것입니다.

우리가 어디에 소속되어 있느냐에 따라 바라보는 방향과 일을 처리하는 기준이 달라집니다. 모든 기관과 단체는 소속원의 말과 행동이 공동체의 목적과 취지에 합당할 것을 요구하는 강제력을 가집니다. 결속력이 강하면 강제하는 힘이 강해지고, 결속력이 약해지면 자유함이 더 커집니다. 만약에 에이전시처럼 법적인 약속이나 절차에 의해 소속을 정확하게 지켜야 한다면 그 강제력은 더욱 커질 것입니다. 그런데 바울은 자신이 하나님께

소속되어 있다고 말합니다.

이것은 어느 정도의 강제력을 가지고 있을까요?

믿음의 정도에 따라 달라집니다. 믿음이 큰 자들은 자신이 하나님의 소유이며 자녀임을 강하게 믿습니다. 그리하여 하나님의 음성과 말씀에 전적으로 순종하고 복종하며 따릅니다. 반면, 믿음이 연약한 자들은 하나님이 자신에게 어떠한 분이신지에 관한 인식이 부족하고 '오직 하나님 한 분뿐'이라는 확신도 잘 서 있지 않기 때문에, 소속감이 부족할 뿐만 아니라 그분의 음성도 듣는 둥 마는 둥 하는 것입니다.

사도 바울은 하나님에 대한 소속감이 확실한 자였습니다. 하나님의 뜻과 계획을 따르는 일이라면 자신의 목숨도 아끼지 않았던 사람입니다. 그는 예수님이 자신의 삶에 주인이 되신다는 확신으로 가득 차 있었습니다.

그래서 바울은 그레데섬 미항에서 뵈닉스항으로 향하던 배의 운명을 오직 주께 맡겼습니다. 그는 자신이 소속된 하나님, 그분께서 자기를 광풍을 만나 끝없이 표류하고 있는 상황에 그냥 내버려 두지 않을 것 또한 믿었습니다.

아니나 다를까, 하나님의 사자는 바울에게 말씀하셨고 분명한 계시를 허락해 주셨습니다. 사도행전 27장 23절 말씀의 후반절을 보시면 "하나님의 사자가 어제 밤에 내 곁에 서서 말하되"라고 나와 있습니다. 이 부분은 사도 바울이 자신의 주인이자 경배의 대상이 되시는 하나님으로부터 분명한 계시를 받았음을 의미합니다.

하나님의 사자는 바울의 생에 이미 여러 번 나타나셨습니다.

바울이 고린도에서 전도할 때, 많은 유대인의 저항과 반대가 있었습니다. 지속적인 전도의 성과가 있었음에도 불구하고 유대인들의 방해는 바울의 사역을 위축하게 만드는 주된 원인이 되었습니다.

그런데 그 밤에 어떤 일이 있었습니까?

주께서 환상 가운데 **바울에게 용기를 주시지** 않으셨습니까?

사도행전 18장 9절과 10절의 말씀입니다.

> **9** 밤에 주께서 환상 가운데 바울에게 말씀하시되 **두려워하지 말며 침묵하지 말고 말하라**
> **10** 내가 너와 **함께 있으매** 어떤 사람도 너를 대적하여 해롭게 할 자가 없을 것이니 이는 이 성중에 내 백성이 많음이라 하시더라

'바울아 두려워 말고 예수를 증거하는 사역을 그만두지 말아라!
내가 너와 함께 동행하고 있다, 너를 해할 자가 없다!
그러니 힘을 내라, 용기를 내라!'

이 음성은 사도 바울뿐 아니라 성령과 동행하는 우리에게도 내려진 동일한 주의 음성임을 믿으시길 바랍니다. 성령의 동행은 우리에게 두려움이 아닌 용기와 힘을 줍니다. 우리는 우리를 사랑하시는 주님으로 인해 넉넉히 이길 수 있습니다(롬 8:37).

성령은 하나님과 상관없는 말씀을 하지 않으십니다. 하나님의 뜻과 계획을 우리에게 알려주시는 것입니다. 고린도전서 2장 10절 말씀은 성령이 당신과 동행하는 우리들에게 무엇을 말씀하시는 지에 대해 말해줍니다.

> **10** 오직 하나님이 성령으로 이것을 우리에게 보이셨으니 성령은 모든 것 곧 하나님의 깊은 것까지도 통달하시느니라

하나님의 깊은 것까지 통달하시는 성령이 어려움을 당하는 우리에게 힘과 위로가 되는 말씀을 주신다는 것을 기억하시길 바랍니다. 우리와 동행하시는 성령은 우리의 나아갈 바를 알게 하시고, 어디로 가야 하는지, 어떻게 가야 하는지, 인생의 이정표 역할을 해 주시는 것입니다.

또한, 바울이 다메섹에서 예수님을 만나고 아라비아에서 3년간 사역을 한 다음 다시 예루살렘으로 돌아갔을 때 하나님의 사자가 다시 나타났습니다. 사도행전 22장 17절과 18절, 21절의 말씀입니다.

> [17] 후에 내가 예루살렘으로 돌아와서 성전에서 기도할 때에 황홀한 중에
> [18] 보매 주께서 내게 말씀하시되 속히 예루살렘에서 나가라 그들은 네가 내게 대하여 증언하는 말을 듣지 아니하리라 하시거늘
> [21] 나더러 또 이르시되 떠나가라 내가 너를 멀리 이방인에게로 보내리라 하셨느니라

이처럼 바울이 기도할 때 환상 중에 주의 계시를 받아 예루살렘을 떠나 이방인의 사도로 맡은 사명을 감당하게 된 것입니다. 바울은 하나님에 대한 소속감이 확실했고, 예수님만이 자신의 주인임을 확신한 자답게 하나님의 사자는 그의 인생에 중요한 순간마다 나타나셔서 그의 앞날을 지도해주셨습니다.

오늘 본문의 유라굴라 광풍의 순간에도 바울은 하나님의 사자가 전해준 말씀의 계시를 받았습니다. 그래서 그 순간 어떤 겉치레나 호기가 아닌, 약속의 말씀에 근거하여 절망에 빠진 사람들을 안심시키고 예수님의 복음을 증거하는 기회로 삼았던 것입니다.

우리가 하나님께 말씀을 받았다는 것이 중요합니다. 이를 기억하시길 바랍니다. 성령을 통해 주시는 하나님의 말씀을 100% 받을 수 있는 저와 여러분이 되시길 바랍니다.

2. 사명을 받았다

바울이 바다의 광풍 속에서도 '안심하라'고 말할 수 있었던 두번째 이유는 생명과 결부된 사명을 받았기 때문입니다. 오늘 본문 사도행전 27장 24절의 말씀입니다.

> ²⁴ 바울아 두려워하지 말라 네가 가이사 앞에 서야 하겠고 또 **하나님께서 너와 함께 항해하는 자를 다 네게 주셨다** 하였으니

바울은 두려워할 이유가 없습니다. 바울은 이미 생명을 건 사명을 받았습니다. 그의 생명은 로마 황제인 가이사 앞에 서서 복음을 전해야 할 사명과 결부되어 있습니다. 사명이 있는 한, 바울의 생명은 어떠한 존폐의 위기 속에서도 든든히 살아 숨 쉴 것입니다. 바울의 목숨은 바울 개인의 것이 아닙니다. 하나님께 소속된 자의 생명은 오직 주께 그 소유가 있습니다.

우리가 흔히 이런 말을 하지 않습니까?
"사명이 있는 자는 죽지 않는다!"
왜 이러한 말이 나오는 것입니까?

하나님은 무슨 일이 있어도 바울을 가이사 앞에 도달하도록 만드실 것입니다. 사명을 주신 분도 하나님이시고, 거두어 가시는 분도 하나님이십니다. 우리가 받은 사명은 우리 힘과 능력으로 결코 감당할 수 없습니다. 그렇기 때문에 사명을 감당하는 데 있어서 필요한 생명이라는 것은 완전히 보전되는 것입니다.

사랑하는 성도 여러분, 바울은 단지 세상에서 말하는 사명감에 불타, 의욕만 앞세우지 않았습니다. 자신의 의로움에 취해 사회 정의를 구현하겠다고 행동한 것도 아니었습니다.

바울의 사명은 많은 생명과 결부되어 있습니다. 그가 전하는 복음을 듣고 새로운 생명을 얻어야 할 영혼이 로마에 있을 뿐만 아니라, 지금 유라굴라 광풍으로 난파될 위기에 처한 배 위의 사람들 역시 바울의 사명과 연결되어 있습니다. 배에는 바울 외에 다른 죄수들이 있었고, 백부장 율리오가 있었으며, 선장과 선주가 타고 있었습니다. 이들은 하나님께서 바울에게 맡기신 생명, 바울에게는 마치 '선물'로 주어진 자들입니다.

사도행전 27장 24절 후반절의 "하나님께서 너와 함께 항해하는 자를 다 네게 주셨다"라는 부분을 잘 보시길 바랍니다. 하나님이 바울에게 그와 함께 항해하는 자를 다 그에게 주었다고 했을 때의 '주셨다'는 선물과 은혜를 뜻하는 '카리스'에서 유래된 동사 '카리조마이'로, '값을 받지 않고 거져 주었다'는 의미입니다.

배에 탄 자들은 바울이 거저 받은 선물입니다. 바울의 생명이 건짐을 받을 때, 그의 손에 들린 선물도 같이 안전하게 보존되듯, 바울이 그의 사명으로 인해 목숨을 잃지 않을 때 배의 동승자들도 목숨을 잃지 않고 안전할 것입니다. 생명과 결부된 사명을 받은 바울에게 임한 하나님 은혜는 동승자들에게도 동일하게 임할 것입니다. 그래서 바울은 바다의 광풍 속에서도 '안심하라'고 자신있게 말할 수 있었습니다.

성령과 동행하는 우리에게 내려지는 하나님의 은혜란 아무리 퍼서 날라도 없어지지 않는 무한하고 광대한 은혜입니다. 대가 없이 주어지는 하나님의 은혜는 그리스도의 생명이 있는 자, 성령과 동행하는 자들에게 무한하게 부어지며, 그 은혜는 나를 통해 전파됩니다.

그래서 생명을 걸고 사명을 다하는 그 자리에서 함께 동역하는 자들에게 은혜를 퍼다 나르는 일에 결코 인색해서는 안 될 것입니다. 나로 인해 은혜가 무한 증식되는 역사가 일어나길 간절히 소원해야 합니다. 시편 57편 1절의 말씀입니다.

> ¹ 하나님이여 내게 은혜를 베푸소서 내게 은혜를 베푸소서 내 영혼이 주께로 피하되 주의 날개 그늘 아래에서 이 재앙들이 지나기까지 피하리이다

생명과 결부된 사명이 있는 자에게는 안전하게 보전되는 은혜가 임하는 것을 반드시 기억하시길 바랍니다.

3. 약속의 성취를 받았다

바울이 바다의 광풍 속에서도 '안심하라'고 말할 수 있었던 첫 번째 이유는 하나님의 말씀을 받았기 때문이라고 말씀드렸고, 두 번째는 생명과 결부된 사명을 받았기 때문이라고 설명드렸습니다. 세 번째 이유는 약속의 성취를 받았기 때문입니다. 오늘 본문 사도행전 27장 25절의 말씀입니다.

> ²⁵ 그러므로 여러분이여 안심하라 나는 내게 말씀하신 그대로 되리라고 하나님을 믿노라

"안심하라, 말씀하신 대로 되리라!"
사랑하는 성도 여러분, 이 약속의 말씀을 반드시 믿으시길 바랍니다. 바다의 광풍이라는 환난이 불어닥칠 때, 하나님의 약속이 성취될 것이라는 확신은 우리가 안심할 수 있는 가장 확실한 증거가 됩니다. 하나님께 속한 자, 바울은 하나님을 믿었습니다.
그는 어떠한 하나님을 믿고 있는 것입니까?

바울은 약속을 성취하시는 분, 신실한 하나님을 믿었습니다. 한 번 믿고 두세 번은 안 믿고 하는 것이 아닙니다. 한 번 믿으면 끝까지 믿는 것입니다. 상황을 봐가면서 믿는 것도 아닙니다. 내 상태가 좋으면 믿고 안 좋으면 안 믿고 하는 것도 아닙니다. 내 마음이 낙심될 때는 붙잡아야 할 대상이 필요하니까 하나님을 믿어보려 하고, 평안할 때는 내 힘으로 다 될 것 같으니 하나님은 뒷전으로 두고 살아가는 왔다 갔다 흔들리는 신앙이 아닙니다.

바울은 이 세상 사람들이 못 믿을 것으로 여겨온 그분, '우리를 위해 죽고 다시 살아나신 생명의 주·예수 그리스도'만을 믿었습니다.

예수님은 부활하시어 그의 제자들에게 안심하라고 이르셨습니다. 요한복음 20장 19절부터 22절의 말씀입니다.

> **19** 이 날 곧 안식 후 첫날 저녁 때에 제자들이 유대인들을 두려워하여 모인 곳의 문들을 닫았더니 예수께서 오사 가운데 서서 이르시되 **너희에게 평강이 있을지어다**
> **20** 이 말씀을 하시고 손과 옆구리를 보이시니 제자들이 주를 보고 기뻐하더라
> **21** 예수께서 또 이르시되 **너희에게 평강이 있을지어다** 아버지께서 나를 보내신 것 같이 나도 너희를 보내노라
> **22** 이 말씀을 하시고 그들을 향하사 숨을 내쉬며 이르시되 **성령을 받으라**

부활하신 예수님은 제자들에게 지금 무엇이라고 말씀하고 계십니까?

"평강이 있을지어다!
안심하라!
또 평강이 있을지어다, 안심하라!"

예수님의 부활하신 몸을 보고 놀란 제자들은 예수님의 손과 옆구리를 보고 기뻐하였습니다. 하나님이 예수님을 이 땅에 보내시어 죄인들에게 생명을 주시는 사역을 감당하신 것과 같이, 앞으로 부활하신 예수님을 증거하는 생명의 사역을 감당할 제자들에게, 주님은 '너희의 모든 길 가운데 평강이 있을 것이다. 그러니 안심하라'고 말씀하신 것입니다.

제자들이 생명의 사역을 감당하는 길에는 오늘 본문의 바울이 당한 유라굴라와 같은 광풍이 들이닥칠 것입니다.

그러나 안심해도 됩니다. **"성령을 받으라!"** 는 약속이 성취되어 제자들이 가는 길에 항상 성령이 동행하여 주실 것이기 때문입니다.

제자들에게 안심하라고 말씀하신 예수님은 지금 바울과 배에 탄 사람들에게 동일하게 말씀하고 계신 것입니다. 사도행전 27장 22절의 말씀입니다.

> [22] 내가 너희를 권하노니 이제는 안심하라 너희 중 아무도 생명에는 아무런 손상이 없겠고 오직 배뿐이리라

부활하신 주님은 바울에게 간밤에 하나님의 사자의 음성을 통해 안심하라고 말씀하셨고, 그와 배에 탄 자의 생명을 지켜 주실 것에 대한 약속을 분명히 이루어 주셨습니다.

사랑하는 성도 여러분, **신실하신 하나님께서 하신 모든 약속이 성취됨을 믿으시길 바랍니다.**

바울은 부활하신 예수님이 승천하시고 난 다음 보내 주신 '약속하신 성령님,' 그분과 동행함으로 어떠한 고난과 어려움도 극복할 수 있었습니다. 그리하여 바울은 광풍 중에서도 안전하게 로마에 도착했을 뿐 아니라, 목숨을 다하여 힘있게 끝까지 사명을 감당할 수 있었습니다.

사도행전은 성령의 주도로 교회가 세워지고 복음이 확장되는 증거를 보여 주는 책입니다. 사도행전 곳곳에는 예수 그리스도의 십자가와 부활이 가져온 구속 사역의 성취가 성령에 의해 적용되고 있는 여러 가지 증거들이 들어있습니다.

예수 그리스도의 부활의 능력이 어떻게 우리에게 적용되고 삶의 실제가 되는 것입니까?

성령의 동행하심으로 가능하다는 사실을 믿으시길 바랍니다.

성령과 동행하는 바울은 바다의 광풍 속에서도 '안심하라'고 말할 수 있었습니다. 그 이유는 내주하시는 성령을 통해 하나님의 말씀을 받았고, 그의 생명과 결부된 사명을 받았으며, 약속의 성취 또한 받았기 때문입니다.

진실로 성령이 없이 우리는 하나님의 말씀을 받을 수 없습니다. 고린도전서 12장 8절의 말씀입니다.

> 8 어떤 사람에게는 성령으로 말미암아 지혜의 말씀을, 어떤 사람에게는 같은 성령을 따라 지식의 말씀을

성령이 없다면, 생명의 사역을 감당할 수 없습니다. 어디로, 어떻게 가서 복음을 전할지, 무지한 우리로서는 알 길이 없습니다. 하지만, 진실로 성령께서 우리의 가는 길에 '가고 서는 것'을 알게 하십니다. 사도행전 16장 6절의 말씀입니다.

> 6 성령이 아시아에서 말씀을 전하지 못하게 하시거늘 그들이 브루기아와 갈라디아 땅으로 다녀가

성령이 없다면, 우리는 주께서 하신 약속의 성취에 대해 확신을 가질 수 없습니다. 빌 바를 몰라 어쩔 줄 몰라 하는 우리를 위해 간구하시는 성령

께서 우리의 생명을 안전하게 보존하시고, 그의 도우심으로 구원에 이르게 하시는 것입니다.

진실로 우리와 동행하시는 성령으로 말미암아 구원의 약속이 성취되는 것입니다. 빌립보서 1장 19절의 말씀입니다.

> [19] 이것이 너희의 간구와 예수 그리스도의 성령의 도우심으로 나를 구원에 이르게 할 줄 아는 고로

사랑하는 성도 여러분, 부활하신 주님이 살아 계셔서 우리와 함께하십니다.

우리의 주인되신 예수님께서 죄와 사망과 의심의 광풍을 잔잔하게 하사! 아니 뿌리 뽑으사!

온갖 풍파와 어려움, 고난이 닥친 우리 인생의 바다를 안전하게 항해하도록 도우십니다.

바울에게 임한 하나님의 은혜가 배에 동행한 자들의 생명을 구원해 주었음을 기억하시길 바랍니다.

우리의 구원은 삼위일체 하나님의 협력 사역입니다. **아버지가 계획하시고, 아들이 성취하시고, 성령님이 적용하십니다.** 하나님이 죄인들을 구원하시기 위해 독생자를 내어 주시기를 계획하셨고, 예수님은 아버지의 뜻에 순종하여 십자가에서 죽으시고 부활하심으로 구속 사역을 성취하셨습니다. 그리고 이 구원이 우리 믿는 모든 자의 삶에 실제가 되도록 적용하시는 분은 성령이십니다.

그러므로 우리는 구원이 완성되는 그날, 주님의 재림의 때, 하늘로 올라가 부활의 몸을 입을 때까지 죽으나 사나 성령과 동행하며 오직 주를 위해 목숨도 아끼지 않는 헌신과 순종의 삶을 살기로 결단해야 할 것입니다.

우리에게 약속하신 성령이 찾아와 주심에 감사하며 일평생 성령의 동행하심의 은혜 속에서 기쁨과 사랑이 흘러넘치는 삶을 살아가는 성도님들이 되시길 주님의 이름으로 축원합니다.

기도 제목 _____

1. 부활하신 예수님이 성령을 선물로 보내 주셨음에 감사할 수 있도록

2. 유라굴로 광풍에서 안전하게 생명을 보존해주신 하나님이 우리의 목숨도 지켜 주실 것을 믿도록

3. 일평생 성령의 동행하심의 은혜 속에서 말씀대로 사명을 잘 감당하며 온전한 약속이 성취되는 것을 목도하고 증거할 수 있도록

28

성령의 전파하심
(사도행전 28장 31절)

> ³¹ 하나님의 나라를 전파하며 주 예수 그리스도에 관한 모든 것을 담대하게 거침없이 가르치더라

우리와 동행하시는 성령은 오순절 강림을 통해 주 예수를 믿는 신실한 증인들의 가슴에 뿌려졌습니다.

부활하신 주님은 뜨거운 성령 받기를 사모하는 자들의 가슴에 심겨졌고, 하늘 보좌에서 하나님 우편에 앉아 지금 우리를 다스리고 계십니다. **성령은 하나님께서 계획하신 인류 구원의 역사를 실행 적용하시어 믿는 자들을 통해 복음을 힘있게 전파하고 계십니다.** 고린도전서 2장 11절의 말씀입니다.

> ¹¹ 사람의 일을 사람의 속에 있는 영 외에 누가 알리요 이와 같이 하나님의 일도 하나님의 영 외에는 아무도 알지 못하느니라

성령은 하나님의 일, 곧 하나님의 나라와 예수 그리스도에 관해 증언하여 깨닫게 하심으로, 복음에 미련한 영혼들을 거듭나게 하시사 구원을 얻게 하십니다. 우리는 **성령이 전파한 복음을 듣고 거듭나 예수를 믿어 하나**

님의 거룩한 백성이 되었습니다. 이렇게 성령이 전파한 복음을 듣고 구원 받은 하나님의 백성들이 복음의 수호자요 전파자로 살아가는 길에도 역시 성령의 역사가 필요합니다. 사도행전 13장 2절과 4절의 말씀입니다.

> ² 주를 섬겨 금식할 때에 성령이 이르시되 내가 불러 시키는 일을 위하여 바나바와 사울을 따로 세우라 하시니
> ⁴ 두 사람이 **성령의 보내심을 받아** 실루기아에 내려가 거기서 배 타고 구브로에 가서

1. 성령의 전파하심

바나바와 사울은 성령의 보내심을 받아 힘있게 복음 증거의 사명을 감당할 수 있었음을 믿으시길 바랍니다. 모든 그리스도인의 비전이자 사명이기도 한 복음 증거에는 반드시 '성령의 전파하심'이 있어야 합니다.

성령께서 우리 주님이 하신 일과 가르치신 것을 전해 주시지 않으신다면!

성령께서 하나님의 뜻과 계획을 깨닫게 해주시지 않으신다면!

우리가 전하는 일은 헛것이요, 무의미한 꽹과리 울림에 지나지 않을 것입니다.

우리가 하나님의 나라를 전파하는 데 있어서도 성령은 우리와 함께하시고 담대함과 용기를 주시며 도와주시는 것입니다. '**전파하다.**' 이것은 '전하여 널리 퍼트리다'라는 뜻입니다.

여러분은 무엇을 널리 퍼트리기 원하십니까?

오늘 본문 사도행전 28장 31절의 말씀입니다.

> ³¹ 하나님의 나라를 전파하며 주 예수 그리스도에 관한 모든 것을 담대하게 거침없이 가르치더라

오늘 본문은 바울이 로마에서 '가택 연금 상태에서 한 일'을 말해줍니다. 가택 연금은 국가에 의해 자신의 거주지에 감금되는 형벌입니다. 바울은 집에 감금되어 신체의 자유가 억압된 상태에서 2년의 형기를 채웠습니다.

그사이 바울을 찾는 이들이 계속 이어졌습니다. 바울은 그들에게 하나님의 나라를 전파했습니다. 주 예수 그리스도에 관한 모든 것을 담대하게 거침없이 가르쳤습니다.

'**하나님의 나라와 예수를 전파하는 것**'은 '사도행전의 주제'인 동시에 '마지막 결론'에 해당합니다. '**하나님의 나라와 예수를 전파하는 것**'은 '사도 바울의 생애를 한 문장으로 압축한 표현'입니다. 우리의 나아갈 길이자 '주님의 지상명령'인 것입니다.

바울은 다메섹 상에서 예수님을 만난 뒤로 이러한 지상명령을 성취하며 살아갔습니다. 하나님의 나라와 예수를 전파하는 것은 바울의 삶의 '전부'요, 그가 최고의 가치로 여기는 예수님을 사랑하는 방식이었습니다.

죄로 죽을 수밖에 없었던 바울이 그리스도의 핏값으로 다시 살리심을 받아 얻게 된 구원의 은혜와 하나님의 한량없는 사랑에 보답하는 길은 자신에게 새 생명을 부여해 주시고 영원한 천국으로 인도하실 예수 그리스도를 증거하는 것이었으며, 장차 그가 육신의 장막을 벗고 들어갈 하늘의 처소인 새 하늘과 새 땅인 하나님의 나라를 전파하는 일이었습니다.

바울은 자신이 죽을 날을 어느 정도 직감한 때에도 주님이 주신 지상명령을 놓치지 않고 힘껏 그 일을 감당했습니다. 디모데후서 4장 6절에서 8절까지의 말씀입니다.

> ⁶ 전제와 같이 내가 벌써 부어지고 나의 떠날 시각이 가까웠도다

> ⁷ 나는 선한 싸움을 싸우고 나의 달려갈 길을 마치고 믿음을 지켰으니
> ⁸ 이제 후로는 나를 위하여 의의 면류관이 예비되었으므로 주 곧 의로우신 재판장이 그날에 내게 주실 것이며 내게만 아니라 주의 나타나심을 사모하는 모든 자에게도니라

죽음이 점점 임박해 오고 있음을 느낀 바울은 사랑하는 제자 디모데에게 전도의 일을 하며 맡은 직무를 다할 것을 권면하며 '유언적 신앙 고백'과 '승리의 선언'을 하였습니다.

자신의 사역을 계승할 디모데에게 **"전제와 같이 내가 벌써 부어졌다"**라고 하는 것은, 죽기까지 피 한 방울도 남기지 않고 주 예수를 위해 산 제물로 드리고 순교하겠다는 바울의 결연한 의지를 보여줍니다. 진실로 바울은 주님께서 자신에게 위탁하신 '영광스러운 복음'을 전파하는 일을 중단 없이, 절대 포기하지 않고, 끝까지 완수하였습니다.

2. 믿음의 선한 싸움

믿음의 선한 싸움을 완주한 바울에게는 의의 면류관이 예비되어 있습니다.

의의 면류관이 무엇입니까?

예수 그리스도를 믿음으로 의롭다 칭함을 받은 자들에게 주어지는 것입니다. 하나님 나라에서 수여되는 **영원한 생명**과 **충성된 자에게 주어진 상급**입니다. 디모데전서 6장 12절의 말씀입니다.

> ¹² 믿음의 선한 싸움을 싸우라 영생을 취하라 이를 위하여 네가 부르심을 받았고 많은 증인 앞에서 선한 증언을 하였도다

사랑하는 성도 여러분, 믿음의 선한 싸움을 싸우고 있습니까?

우리는 강인한 정신과 꺾이지 않는 불굴의 의지로 진리의 믿음을 수호하고 전파해야 합니다. 우리는 이 일을 위해 하나님께 부르심을 받았습니다. 이 사명은 최선을 다해, 생명을 걸 가치가 있는 일입니다.

그렇기 때문에 우리의 믿음을 지키고, 허다한 자를 믿음의 사람으로 세우며, 하나님 나라와 예수를 전파하는 지상명령을 이루기 위해서는 소극적인 대처가 아닌 적극적인 투쟁을 해야 합니다. 마치 경기를 뛰는 운동선수처럼, 전쟁을 치르는 군사들처럼 말입니다.

바울이 디모데에게!
믿음의 계대로 세워진 오늘날 많은 그리스도인에게!
투쟁과 전쟁에 비유된 믿음의 싸움을 계속하고 마침내 이루게 될 승리의 면류관, 의의 면류관을 쟁취하라고 하는 이유는 무엇입니까?

바울은 자신이 평생 믿음의 싸움을 해왔고, 이제 완주를 목전에 두고 있기 때문에 자신의 바통을 이어받을 디모데와 우리들에게도 담대하게 권면할 수 있었던 것입니다.

"나도 지상명령을 받아 이렇게 완주하였으니, 너도 지상명령을 받은 자답게 끝까지 완주하라!"

바울은 이렇게 말할 자격이 충분합니다. 오늘 본문이 되는 사도행전 28장 중반부인 15절을 보시길 바랍니다. 유라굴로 광풍의 죽음의 위협을 이겨 내고, 위풍당당하게 승전고를 울리며 압비오 도로를 들어선 바울은 비록 죄수의 신분이었지만 담대하게 로마에 입성하였습니다.

> **15** 그곳 형제들이 우리 소식을 듣고 압비오 광장과 트레이스 타베르네까지 맞으러 오니 바울이 그들을 보고 하나님께 감사하고 담대한 마음을 얻으니라

압비오 대로는 로마로 들어가는 가장 오래되고 완벽한 도로였습니다. 로마의 장군들이 전쟁에서 승리하고 개선 행진할 때, 이 압비오 대로로 걸어 들어왔습니다. 바울이 그 대로를 통해 압비오 광장에 들어서자, '로마서'를 통해 바울로부터 복음의 핵심에 대해 가르침을 받았던 믿음의 형제들이 그를 반갑게 맞아 주었습니다.

바울을 실제로 만나 본 적이 없는 로마의 형제들입니다. 그들은 3년 전에 바울에게 받은 편지인 로마서를 읽었을 뿐입니다. 그런데 그 믿음의 형제들이 유라굴로 광풍을 이기고 로마에 입성한 바울을 열렬히 환영하며 반갑게 맞이하고 있는 것입니다.

바울의 로마 입성은 십자가를 지기 위해 예루살렘으로 입성하는 예수 그리스도를 연상하게 합니다. 호산나를 외치던 군중 사이에는 복음을 전해 듣고 믿을 자와 믿지 않을 자가 뒤섞여 있었습니다.

그러나 분명한 사실은 예수 그리스도께서는 하나님의 나라를 전파하시기 위해!

하나님 나라가 지상에 세워지기 위해!

당신이 짊어질 십자가를 당당히 지기 위해!

개선장군처럼 예루살렘에 입성하신 것입니다.

바울은 복음으로 로마를 정복하고 통치하기 위한 믿음의 행군을 하였습니다. 그러니 바울의 행군은 복음을 통한 새로운 통치가 로마에 펼쳐지는 승리의 입성인 것입니다.

사랑하는 성도 여러분, 우리도 28회에 걸친 믿음의 행군을 이어왔습니다.

그 대단원의 막을 내릴 스물여덟 번째 행군의 시간, 하나님께서는 유라굴로와 같은 세상의 광풍에 맞서 싸우는 우리들에게!

성령이 전파하신 이 복음이 우리를 통해, 우리에게 허락하신 또 하나의 로마에 전파되기를 원하고 계십니다.

그래서 지상명령을 수행하기 위해 우리가 어떻게 성령을 따라 복음을 전할 수 있는지 살펴보길 원합니다.

3. 성령이 전파한 이 복음을 전하려면

제일 먼저, 이 세상 모든 사람은 복음으로 고침을 받아야 하는 죄인이라는 사실을 깨달아야 합니다.

사도 바울이 유라굴로 광풍을 이기고 그의 호송단과 함께 멜리데 섬에 도착해서 3개월을 체류하게 됩니다. 사도행전 28장 1절과 2절의 말씀입니다.

> [1] 우리가 구조된 후에 안즉 그 섬은 멜리데라 하더라
> [2] 비가 오고 날이 차매 원주민들이 우리에게 특별한 동정을 하여 불을 피워 우리를 다 영접하더라

파선된 배 외에 아무런 인명 사고 없이 276명 모두 무사히 멜리데 섬에 당도했을 때, 그 섬의 원주민으로부터 환영을 받았습니다. 그런데 그곳에서 바울은 독사에게 손을 물렸습니다.

원주민들이 얼마나 놀랐겠습니까?

약이나 치료 시설이 변변치 못한 섬에서 독사에게 물렸다는 것은 죽음을 의미할 만큼 위급한 상황입니다. 원주민들은 바울이 이제 독사에게 물렸으니, 큰일이 벌어질 것으로 여겨 불길함을 느꼈습니다. 그래서 바울을 살인자로 매도하며 그가 지금 신의 형벌을 받고 있다고 잘못 판단했

습니다.

　하지만, 그들의 예상과 전혀 다른 결과가 일어났습니다. 독사에게 물린 바울은 뱀을 불에 떨어 버렸습니다. 그리고 아무런 해를 당하지 않았습니다. 이를 지켜 본 원주민들은 살인자로 치부했던 바울을 급기야 신으로 여기기까지 했습니다.

　원주민들은 미신적 사고와 그 지역에서 오랜 시간 지속된 관습에 젖어 있는 자들입니다. 독사에게 물린 바울을 살인자라고 했다가, 그가 뱀을 떨어 버리고 아무런 해를 당하지 않게 되자 이제는 바울을 신으로 부르기까지 합니다. 원주민들의 **미신적 사고와 관습**은 바울을 살인자라 예측한 것을 빗나가게 했을 뿐만 아니라 신이라 잘못 부르게 하는 실수를 조장했습니다. 바울은 살인자도, 신도 아닙니다.

　복음 없이 미신적 사고와 관습으로 살아가는 이 땅의 많은 죄인 역시 그레데 섬의 원주민들처럼 빗나간 예측을 가지고 허다한 실수를 저지르며 살아갑니다. 그들은 옳은 길, 성공의 길, 행복의 길을 간다고 하지만, 번번이 실패하며 가지 말아야 할 길을 가고 마는 실수를 반복하고 있습니다.

　우리가 성령께서 전파하신 이 복음을 널리 전해줘야 할 이 땅의 영혼들은, 복음이 필요한 죄인들입니다. 복음으로 고침을 받아야 할 죄인입니다. 이러한 인식 속에서 우리의 전도는 시작되는 것입니다.

　바울은 멜리데 섬에서 가장 높은 사람인 보블리오 집에 머물게 됩니다. 그곳에서 보블리오의 아버지와 병자들을 치유하여 로마로 가는 데 필요한 쓸 것들을 얻어 배를 타고 수라구사에서 사흘, 레기온에서 하루, 보디올에서 이레를 머물고 로마로 갔습니다. 그곳 형제들이 바울을 환영하였고, 바울은 이들에 대한 감사와 담대한 마음을 얻었습니다.

　사도행전 28장 15절의 말씀입니다.

> ¹⁵ 그 곳 형제들이 우리 소식을 듣고 압비오 광장과 트레이스 타베르네까지 맞으러 오니 바울이 그들을 보고 하나님께 감사하고 담대한 마음을 얻으니라

여기서, 복음 전도에 있어 매우 중요한 사실을 배울 수 있습니다. 복음으로 고침을 받아야 할 죄인들에게 나아갈 때 우리가 가져야 할 마음은 어떤 마음인가 하는 것입니다.

둘째, 성령이 전파한 이 복음을 전하려면, 담대한 마음이 필요합니다.

바울을 환대한 자들이 누구입니까?

바울이 보낸 편지, 그것도 3년 전에 보낸 로마서를 읽고 복음의 가르침을 받은 자들입니다. 로마에 있는 믿음의 형제들은 로마서를 읽고 3년이 지난 지금도 변함없이 바울을 만나기를 원했습니다. 그들의 마음에는 바울을 만나고자 하는 열렬함이 있었습니다.

자신을 마중 나온 로마의 형제들을 보자, 바울은 벅찬 감격을 느끼고, 수많은 죽음의 위기를 이기고 로마까지 무사하게 인도하신 하나님의 은혜에 감사했습니다. 비록 죄수의 몸이지만 로마로 가고자 한 바울의 소망이 이뤄졌으며 로마의 성도들로 인해 그간의 수고가 헛되지 않았음이 증명되었기 때문입니다.

그리하여 바울은 곧 당도할 로마에서 하나님께서 미리 준비해 놓으신 것을 기대하며 담대함을 얻을 수 있었습니다. 이렇게 성령은 우리들에게 담대함을 허락해 주실 것입니다. 사도행전 4장 31절의 말씀입니다.

> ³¹ 빌기를 다하매 모인 곳이 진동하더니 무리가 다 성령이 충만하여 담대히 하나님의 말씀을 전하니라

사랑하는 성도 여러분, 어려움과 위기에 매몰되지 말고 하나님께서 예비하신 은혜가 있음을 알고 기대하는 마음으로 담대하게 나아가시길 바랍니다.

바울이 로마에 가서 전도했을 때 하나님께서 어떤 은혜를 예비해 주셨습니까?

유대 지도자들이 바울이 연금된 집으로 찾아와 복음을 듣고 믿게 되었습니다. 당시 로마에서 그리스도교에 대한 인식은 좋지 않았습니다. 평판이 좋지 않았습니다. 그럼에도 불구하고 그들은 바울이 전한 내용이 무엇인지 알고자 찾아왔습니다.

이렇게 우리에게도 하나님께서 은혜로 예비한 영혼이 있음을 믿으시길 바랍니다. 사도행전 28장 23절과 24절의 말씀입니다.

> [23] 그들이 날짜를 정하고 그가 유숙하는 집에 많이 오니 바울이 아침부터 저녁까지 강론하여 하나님의 나라를 증언하고 모세의 율법과 선지자의 말을 가지고 예수에 대하여 권하더라
> [24] 그 말을 믿는 사람도 있고 믿지 아니하는 사람도 있어

바울은 아침부터 저녁까지 '**하나님의 나라와 예수 그리스도**'에 대해 강론했습니다. 그 결과 믿는 자도 있었고 믿지 않은 자도 있었습니다.

우리 역시 누가 믿을지, 믿지 않을지, 알지 못합니다. 하지만, 분명한 것은 **바울이 전파한 복음을 듣고 성령의 감동을 얻어 믿게 된 자가 있다는 사실입니다.**

여기서 마지막으로 성령이 전파한 복음을 전하려면, 어떠한 자세가 필요한지 알 수가 있습니다.

부지런히 전파하되 결과는 하나님께 맡겨야 합니다.

왜 유대인 지도자들 중에 일부는 믿고 일부는 믿지 못하는 것입니까?

선택된 자와 유기된 자가 뒤섞여 있어서, 유기된 자들은 복음이 전해지면 더 완악해 지기 때문에 믿지 못하는 것입니다.

들을 귀 없는 사람은 성령을 따라 전파된 복음마저 듣지 못하게 되고, 눈이 멀되 더 눈이 멀게 되는 심판을 받습니다. 하나님께서 구원하시기로 선택한 백성이 아니라면, 복음이 전해질 때 완강히 거부하고 무시하며 받아들이지 않습니다. 성령의 전파하심을 깨닫지 못하기 때문에 우둔하여 더욱 귀를 막고 눈을 가리며 복음에 더욱더 적대적으로 반응하는 것입니다. 사도행전 28장 25절부터 28절까지의 말씀입니다.

> 26 일렀으되 이 백성에게 가서 말하기를 너희가 듣기는 들어도 도무지 깨닫지 못하며 보기는 보아도 도무지 알지 못하는도다
> 27 이 백성들의 마음이 우둔하여져서 그 귀로는 둔하게 듣고 그 눈은 감았으니 이는 눈으로 보고 귀로 듣고 마음으로 깨달아 돌아오면 내가 고쳐 줄까 함이라 하였으니
> 28 그런즉 하나님의 이 구원이 이방인에게로 보내어진 줄 알라 그들은 그것을 들으리라 하더라

사랑하는 성도 여러분, 눈으로 보고 귀로 듣고 마음으로 깨달아 돌아오면 고침을 받는다고 성경은 증거합니다. 반면, 하나님께서 유기한 자들은 그들의 마음이 완고하고 강퍅하여져서 복음을 들어도 하나님께 돌아올 수 없다는 사실을 잊지 마시길 바랍니다. 죄 된 인생이 결코 고침 받을 수 없는 것입니다. 하지만, 우리는 하나님이 보내신 구원을 선물로 받은 자들입니다. 우리는 복음을 무시하고 거부하는 자들이 아니라 적극적으로 받은 자들입니다.

더불어 하나님의 권위로 임명된 우리의 복음 전파 사역은 복음으로 고침 받아야 할 죄인들을 하나님께로 돌아오도록 하는 귀한 일입니다. 그러니 때를 얻든지 못 얻든지 부지런히 복음을 전하고, 결과는 하나님께 맡기

십시오.

사랑하는 성도 여러분! 이 일에 더욱 성령을 의지하시길 바랍니다.

성령이 전파한 이 복음, '하나님의 나라와 예수 그리스도'를 전파하는 귀한 사역과 믿음의 선한 싸움을 마치고 얻게 될 '의의 면류관'이 우리 모두의 것입니다.

영원한 생명과 충성된 자에게 주어질 상급을 기대하며 하나님께서 예비하신 은혜를 기대하는 마음으로 더욱 담대하게 나아가는 '성령의 복음 전파자'가 다 되시길 주님의 이름으로 축원합니다.

기도 제목

1. 더욱 담대한 마음으로 복음으로 고침 받아야 할 죄인을 하나님께 돌아오도록 하는 사명을 감당할 수 있도록

2. 때를 얻든지 못 얻든지 복음을 전하고 그 결과를 하나님께 맡기도록

3. 성령이 전파하신 복음을 수호하고 전파하는 일에 생명도 아끼지 않고 전력 질주하도록